重庆工商大学科研启动经费项目"官员交流与企业跨区域投资"（批准编号：2255014）资助

央地关系视角下企业跨区域投资研究

兰　宗　步丹璐　著

中国财经出版传媒集团
中国财政经济出版社

图书在版编目（CIP）数据

央地关系视角下企业跨区域投资研究／兰宗，步丹璐著. —— 北京：中国财政经济出版社，2022.9

ISBN 978 – 7 – 5223 – 1510 – 2

Ⅰ.①央… Ⅱ.①兰… ②步… Ⅲ.①企业－投资－区位选择－研究－中国 Ⅳ.①F279.23

中国版本图书馆 CIP 数据核字（2022）第 110979 号

责任编辑：彭　波　　　　　责任印制：史大鹏
封面设计：卜建辰　　　　　责任校对：张　凡

中国财政经济出版社 出版

URL：http://www.cfeph.cn
E – mail：cfeph@ cfeph.cn

（版权所有　翻印必究）

社址：北京市海淀区阜成路甲 28 号　邮政编码：100142
营销中心电话：010 – 88191522
天猫网店：中国财政经济出版社旗舰店
网址：https://zgczjjcbs.tmall.com
北京财经印刷厂印刷　各地新华书店经销
成品尺寸：170mm×240mm　16 开　14.5 印张　222 000 字
2022 年 9 月第 1 版　2022 年 9 月北京第 1 次印刷
定价：68.00 元
ISBN 978 – 7 – 5223 – 1510 – 2
（图书出现印装问题，本社负责调换，电话：010 – 88190548）
本社质量投诉电话：010 – 88190744
打击盗版举报热线：010 – 88191661　QQ：2242791300

前　言

改革开放以来,中国实现了经济的快速增长,但地区间不平衡不协调带来的发展成本却一直存在,并有扩大趋势(盛来运等,2018;唐为,2019)。上述问题的产生不可避免地与市场分割和地方保护有关。在财政分权体制下,地方政府和官员围绕 GDP 和财税竞争,利用行政手段干预资源外流,从而形成了地区间市场分割的局面(银温泉和才婉茹,2001;钱学锋等,2012;刘志彪和孔令池,2021),这成为资源跨地区配置受阻的重要成因(方军雄,2009;宋渊洋和黄礼伟,2014)。随着改革开放的推进,中国区域间的市场分割虽然有所缓解(陆铭和陈钊,2006),但是各类地方性政策下形成的地方保护依然存在,市场分割问题仍未得到完全解决(刘志彪和孔令池,2021)。

当前,中国经济发展的条件和环境已经发生了诸多重大转变,地方政府面临的问题不再局限于单一行政区内部,越来越多的经济性事务具有外部性或全局性(唐为,2019)。由此,加快全国性市场一体化建设、实现地区间经济联动发展显得尤为重要。在此方面,中国政府长期以来做了多方面工作。2018 年 11 月颁布的《中共中央国务院关于建立更加有效的区域协调发展新机制的意见》明确提出要"立足发挥各地区比较优势和缩小区域发展差距……深化改革开放，坚决破除地区间利益藩篱和政策壁垒，加快形成统筹有利、竞争有序、绿色协调、共享共赢的区域协调发展新机制，促进区域协调发展"。可见，加快建设全国统一市场，实现资源跨区域自由流动和市场化配置，对于构建以国内大循环为主体、国内国际双循环相互促进的新发展格局具有基础性的战略意义。

企业跨区域投资是企业自主地在全国范围跨地区配置资本、劳动力、科技资源和无形资产的过程，是资源实现跨区域配置的重要方式和打破市场分割的重要手段。从某种程度上，统一的"跨区域公司"是市场一体化是否真正实现的重要标志（刘志彪和孔令池，2021）。因此，如何促进企业跨区域投资和发展对于构建和完善全国统一市场、协调地区经济平衡发展具有重要意义。现有文献对于资源跨区域流动的探讨多集中于宏观或中观层面（Dunning，1998；Busse and Hefeker，2007；钱先航和曹廷求，2017；王贤彬和徐现祥，2017），而微观层面上，学者们从产权性质、政治关联、市场分割、社会信任和社会网络等方面对企业跨区域投资的影响因素进行了讨论（方军雄，2008；潘红波和余明桂，2011；夏立军等，2011；曹春方等，2015，2019；曹春方和贾凡胜，2020）。本书认为，除地理因素外，中国地区环境差异背后的制度性因素起着重要作用，而在诸多制度安排中，央地关系的制度安排是最根本的，它深刻影响着中央与地方政府的行为动机，以及地方政府官员与企业行为逻辑。因此，从央地关系这一根本制度安排的视角分析企业跨区域发展行为极为必要。

央地关系是指国家体制中纵向上权力与资源配置的基本关系，央地关系的治理一直是中国政府治理的主线。毛泽东在《论十大关系》中专门论述了调动中央和地方两个积极性的问题，指出："应当在巩固中央统一领导的前提下，扩大一点地方权力……地方与地方的关系也要处理好，我们历来的原则就是提倡顾全大局，互助互让。"可见，动态平衡的央地关系是实现国泰民安的重要基石，更是正确处理地方与地方关系、政府与市场、政府与企业关系的关键所在。目前学术界对央地关系的研究视角主要包括但不限于社会学、政治学、法学、财政学以及经济学等（荣敬本等，1998；张千帆，

2009；吕冰洋，2014，2019；范子英，2014；周雪光，2017；周黎安，2007；许成钢，2009）。鉴于学科和研究内容的相关性，本书侧重于从经济学和财政学视角对央地关系及其具体表现进行总结，拟从央地"财"（财政）、"人"（吏治）和"事"（政策）三个方面对企业跨区域投资的影响进行考察。

鉴于此，本书从央地视角出发，以央地集权和分权理论、财政分权理论、政治锦标赛理论和资源基础理论为分析工具，结合宏观经济政策与微观企业行为的分析框架，研究了央地财政关系、央地政策关系和央地人事关系对企业跨区域投资的影响。具体来讲，第4章以纵向财政不平衡程度作为观测央地财政关系的落脚点，以2007～2019年A股制造业上市公司为样本，检验了纵向财政不平衡程度对企业跨区域投资倾向和投资力度的影响，并对上述影响的具体机制进行检验；在此基础上，从地方政府干预动机、干预条件和干预能力三个角度进行了异质性分析；在拓展研究中，具体检验了企业跨区域投资对创新产生的影响，以及央地财政关系（纵向财政不平衡）在上述影响中的调节作用。第5章以异质性产业政策作为观测央地政策关系的落脚点，以2007～2015年A股制造业上市公司为样本，检验了中央特有产业政策、地方特有产业政策以及中央和地方共有产业政策对辖区企业跨区域投资的影响；在此基础上，从影响资源配置的具体因素，即地方政府动机、地区资源禀赋、资源竞争程度、市场化获取资源便利性以及资源配置对象等角度进行异质性检验；在拓展研究中，本章进一步检验央地政策关系（不同类型的产业政策）对企业跨区域投资的创新效应所起的调节作用。第6章以官员异地交流作为观测央地人事关系的落脚点，以2007～2019年A股制造业上市公司为样本，检验了官员异地交流对企业跨区域投资的影响及其作用机制；在此基础上，从官员年龄、任期、地区偏好以及地区市场化程度等角度进行了异质性分析；在拓展研究中，在区分不同交流类型对特定企业影响的基础上，具体检验了央地人事关系（官员异地交流）在上述影响中的调节作用。

基于以上研究，本书的研究结论概括如下：

第一，纵向财政不平衡程度的加剧会显著抑制辖区内国有企业的跨区域投资行为，即纵向财政不平衡程度越大，辖区国有企业进行跨区域投资的可能性越小，跨区域投资力度也越低。上述影响的机制是，纵向财政不平衡的增加会促使地方政府为发展本地经济而引导贷款资源更多地流向本地国有企业，从而降低了辖区国有企业的跨区域投资。纵向财政不平衡程度对辖区内国有企业跨区域投资的负向作用主要存在于地方政府干预动机更强（领导人晋升激励更大）、干预条件更好（资源禀赋更多）以及干预能力更强（政府与市场关系评分更低、地方保护程度更高）的情况中。国有企业跨区域投资能够促进企业创新，但纵向财政不平衡程度的加剧会抑制国有企业跨区域投资对创新的正向积极作用。

第二，中央特有产业政策显著促进了辖区企业的跨区域投资，地方特有产业政策和中央与地方共有产业政策也显著抑制了辖区企业跨区域投资。上述三类产业政策对企业跨区域投资的影响在地方政府动机更强、地区资源禀赋更好、资源竞争更大情况下更加显著；中央特色产业政策、中央与地方共有产业政策对辖区企业跨区域投资的作用在市场化获取资源难度更小的情况下更显著，地方特色产业政策对企业跨区域投资的作用在市场化获取资源难度更大的情况下更加显著；中央特有产业政策显著促进了辖区非国有企业的跨区域投资，地方特有产业政策显著抑制了辖区国有企业的跨区域投资，中央与地方共有产业政策显著抑制了辖区非国有企业的跨区域投资。跨区域投资能显著促进企业创新产出，中央特有产业政策对上述关系未起到显著的调节作用，地方特有产业政策对上述关系具有负向调节作用，中央与地方共有产业政策对上述关系具有正向调节作用。

第三，官员异地交流（中央交流和外省交流）对流入地企业的跨区域投资行为具有显著的促进作用。中央交流官员提高了流入地国有企业参与区域一体化程度，缓解了流入地的地方保护程度，从而促进了流入地国有企业的跨区域投资；外省交流官员提高了流入地的外商投资规模和出口规模，从而促进流入地非国有企业的跨区域投资。中央交流官员对流入地国有企业跨区域投资的促进作用仅在官员年龄更大、出生地和任职地非同一省份、地区市场化程度更差的情况下成立，但不因官员任期长短而存在差异；外省交流官员对流入地非国有企业跨区域投资的促进作用仅在官员年龄更轻、任期更短、出生地与任职地非同一省份以及地区市场化程度更好的情况下成立。中央官员交流负向调节了国有企业跨区域投资对创新的促进作用，而外省官员交流正向调节了非国有企业跨区域投资对创新的促进作用。

相比已有研究，本书的主要创新体现在：(1) 基于中央政府与地方政府在"人"（吏治）、"财"（财政）、"事"（政策）方面的考察，梳理出央地关系三个方面的具体体现：以纵向财政不平衡所体现的央地财政关系、以异质性产业政策所体现的央地政策关系、以官员异地交流所体现的央地人事关系，由此为研究企业跨区域投资行为提供了新的视角；(2) 对央地关系如何影响企业跨区域投资提供了一个分析框架，深化了对政府与市场关系、政府与企业关系的理论认识，同时也进一步丰富了宏观经济政策对微观企业行为的研究；(3) 获得了关于企业跨区域投资行为更为细化的研究结论，总结了影响企业跨区域投资的财政根源、政策根源，发现中央对地方人事的调整是促进企业跨区域投资的有效手段，从而对现有研究形成了有益补充。

作者

2022 年 3 月

目　　录

第 1 章　导论 ·· 1
　1.1　选题背景及问题提出 ··· 1
　1.2　研究目的与研究内容 ··· 4
　1.3　研究思路与方法 ·· 7
　1.4　研究创新与不足 ··· 10

第 2 章　文献回顾与评述 ··· 13
　2.1　企业跨区域投资相关研究 ·· 13
　2.2　纵向财政不平衡相关研究及评述 ·· 22
　2.3　产业政策相关研究及评述 ·· 24
　2.4　官员异地交流相关研究 ·· 27
　2.5　本章小结 ·· 29

第 3 章　央地关系与企业跨区域投资：理论概述 ····························· 31
　3.1　核心概念的界定 ·· 31
　3.2　央地关系与企业跨区域投资的理论基础 ·································· 35

3.3 本章小结 ………………………………………………………… 41

第4章 央地财政关系与企业跨区域投资 …………………………… 42
  4.1 引言 ……………………………………………………………… 42
  4.2 制度背景分析 …………………………………………………… 44
  4.3 理论分析与研究假设 …………………………………………… 47
  4.4 研究设计 ………………………………………………………… 50
  4.5 实证结果与分析 ………………………………………………… 59
  4.6 拓展研究：央地财政关系与企业跨区域投资经济后果 ………… 83
  4.7 本章小结 ………………………………………………………… 87

第5章 央地政策差异与企业跨区域投资 …………………………… 89
  5.1 引言 ……………………………………………………………… 89
  5.2 制度背景分析 …………………………………………………… 92
  5.3 理论分析与研究假设 …………………………………………… 94
  5.4 研究设计 ………………………………………………………… 97
  5.5 实证结果与分析 ………………………………………………… 104
  5.6 拓展研究：央地政策差异与企业跨区域投资的经济后果 …… 133
  5.7 本章小结 ………………………………………………………… 139

第6章 央地官员流动与企业跨区域投资 …………………………… 141
  6.1 引言 ……………………………………………………………… 141
  6.2 制度背景分析 …………………………………………………… 143
  6.3 理论分析与研究假设 …………………………………………… 145
  6.4 研究设计 ………………………………………………………… 149
  6.5 实证结果与分析 ………………………………………………… 156
  6.6 拓展研究：官员异地交流与企业跨区域投资经济后果 ……… 191
  6.7 本章小结 ………………………………………………………… 196

第7章 研究结论、建议与展望 ………………………………… 198
  7.1 主要结论 ……………………………………………… 198
  7.2 政策启示与建议 ……………………………………… 201
  7.3 未来展望 ……………………………………………… 203

参考文献 ………………………………………………………… 204

第 1 章
导　论

1.1　选题背景及问题提出

改革开放以来，中国实现了经济的快速增长，但地区间不平衡不协调带来的发展成本却一直存在，并有扩大趋势（盛来运等，2018；唐为，2019）。而上述问题的产生不可避免与地方保护有关。在财政分权体制下，地方政府和官员围绕 GDP 和财税竞争，利用行政手段干预资源外流，从而形成了地区间市场分割的局面。研究表明，除产品和服务市场外，中国的资本市场、劳动力市场和产权市场都存在大量的地方分割现象（银温泉和才婉茹，2001；钱学锋等，2012），这成为资源跨地区配置受阻的重要成因（方军雄，2009；宋渊洋和黄礼伟，2014）。随着改革开放的推进，中国区域间的市场分割虽然有所缓解（Fan and Wei，2006；陆铭和陈钊，2006），但是目前各类地方性政策下形成的地方保护依然存在，市场分割问题仍未得到完全解决（刘志彪和孔令池，2021）。目前，中国经济发展的条件和环境已经发生了诸多重大转变，地方政府面临的问题不再局限于单一行政区内部，越来越多的经济性事务具有外部性或全局性（唐为，2019）。因此，全国性市场一体化建设、地区间经济联动发展显得尤为重要。

对于全国统一市场建设，中国政府已经做了多方面工作。2001 年，国务院颁布了《国务院关于禁止在市场经济中实行地区封锁的规定》（以下简称《规定》），该《规定》要求地方政府改变或撤销属于实行地区封锁或者含有地方封锁内容的规定。2013年,十八届二中全会和十二届全国人大一次会议审议通过了《国务院机构改革和职能转变方案》(以下简称《方案》),该《方案》中列出了多项任务,其中一项便是"消除地区封锁,打破行业垄断,维护全国市场的统一开放、公平诚信、竞争有序"。2016年,国务院出台了《关于贯彻落实区域发展战略促进区域协调发展的指导意见》,要求打破地区分割和隐性壁垒,推动全国统一市场的形成。2017年,党的十九大报告深刻阐释了我国社会主要矛盾的变化,指出发展的不平衡是矛盾的重要方面,并提出地区协调发展战略,要求"建立更加有效的区域协调发展新机制"。2018年11月颁布的《中共中央国务院关于建立更加有效的区域协调发展新机制的意见》明确提出要"立足发挥各地区比较优势和缩小区域发展差距……深化改革开放,坚决破除地区间利益藩篱和政策壁垒,加快形成统筹有利、竞争有序、绿色协调、共享共赢的区域协调发展新机制,促进区域协调发展"。中央一系列政策或指导意见的出台凸显了破除地区市场分割问题的重要性,也凸显了这一问题的顽固性。正如刘志彪和孔令池(2021)所指出的一样,目前国内的经济并非对外开放不足,而是对内开放不足。随着新冠肺炎疫情的全球蔓延,国际贸易保护主义逐渐抬头,中美战略博弈不断加剧,国际政治经济环境不确定性进一步加剧。国内方面,2020年5月,中共中央政治局常委会会议提出要"深化供给侧结构性改革,充分发挥我国超大规模市场优势和内需潜力,构建国内国际双循环相互促进的新发展格局。"可见,加快建设全国统一市场,推动各类要素资源在区域间自由流动和市场化配置,对于构建以国内大循环为主体、国内国际双循环相互促进的新发展格局具有基础性的战略意义。

  企业跨区域投资是在企业自主地在全国范围跨地区配置资本、劳动力、科技资源和无形资产的过程,是资源实现跨区域配置的重要方式和打破市场分割的重要手段。从某种程度上,统一的"跨区域公司"是区域一体化是否真正实现的重要标志(刘志彪和孔令池,2021)。因此,如何促进企业跨区域投资和发展对于构建和完善全国统一市场、协调地区经济平衡发展具有重要意义。国外学者关于企业资本跨区流动的研究主要集中在两个方面:经济地理学领域主要从资源禀赋、产业集聚和劳动及运输成本等角度对企业跨区域投资区位选择进行解释(Dunning, 1998; Krugman and Baldwin, 2004);

而新制度经济学领域则主要从地区制度环境入手进行探讨，发现法律、市场、税收等制度环境是影响企业区域投资选择偏好的重要因素（Lee and Mansfield，1996；Rossi and Volpin，2003；Busse and Hefeker，2007；Bhardwaj et al.，2007）。国内方面，现有文献对于资源跨区域流动的探讨多集中于宏观或中观层面（钱先航和曹廷求，2017；王贤斌和徐现祥，2017），而微观层面上，学者们从产权性质（方军雄，2008；潘红波和余明桂，2011）、政治关联（夏立军等，2011）、市场分割（曹春方等，2015）、社会信任和社会网络（曹春方等，2019；曹春方和贾凡胜，2020）等方面对企业跨区域投资的影响因素进行了讨论并形成了丰硕的研究成果。本书认为，除地理因素外，中国地区环境差异背后的制度性因素起着重要作用，而在诸多制度安排中，央地关系的制度安排是最根本的，是影响地方政府行为动机的重要基础制度，更是影响微观企业行为的根源性因素。因此，从央地关系这一根本制度安排的视角分析企业行为极为必要。

央地关系是指国家体制中纵向上权力与资源配置的基本关系，所有具有一定规模的国家都必须面对央地关系问题。可以说，央地关系治理一直是中国政府治理的主线。中国历代都注重发挥地方的主动性与灵活性，地方兴则中央兴，地方治则天下安。毛泽东在《论十大关系》中专门论述了调动中央和地方两个积极性的问题，指出："应当在巩固中央统一领导的前提下，扩大一点地方权力……地方与地方的关系也要处理好，我们历来的原则就是提倡顾全大局，互助互让。"可见，动态平衡的央地关系是实现国泰民安的重要基石，更是正确处理地方与地方关系、政府与市场、政府与企业关系的关键所在。

鉴于上述考虑，本书的重点研究问题是：作为一种根本性的制度安排，央地关系会怎样影响到国内统一大市场建设？具体而言，央地关系如何影响各地方辖区内企业跨区域投资行为，具体影响机制是什么，会产生什么样的经济后果呢？本书从"人"（吏治）、"财"（财政）、"事"（事策或政策）三个角度捕捉央地关系，以期对上述问题做出回答。首先，财政关系是央地关系的基础，随着财税制度改革的深入推进，央地财政关系也在不断调整。然而，由于财政体制改革是在高度行政性分权体制下进行的，中央政府获得较改革前更高比例税收收入的同时，地方政府承担大部分公共支出责任并没有得到相应调整，这种支出责任没有随政府间收入分配关系调整而调整的改革便造成了纵向财政的不平衡（范子英，2014；鲁建坤和李永友，2018；李永友和张帆，2019）。那么，纵向财政不平衡会如何引起地方政府的策略性应对行为，进而又如何影响辖区企业的跨区域投资行为？其影响机制是怎样的？跨区域投资对企业高质量发展（以创新为例）产生何种影响？央地财政关系在上述影响中体现怎样的调节作用？

其次，中国产业政策存在中央（国家）产业政策和地方性产业政策的差异，地方政府选择性的产业政策行为使得央地产业政策之间有差异也有重叠，其背后是中国历来"要在中央，事在四方"[①]这种央地施政关系的体现。那么，央地政策关系（以异质性产业政策为切入点）会怎样影响到地方政府引导资源配置行为，进而影响到辖区内企业的跨区域投资行为呢？不同政策类型对辖区内企业跨区域投资行为是否产生不同影响？上述影响在哪些情况下会存在异质性？这种差异化的产业政策在企业跨区域投资的创新效应中起着何种作用？

最后，央地人事调整是中央"治吏"的表现，官员异地交流既是中央打破地方势力的政策工具，更是实行中央政策目标的制度保障。中国的官员交流类型包括纵向中央交流和横向外省交流，不同交流类型的官员在贯彻落实中央政策意图和实现地方经济利益两个方面有着不同的权衡，因此在影响官员流入地企业跨区域投资决策中可能存在不同机制，并且在影响对象上是否也存在差异？

对于上述一系列问题的回答有利于从宏观央地关系的制度安排中准确理解微观企业行为，深入挖掘企业跨区域行为逻辑和差异性根源，为促进企业资源跨地区流动和推动全国统一市场的建设提供理论支持和经验证据。

1.2　研究目的与研究内容

1.2.1　研究目的

本书以央地关系集权与分权理论、财政分权理论、政治锦标赛理论和资

[①]　出自《韩非子·扬权》："事在四方，要在中央，圣人执要，四方来效。"

源基础理论为分析工具，结合宏观经济政策与微观企业行为的分析框架，通过理论阐述与实证分析，分别讨论央地财政关系、央地政策关系和央地人事关系对企业跨区域投资行为的影响和作用机制，并尝试给出合理的逻辑解释。在此基础上，考察上述关系中可能存在的差异性，以及相应的经济后果，以期对现有关于企业跨区域投资影响因素研究形成有益补充，同时也为现实中企业的跨区域发展和促进资本在地区间流动提供一定的理论支持和经验证据。本书预期达到的目的主要有以下三个方面。

第一，从央地关系视角出发，理论分析以纵向财政不平衡所体现的央地财政关系、以异质性产业政策所体现的央地政策差异、以官员异地交流所体现的央地人事关系三个方面对企业跨区域投资行为的影响，揭示出上述三个方面的央地关系对企业跨区域投资的影响机理和微观经济后果。

第二，在理论分析的基础上，以我国制造业上市公司为研究对象，实证检验纵向财政不平衡程度、不同类型产业政策以及官员异地交流对辖区内企业跨区域投资的影响，并根据作用路径选取具体的可能造成影响差异的因素作为异质性分析变量，实证检验这些因素对央地关系与企业跨区域投资影响的差异性，进一步地，分析检验企业跨区域投资对创新产生的影响，以及上述三个方面央地关系在其中起到的调节作用。

第三，在上述理论分析和实证检验的基础上，结合我国特定的经济环境和制度背景，为相关政策部门推动要素资源跨区域流动和企业发展提供参考意见和建议，并为学科认识和评估企业跨区域经济后果提供思路，进而引导企业科学投资，促进企业高质量发展提供借鉴。

1.2.2　研究内容

全书共分为七章：

第1章，导论。主要阐述本书的选题背景和研究目的，归纳研究内容，明确研究思路，刻画全书的技术路线图，最后总结研究的主要创新和不足之处。

第2章，文献回顾与评述。本章主要围绕企业跨区域投资的动机、影响因素和经济后果，以及纵向财政不平衡、异质性产业政策和官员异地交流的经济后果进行文献梳理和回顾,在上述工作的基础上对现有文献展开评述,指出研究的不足和空白,为本书提供研究空间。

第3章,对本书的核心概念进行界定,并总结出央地关系影响企业跨区域投资的理论基础,具体来讲包括央地关系集权与分权理论、财政分权理论、政治锦标赛理论、资源基础理论,同时还对本书所涉及的宏观经济政策与微观企业行为相关分析框架和理论做了简要介绍,为后续分析奠定基础。

第4章,央地财政关系与企业跨区域投资。通过对央地财政制度沿革的梳理,本章总结出纵向财政不平衡的形成所体现的央地关系调整过程。基于纵向财政不平衡程度,检验央地财政关系对辖区内企业跨区域投资倾向和投资数量的影响及其具体机制。在此基础上,从地方政府干预动机、干预条件以及干预能力三个角度对上述影响进行异质性检验。进一步地,本章继续研究跨区域投资对企业创新的影响,以及央地财政不平衡程度在上述关系中的调节作用。

第5章,央地政策差异与企业跨区域投资。通过对我国产业政策制度背景的梳理,本章总结出中央与地方异质性产业政策所体现的央地关系。基于异质性产业政策,检验央地政策差异对企业跨区域投资行为的影响。在此基础上,从影响资源配置过程的具体方面——政府动机、资源禀赋、资源竞争程度、市场获取资源的难易程度以及资源配置对象这五个方面进行异质性检验与分析。最后,本章继续拓展研究了不同产业政策在企业跨区域投资与创新关系中的调节作用。

第6章,官员异地交流与企业跨区域投资。本章首先梳理了中国官员交流制度,并总结了官员异地交流所反映的央地关系,即中央对地方隐性治理问题。其次,基于官员异地交流,检验央地人事关系对企业跨区域投资行为的影响及其机制渠道。在此基础上,从官员年龄、任期、地区偏好以及市场化程度以四个方面进行了异质性检验。最后,在拓展研究中,本章在区分企业性质的基础上进一步检验不同官员交流类型在企业跨区域投资与创新关系中的调节作用。

第7章,研究结论、建议与展望。本章对主体研究工作和研究结论进行总结,据此提出具有针对性的政策建议,并指出未来可进一步拓展的方向。

本书的研究框架如图1-1所示。

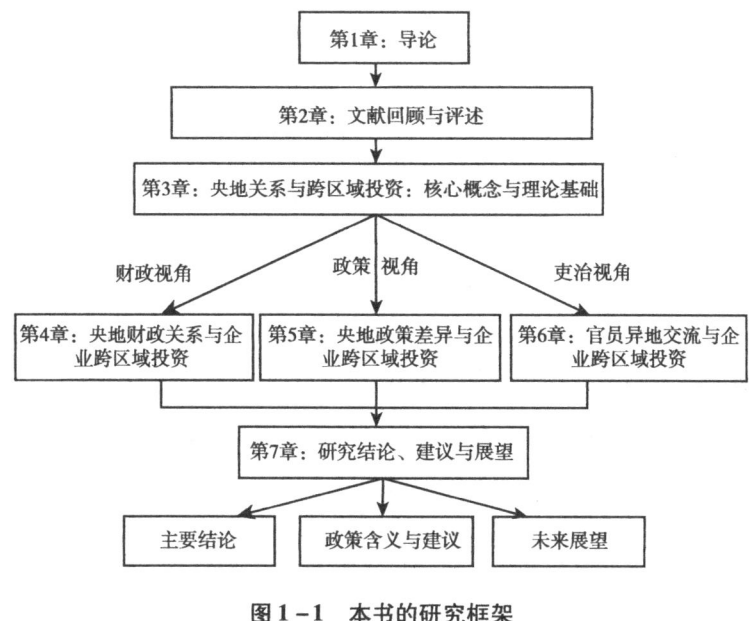

图 1-1 本书的研究框架

1.3 研究思路与方法

1.3.1 研究思路

本书聚焦于央地关系如何影响企业跨区域投资,在对大量国内外文献梳理的基础上,进行理论归纳总结和分析,构建出央地关系影响企业跨区域投资的分析框架;将上述分析框架与我国相关制度背景结合,梳理出研究命题,提出假设并进行实证检验,提出相关政策建议。具体而言,本书在文献综述和理论分析的基础上,构建了对每一种央地关系(央地财政关系、央地政策关系以及央地人事关系)影响企业跨区域投资的"影响检验——作用路径——异质性分析——经济后果"分析框架,旨在通过检验央地关系与企业跨区域投资产生的影响、分析影响的具体作用路径和差异性以及对企业跨区域投资经济后果产生的影响,深化企业跨区域投资影响因素的认识。最终对主要研究结论做总结,并提出相关对策和政策建议。

上述三个方面央地关系具体包括以下内容。

第一，财政关系是央地关系的核心，央地政府财权分配和调整直接影响地方政府的财税行为，而纵向财政不平衡正是央地财政关系的一个直观反映。纵向财政不平衡程度的增加会给地方政府带来巨大的财政压力，处于GDP竞争和政治锦标赛中的地方政府会采取策略性应对行为，进而影响辖区企业跨区域投资。

第二，政策关系也是审视央地关系的一个重要视角，因为中国央地关系的一个基本特征就是中央制定政策，地方政府具体执行，但也可根据当地实际情况因地制宜地进行调整（宣晓伟，2018）。当中央产业政策自上而下传递至地方时便会产生地方产业政策，两者之间有重叠也有差异，这就为考察地方政府在落实中央产业政策与实现当地政绩之间的策略行为和资源配置倾向，由此对辖区内企业的市场投资空间和发展所需资源状况造成影响，进而影响企业跨区域投资的发展动机和资源获取动机，最终影响到企业的跨区域投资选择。

第三，人事关系也是反映央地关系的重要角度，官员异地交流机制的制定初衷之一便是加强中央的统一领导，抑制地方势力的过度增长，畅通央地信息联系，从而增强地方对中央政策执行力。然而，不同交流类型的官员在贯彻中央意志和实现地方和个人利益之间权衡有所不同，因此，异地交流官员（包括中央交流和外省交流）在推动流入地企业参与区域一体化、打破和缓解流入地的地方保护程度以及在引资和出口方面的侧重点不同，进而对官员流入地企业跨区域投资行为产生不同影响。

本书的整体设计遵循图1-2的技术路线。

1.3.2 研究方法

本书在进行理论分析和实证检验的过程中，采用的研究方法主要包括以下几种。

（1）文献研究法。文献研究法为本书研究过程中文献的搜集、整理和鉴别提供了方法指导，为本书提出研究问题、构建分析框架、提出研究假设以及进行研究设计提供了方法依据，从而更全面地了解本书所涉及的研究成果和最新研究动态，发现尚未解决的问题，为本书研究奠定了良好的基础。

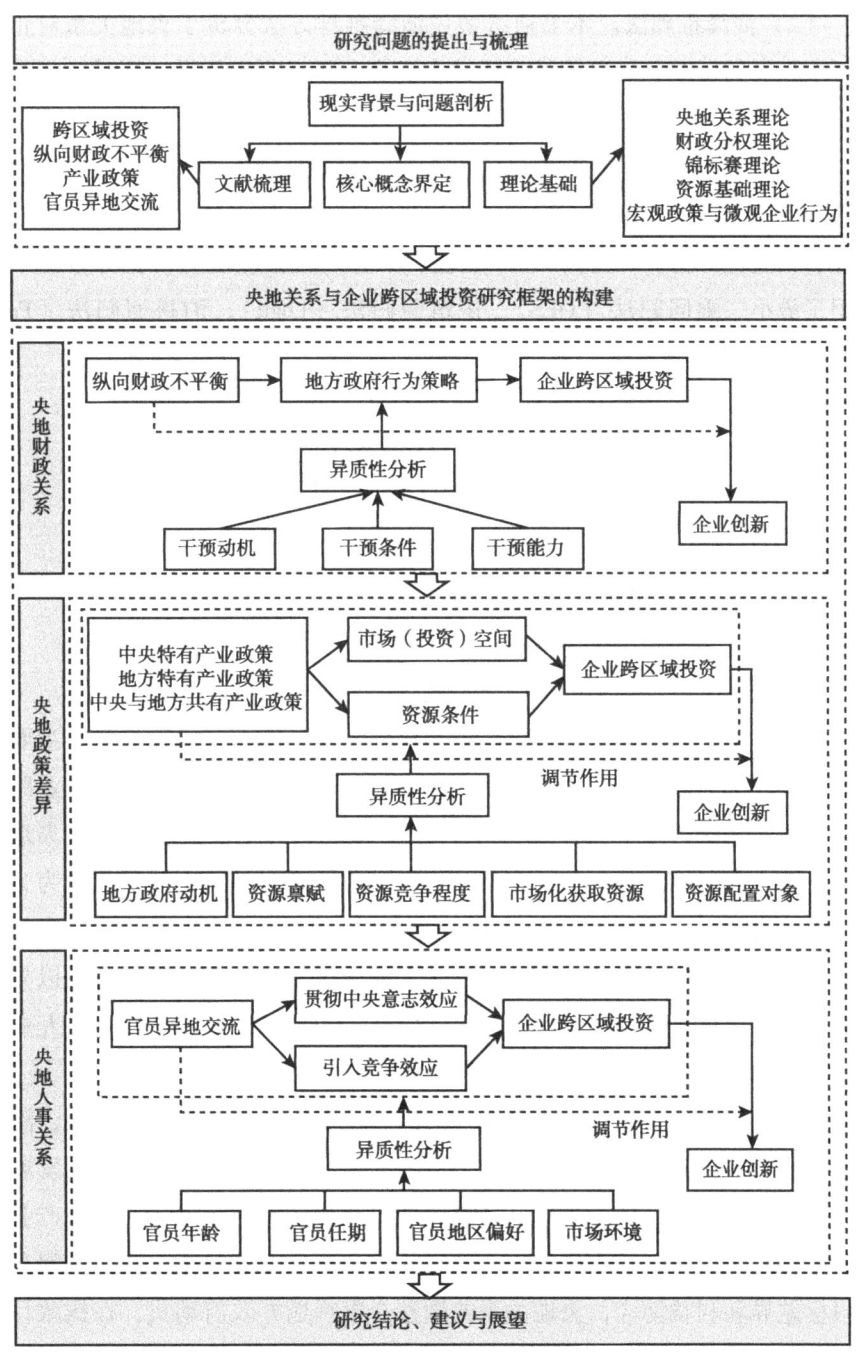

图 1-2 本书的研究技术路线

（2）演绎推理法。本书通过假说演绎推理方法分析了央地关系对企业跨区域投资的影响和作用路径，通过合理推理提出研究假设，而后运用数据检验假设是否成立。

（3）实证检验法。实证检验是在规范分析的基础上提供经验证据方面的支持或者否定。在具体的实证检验中，本书采用多种统计学方法，如描述性统计、相关性分析、T检验、Chi检验、中介效应检验法等；在计量回归时使用了最小二乘回归法（OLS）、逻辑回归法（Logit）、泊松回归法（Poisson）以及受限因变量回归方法（Tobit）。

1.4 研究创新与不足

1.4.1 研究创新

相比现有文献，本书的创新或特色之处主要体现在以下几个方面。

第一，为研究企业跨区域投资行为提供了新的视角。以往的研究主要从地区因素，如地区制度环境、地区文化、地区基础设施等方面考察企业跨区域投资决策选择，即研究"地方—企业"，本书认为地区制度差异是央地关系的产物，企业行为是与地方政府之间互动的结果，而地方政府的行为又是与中央政府博弈的产物。因此，基于中央与地方关系的考察，梳理出央地关系三个方面的具体体现：以纵向财政不平衡所体现的央地财政关系、以异质性产业政策所体现的央地政策关系、以官员异地交流所体现的央地人事关系，由此为研究企业跨区域投资行为提供了新的视角。

第二，对央地关系如何影响企业跨区域投资提供了一个分析框架，深化了对政府与市场关系、政府与企业关系的理论认识。政府是一个国家发展过程中最重要的制度条件，中国经济发展离不开政府在培育市场、实施产业政策、推动创新等方面的主导作用。然而，由于中央政府与地方政府之间存在的目标差异和利益博弈，央地关系的调整会影响地方政府动机，在执政目标选择上可能与中央偏离，地方利益驱使下的企业行为也从微观上阻碍中央宏观目标的实现。同时，本书基于央地关系的微观经济效应研究，进一步丰富了宏观经济政策对微观企业行为的研究。

第三，获得了关于企业跨区域投资行为更为细化的研究结论，总结了影响企业跨区域投资的财政根源、政策根源，发现中央对地方人事的调整是推动企业跨区域投资的有效手段，从而对现有研究形成了有益补充。具体来讲，一是基于财政分权理论和政治锦标赛理论，分析检验得出纵向财政不平衡程度的增加会抑制辖区内国有企业的跨区域投资，由此说明我国国有企业跨区域发展受制于当地财政状况，这有助于从深化财政改革的角度去解决国有企业跨区域发展动力问题。二是在区分中央与地方产业政策差异的基础上，检验并发现中央特有政策对辖区企业跨区域投资具有促进作用；地方特有政策、中央与地方共有政策对辖区企业跨区域投资具有抑制作用。由此说明不同类型产业政策下地方政府引导资源配置具有偏好性，从而对企业跨区域投资产生差异化的作用，上述结论对现有研究①是一个拓展。三是研究了官员异地交流对其流入地企业跨区域投资的影响，发现中央交流官员显著促进了其流入地国有企业的跨区域投资，而外省交流官员显著促进了其流入地非国有企业的跨区域投资，由此对官员交流的经济后果形成了增量文献。

第四，从创新的视角拓展了企业跨区域投资的经济后果，跨区域投资对创新可能带来资源挤出效应和竞争提升效应，本书对此进行了实证检验并支持后一种猜想，据此丰富了企业跨区域投资经济后果研究。

1.4.2 研究不足

囿于时间、篇幅以及个人能力等因素，本书的研究仍存在一些不足和局限性：

第一，央地关系作为一个较为宏大的概念，本书所选取的三个视角（央地财政关系、央地政策差异以及官员异地交流）可能不足以涵盖所有的央地关系范畴。这一点正如"公司治理"一样，概念包含多个内容范畴而无法用

---

① 例如，步丹璐等（2017）研究了产业政策对企业异地股权投资的影响。但他们仅针对中央产业政策，且将企业异地股权投资作为被解释变量；而本书对产业政策进行了细化和区分，并将异地子公司（范围比异地股权投资更窄）作为被解释变量。本书结论与该文有差异，上述两个方面可能都是原因所在。

一个指标加以衡量,由此使观测央地关系的角度缺乏丰富性,也使衡量方式单一。但是,本书选取了与学科领域有关的三个范畴进行研究,也是一个有益的尝试。随着后续研究的深入,未来可以尝试采用与"公司治理"指标类似的方法,构建多层次多维度的指标进行综合衡量。

第二,本书的核心问题主要关注央地关系是否以及怎样影响企业的跨区域投资,而对于企业跨区域投资的经济后果以及央地关系在其间所起的调节作用分析时,囿于时间、篇幅等限制,本书主要基于对企业创新这一方面的探讨。然而,对于企业跨区域发展所产生的其他经济后果,如对企业风险、市场势力、企业竞争能力等方面的探讨也同样重要,但本书尚未涉及,这些方面均可以成为后续研究的延伸方向。

第三,本书对于企业跨区域投资主要从静态角度关注了企业异地子公司的数量方面,尚未探讨企业异地子公司的规模大小、异地子公司的具体投资模式(如新设还是并购取得)以及增减变动情况。虽然多数学者也仅从数量角度进行研究(曹春方,2015,2017;马光荣等,2020),但是,仍然不可避免存在衡量方式较为单一的问题,在后续研究中,可以进一步拓展观测维度,从企业跨区域投资规模以及增资减资等方面更加丰富和多角度地研究企业跨区域发展行为。

| 第 2 章 |

文献回顾与评述

2.1 企业跨区域投资相关研究

企业跨区域投资或并购是存量资本的再配置,也是资本跨地区流动的微观过程(王凤荣和苗妙,2015)。目前,学术界对企业跨区域资本流动的区位选择、影响因素和经济后果研究颇为丰富,且涉及多个学科领域。从国外文献来看,主要集中于对发达国家企业跨国投资行为的研究。早期文献偏向于从地理因素或经济因素角度,如地区资源禀赋、市场规模、劳动成本和产业集聚等,对企业跨区域投资给出解释(Higgins and Savoie,1995,1997;Dunning,1998;Krugman and Baldwin,2004)。随着制度经济学的兴起和发展,学者们也逐步关注到税收政策、法律和政治等正式制度因素对企业跨区域投资行为的影响。例如,Boskin 和 Gale(1987)研究发现,税收政策是影响外国直接投资和海外直接投资的重要因素,税收优惠政策不仅会刺激国内固定资产投资,还会吸引更多的国外投资。Reese 和 Weisbach(2002)、Rossi 和 Volpin(2003)则关注了法律保护制度对跨国投资的影响,前者发现投资者保护环境薄弱的国家的企业更倾向于到投资者保护更完善的国家进行上市;后者则发现在投资者保护更好和会计准则更完善的国家,企业跨国并购活动更加频繁,且通常会选择投资者保护更差的国家的公司作为并购目标。与此同时,一些非正式制度因素,如腐败程度、政治稳定性、文化特征也成为国外学者们审视企业跨区域投资的视角。例如,Habib 和 Zurawicki

(2002)研究发现,被投资国家的腐败程度以及主投资国与被投资国的腐败程度差异对外商直接投资都具有负面影响,原因在于投资者认为腐败会降低运行效率,因此他们会尽量避免到腐败程度较高的国家或地区投资。Bhardwaj 等(2007)对 43 个国家的国外直接投资行为进行了研究,发现国家文化特征对企业跨国投资行为具有重要影响,企业更倾向于选择到不确定性更小、社会信任度更高的国家进行投资。Busse 和 Hefeker(2007)基于 83 个发展中国家 1984~2003 年的数据研究发现,国家的政治稳定性、内外部矛盾、腐败和种族冲突、法律和秩序、政治民主性以及行政质量等因素对外国直接投资具有重要影响。

国内研究方面,由于对跨区域投资的地区范围并没有明确的界定,因而总体上可以分为"跨国投资"和"国内跨省投资"两类。前一类研究集中在宏观经济研究方面,研究内容和视角与国外类似;后一类研究集中在微观经济研究层面,与本书也更为相关。因此本书主要针对后一类研究进行综述。总体来讲,国内基于异地跨省投资的研究十分丰富,研究内容集中在两个方面:一是企业跨区域投资的动因和影响因素,主要研究中国特有的政治、经济、地理和文化背景下所形成的地区差异对企业跨省投资和并购行为的影响;二是研究企业跨区域投资所带来的经济后果,主要集中在跨区域投资和并购对企业价值、投资绩效和效率及其市场反应等方面。

2.1.1 企业跨区域投资的动因

现有文献对企业跨区域投资动因主要给出了三种主要解释。

(1)市场获取动机。

企业为了生存和发展,须不断拓展消费市场。然而在我国财政分权体制下,地方政府对当地企业和当地市场的保护对外地企业来讲形成了严重的阻隔。例如,根据《中国青年报》的一则新闻报道[①],北京和上海两地通过设置地方新能源车准入目录来阻碍外地新能源汽车的进入。部分地方政府会强制要求外地企业必须就地建厂才能进入该地区的消费市场。企业若想进入某

---

① 报道来源:http://www.chinanews.com/auto/2014/06-12/6270813.shtml.

地市场，往往会在该地区以设立子公司的形式进行异地投资，由此才能获得进入该地区消费市场的资格。因此，异地跨省投资便成为突破地方保护主义和市场分割、取得异地消费市场的重要手段（曹春方等，2015；朱凯等，2019）。王凤荣和苗妙（2015）以2009~2011年的企业异地并购为分析对象，实证检验发现，良好的基础设施环境和市场环境已成为企业异地并购的主要动因，而税收优惠并非主要因素，由此说明企业异地投资更多的是出于对市场发展的渴求，而成本性因素并非主要动机。

（2）规避政治成本的动机。

已有文献发现，中国的国有企业承担着诸多政策性负担，如过多的冗员和工人福利等（林毅夫等，2014；林毅夫和李志赟，2004），地理差距会拉大企业与地方政府之间的信息不对称程度和沟通陈本，因而地方国有企业倾向于进行跨区域投资从而逃避当地政府的"掠夺"（Prat，2005；Fan et al.，2013；曹春方等，2015）。曹春方等（2015）基于2007~2012年上市公司数据研究发现，市场分割背后的地方政府干预表现为"掠夺之手"，而地方国有企业的异地子公司在一定程度上能够逃离地方政府的这种"掠夺"。对于民营企业而言，也同样存在这种效应。如三一重工（股票代码：600031）在2012年经历"间谍门""行贿门"等一系列事件之后，决定将总部从长沙搬迁到北京，但这一行为背后也折射出地方政府干预下的隐性政治成本是企业异地投资的关键动因之一（步丹璐和刘静；2017）。通过对三一重工的案例研究，他们发现三一重工为了避免来自当地政府在就业、税收和薪酬等行政性负担，采用转移注册地的方式来减轻政治压力和政治成本。

（3）资源获取动机。

为了获得生存发展所需的稀缺资源，如政府补助、银行贷款、土地资源、税收优惠等，企业会策略性地进行跨区域投资选择。对此，现有文献有两种观点：一部分研究认为，资源获取动机会降低企业的跨区域投资动机和意愿。地方政府的支持手段，如政府采购合同、信贷优惠、税收优惠等具有很强的地域特性，企业尤其是国有企业虽然承担着一定的政策性负担但更容易受到当地政府支持和庇佑，为了避免失去本地政府的资源支持，他们会更多地在本地进行投资，而跨区域投资的意愿会更弱（潘红波和余明桂，2011）。然而，另一部分研究认为，在招商引资背景下，政府会采用多种优惠政策从而吸引企业到辖区投资，而企业也会主动通过向地方政府"寻租"进而获得更多的补助和更廉价的土地、贷款等资源，即资源获取动机会诱发和促进企业跨区域投资。例如，步丹璐和黄杰（2013）通过对上市公司京东方（股票代码000725）从上市后到2012年在各地区的股权投资进行了深入分析，发现京东方在所到地区进行股权投资能够帮助其从投资所在地政府处获得更多的政府补助、担保贷款、定向增发款以及其他自然资源，并从财政分权下地方政府竞争的视角对该现象进行了解释。在后续研究中，他们通过实证检验证明了上市公司长期股权投资数量与规模与其从投资地获得的政府补助是正相关的（Bu et al.，2017；步丹璐和狄灵瑜，2017；步丹璐等，2018）。步丹璐等（2017）则从产业政策的视角出发，实证检验得出了产业政策的实施能够提高上市公司异地股权投资数量和规模的结论，他们认为产业政策促使公司通过政策优势获得政府补助、税收优惠等支持，降低了公司对注册地政府的依赖和维护成本，从而提高公司进行异地跨省投资的动力和能力。同样，刘斌和袁利华（2016）从土地资源的角度分析了上市公司股权投资的动机，发现企业股权投资增加的原因之一是为了获取稀缺的土地资源，对此，他们的解释是：一方面，地方政府为了实现财税收入、GDP增长和提高官员晋升概率，会以土地吸引企业到辖区内以设立子公司的形式进行投资；另一方面，企业为了获得自身发展急需的稀缺的土地资源，也愿意新增股权投资。

2.1.2 企业跨区域投资的影响因素

关于企业跨区域投资的影响因素，现有文献进行了较为广泛的研究，总的来讲包括制度性因素和非制度性因素两类。其中，制度性因素包括产权性质、地区投资者保护水平、要素市场发展状况、地方保护主义和市场分割、政治制度环境等；而非制度性因素包括社会信任水平、个体偏好等社会和心理因素。

（1）制度性影响因素。

首先，部分学者从产权制度的视角对企业跨区域投资异质性进行了研究分析，由于产权背后体现了政府干预企业的动机和能力，因而对企业行为具有尤其重要的影响（方军雄，2008；夏立军等，2011；潘红波和余明桂，2011）。就国有企业而言，方军雄（2008）以1994~2007年发生的并购事件为分析对象，比较研究了地方国有企业与中央国有企业进行异地并购的差异。他发现相比较而言，地方政府更倾向于将本地资源聚集到其能够实施控制的企业（地方国有企业）而不愿让外地企业分享本地的优质资源以增强其经济表现，因此，地方政府直接控制的企业更倾向于实施本地并购，而中央政府控制的企业则因具有中央部委压力和肩负国家宏观战略背景，可以凭借中央政府赋予的政治因素突破地方政府设置的障碍甚至获得地方政府的支持，更多地实现跨地区并购投资。而对于国有企业与民营企业异地投资差异，夏立军等（2011）发现地方国有企业比民营企业更少地进行异地投资，但并未进行过多解释。对此，潘红波和余明桂（2011）基于2003~2005年上市公司收购非上市公司的事件研究得出了同样的结果，并从"政府之手"的角度提供了理论解释：从"支持之手"来看，由于地方政府会为企业提供各种资源，因而地方国企为了避免失去当地政府支持，会更少地进行异地投资和并购活动；而从"掠夺之手"来看，地方国企承担着就业、养老、社会稳定等政策性负担和帮助地方官员实现晋升的个人利益，由此在异地投资和并购时很难获得当地政府的审批同意，因此异地并购概率相比民营企业会更低。

其次，多数研究将地方保护主义和地区市场分割视为我国财政分权制度的衍生物，并以此研究对企业跨区域投资行为的影响，发现地方保护主义及地区市场分割问题增加了企业进行跨省投资和跨省并购的交易成本，并已成为企业跨地区经营的严重障碍（方军雄，2009；宋渊洋和黄礼伟，2014；曹春方等，2015；叶宁华和张伯伟，2017）。以1999~2007年上市公司的并购行为进行研究，方军雄（2009）发现不同行政地区之间的异地并购数量显著地低于同一行政地区的并购数量，并推断是地区之间由于地方保护主义而形成的市场分割问题阻碍了公司的异地跨省投资行为。宋渊洋和黄礼伟（2014）则考察了市场分割对我国证券企业跨地区经营的影响，同样发现目标市场的市场分割程度对跨地区经营战略有显著的负向影响，这说明市场分割程度严重是企业国内跨地区经营面临的重要障碍。曹春方等（2015）根据我国2007~2012年A股制造业上市公司的数据，检验发现市场分割程度对上市公司异地子公司投资分布因产权性质而异，市场分割导致地方国有企业相比民营企业有更少的异地子公司分布，他们延续了潘红波和余明桂（2011）的推理逻辑，对此解释道：市场分割背后体现的是政府行为，无论政府体现为"支持之手"还是"掠夺之手"，都会导致国企比民企更少进行异地跨省投资。叶宁华和张伯伟（2017）基于世界银行2003年中国企业调研数据考察了地方保护水平对企业市场扩张选择的影响，发现地方保护显著降低了本土企业进入跨地区市场的概率。

最后，市场环境不同所导致的制度性成本也是影响企业跨区域投资选择的重要因素。中国幅员辽阔，地理、文化、经济发展存在差异，使不同地区的产品、要素、资本、服务等市场环境发展程度不同，政治执行成本也不同，地区差异成为市场交易成本和制度性成本的重要因素，由此影响着企业跨区域投资决策行为。正如 Boisot 和 Meyer（2008）所言，中国企业不在国内开展跨地区经营在很大程度上是由于国内跨地区经营伴随着极高的制度相关成本。在此基础上，学者们从多种视角去考察区域环境不同所带来的制度性成本对企业异地投资行为的影响。例如，唐建新和陈冬（2010）考察了地区投资者保护水平对企业异地并购的影响，他认为，由于我国地区投资者保护程度差异较大，不同地区进行并购时面临的市场化摩擦和交易成本也有所不同，公司在并购中进行地域选择时可能处于节约并购交易成本和降低市场摩擦的动机，以便提高并购效率，而较好的投资者保护程度意味着市场交易成本和摩擦因素较小，因而公司会选择投资者保护程度较高的地区进行并购投资。姚益龙等（2014）从要素市场发展状况这一角度对企业异地并购动机给出了另一种解释，他们也认为要素对企业异地并购存在产权差异的不同：中央国有企业可以凭借中央政府赋予的政治因素直接获得其他地方政府的支持，由此会偏好并购要素市场落后地区的企业，利用其政治影响力获得廉价的生产要素；地方国有企业的影响力则仅限于当地，在异地并购过程中会失去"支持之手"的作用，异地并购后重建"支持之手"的政治寻租成本高，从而并购绩效低。宋渊洋和黄礼伟（2014）则较为全面地考察了制度性因素对企业跨地区经营带来的影响，以我国证券企业为研究对象，实证发现目标市场的制度环境对企业跨地区经营战略有正向影响，企业所在地和目标市场之间的制度距离以及目标市场的市场分割程度对跨地区经营战略有显著的负向影响，这一结果说明地区制度环境差、地区之间的制度距离大是企业国内跨地区经营面临的重要障碍。他们同时还发现上述因素对跨地区经营战略的影响强度与企业跨地区经营经验和目标市场规模有关，企业跨地区经营经验越丰富、目标市场规模越大，制度环境对跨地区经营战略的正向影响越强，制度距离和市场分割对跨地区经营战略的负向影响越弱。

另外，还有部分文献聚焦于政治环境和政府行为对企业跨区域投资的影响。例如，周星宏等（2000）对温州的调查研究表明，温州外移企业中有相当一部分是因为对当地政府环境不满。进一步地，肖土盛等（2018）认为企业异地投资决策不仅取决于所处的政治环境，更取决于政治环境与企业自身风格的匹配度。他们以2010~2015年我国民营上市公司异地并购事件为样本，实证发现民营企业的异地投资决策与政治环境和自身企业偏好相关，当本地政府环境与自身风格不匹配时，企业更倾向于进行异地并购且异地并购规模也越大，同时，"关系导向型"民企更倾向于到"清廉度低"的政府环境中并购，而"市场导向型"民企则倾向于到"清廉度高"的政府环境中并购。并且，民营企业到与其风格相匹配的政府环境中异地并购能显著提升并购绩效。

（2）非制度性影响因素。

除了制度性因素以外，企业的跨区域投资决策同样会受到诸多非制度性因素的影响，如公司高管背景和个体偏好、社会信任程度等（夏立军等，2011；曹春方等，2018；曹春方等，2019）。夏立军等（2011）从政治联系的视角，研究了公司董事长和总经理的政治任职背景对公司跨区域投资的影响，他们基于我国1997~2003年在深沪两市首次IPO的公司数据研究发现，公司高管的政企纽带能够帮助其到注册地以外的其他省份去开设下属企业（含子公司、联营企业和分公司），但上述影响仅存在于政企纽带达到较高的级别（厅局级以上）的情况，并且这种影响主要存在于地方政府控制的公司中。同时还发现，对于非政府控制的公司而言，其高管在中央政府部门的任职经历也会促使公司进行更多的跨省异地投资，而对于中央政府控制的公司，高管的政企关联对异地投资并没有显著的影响。曹春方等（2018）从地域偏好的视角出发，研究了上市公司高管的"家乡偏好"对其跨区域投资行为差异的影响。他们以2008~2013年A股民营上市公司为样本，实证发现我国民营上市公司更多地会在其 CEO 和董事长的家乡设立异地子公司，但两类高管的"家乡偏好"对异地投资绩效影响不同，CEO 的家乡偏好引发的异地投资会降低公司价值，体现为代理问题假说，而董事长的家乡偏好引发的异地投资并未显著降低公司价值，体现为熟悉假说。除此之外，曹春方等（2019）还从地区信任的角度对企业跨地区投资的行为逻辑给出了解释，他们认为地区间信任能够降低异地市场间的交易成本和企业集团内部组织成本，由于这两类成本对异地子公司的设立存在相反的影响，因此跨地区投资决策取决于两类成本的最优（小）点。基于手工搜集的 2008~2013 年上市公司母、子公司的地理数据和 CESS（中国企业家调查系统）调查的地区间信任数据研究发现，上市公司母公司所在地与异地信任程度越高，公司在该地建立异地子公司的数量越多。这一研究结果说明，地区间信任通过降低企业集团的组织成本从而促进了集团的跨区域发展。

2.1.3 企业跨区域投资的经济后果

国外相关文献从资源获取、收益波动性、议价能力和市场学习等角度研究了跨区域投资对企业所产生的经济后果，发现跨区域经营能够使企业获得更广阔的消费市场，并在更大的地理范围获取和配置稀缺资源，从而有助于企业实现规模经济和范围经济，降低运营成本（Caves，1996）。同时，跨地区经营也有助于通过不同市场需求的异质性降低企业收益波动，减少经营风险（Kim et al.，1993），提高企业对供应商、分销商和消费者的议价能力（Kogut，1985），帮助企业树立良好的品牌形象。跨域经营还能使得企业从其他地区市场学习，提高企业的知识存量，有助于企业长期竞争优势的培育和构建（Hitt et al.，1997；Luo and Tung，2007）。

国外文献相对更多的是针对跨国投资的研究，对于同一国家体制下不同地区尤其是由于行政性体制下的跨地区投资的研究相对较少，而国内文献在此方面有着诸多深入研究。其中，部分研究认为，企业进行跨区域投资和并购会给企业带来价值减损效应。例如，潘红波和余明桂（2011）认为，企业异地跨省投资会失去本地政府资源支持，异地并购后的实际所得税税率和银行贷款成本均显著增加，由此也导致了消极的市场反应。步丹璐和黄杰

（2013）、步丹璐等（2017）从寻租的角度对企业跨区域投资的价值减损效应进行了解释，他们认为企业可能出于寻租目的以股权投资形式在多地进行投资，进而获得更多的补助、贷款和定向增发款，然而这种以寻租为目的的投资并未带来价值提升作用，反而造成企业对政府的严重依赖，低效投资导致了股东、企业和社会资金的错配。然而，另一部分文献认为，企业进行跨区域投资尤其是以设立子公司方式进行的跨区域投资能够缓解既有地方保护主义下的市场分割的负面影响，对企业绩效和企业价值产生积极效应（曹春方等，2015；朱凯等，2019）。芮明杰等（2008）专门针对中国房地产上市公司进行研究，发现房地产公司跨区域发展能够显著提高经营绩效，尤其是在跨区域且专业化发展的情况下更加显著。曹春方等（2015）基于2007~2012年上市公司数据研究发现，上市国有企业设立异地跨省子公司能够降低市场分割对企业价值的减损作用，他们对此解释为，由于市场分割背后是政府"掠夺之手"，国有企业通过设立异地子公司来突破和逃离政府"掠夺"，从而缓解了市场分割导致的企业过度投资问题。朱凯等（2019）构建了一个企业跨地区设立异地子公司以突破市场分割限制的指标，基于2007~2015年A股非金融企业集团数据研究发现，通过在市场分割程度高的地区设立异地子公司，企业集团能够扩大销售规模、提升毛利率，但与此同时也需要承担额外的非生产性支出和税负，总体上看能够改善经营业绩，且上述效应在民营企业集团、竞争程度较高的行业中更加显著。

除此之外，还有部分文献认为企业跨区域投资的价值效应取决于地区市场环境、政府环境以及公司治理等特定因素。例如，唐建新和陈冬（2010）基于2003~2008年上市公司异地非关联并购的研究发现，目标公司所在地的投资者保护程度越好，收购方公司所获得的并购收益越高，这是因为较好的投资者保护程度能够降低市场化摩擦和并购交易成本，由此提高并购效率。肖土盛等（2018）研究发现，企业在异地并购时，只有选择与本企业风险匹配的政府环境地区才能显著提升并购绩效。曹春方等（2018）研究发现，企业的异地投资选择具有CEO"家乡偏好"现象，而这种偏好给子公司绩效带来负面影响，原因在于公司CEO可能出于个人收益最大化而非公司价值最大化，代理问题导致基于"家乡偏好"的异地投资产生的价值减损效应。

2.1.4　企业跨区域投资研究评述

纵观现有关于企业跨区域投资的文献，本书认为在以下方面仍有待深入研究和推进：从影响因素方面，现有研究多从地区差异的角度进行探讨，较少深入地区差异背后中国政治经济最深层次的制度因素——央地关系。本书认为，对于中国而言，除地理、文化外，地区市场环境、政治环境差异背后的制度性因素起着根本性的作用，而在诸多制度安排中，央地关系及其延伸的各种制度安排是最根本的，它影响着中央与地方政府的行为动机，也影响着地方政府之间的关系，更影响着地方政府官员与企业行为互动逻辑。因此，从央地关系视角深入探讨影响企业进行跨区域投资的影响因素有助于深入理解企业跨区域投资行为逻辑和差异性的根源。

另外，在企业跨区域投资经济后果方面，现有研究主要集中于考察企业绩效和市场反应两个方面，然而现实中，企业跨区域投资的影响深远，跨区域投资的后果不仅在于资源获取、市场拓展和企业价值增量的创造，更为重要的是，跨区域投资对企业发展内涵、发展质量和价值创造方式有何影响？随着我国经济发展方式从"数量型增长"到"质量型和效率型发展"的转变，提升国家经济发展质量的现实要求势在必行，而企业的高质量创新发展是实现上述目标的微观基础，那么，企业的规模化扩张和高质量发展之间相互有怎样的关系呢？因此，研究企业的跨区域投资会如何影响其创新产出显然是一个重要的主题，也是一个值得实证检验的问题，本书尝试对此做出回答。

2.2　纵向财政不平衡相关研究及评述

2.2.1　纵向财政不平衡的经济后果

纵向财政不平衡是当前中国政府财政关系的一个典型事实，同时也是学术界关注的重要议题。基于发达国家的经验研究发现，纵向财政不平衡对政府行为产生了众多负面影响，例如，降低中央（联邦）政府的宏观经济调控效果，加剧地方（州）政府的税收浪费行为（Grewal，1995）；降低地方政府的公共教育服务质量（Reinikka and Svensson，2004；Galiani et al.，2008）；降低国家收入再分配能力（Bouton et al.，2008；Eyraud and Lusinyan，2013）；增加了政府债务（Aldasoro and Seiferling，2014）等。

针对中国政府间财政不平衡的经济后果，一部分文献关注了纵向财政不平衡如何加剧地方政府财政缺口和财政压力，并在中国特定的财税体制条件下进而引发了一系列增加地方财政收入的行为。例如，江庆（2006）分析了中国 1978~2003 年的财政不平衡状况，发现中国分税制改革后，随着财政缺口增大，地方政府在举债受到严格限制的条件下，会通过扩大预算外收入的途径以弥补财政缺口。孙秀林和周飞舟（2013）认为中央财权的集中使得地方政府逐步走向了以土地征用、开发和出让为主的发展模式，从而形成了土地财政；贾俊雪等（2016）根据中国 2001~2007 年地级市面板数据验证了纵向财政不平衡对地方政府土地出让行为具有显著的正向影响，且这种作用在经济落后地区更加显著，这表明财权与事权错位加剧了地方政府土地财政行为。在此逻辑下，宫如凯（2015）的研究进一步延伸到对房价的影响，结果发现，在控制了经济基本面、人口结构、产业结构等条件后，地方政府面临的财政不平衡是引致其追求土地财政的重要制度性因素，地方土地财政规模和房价与财政不平衡性存在着显著的正向效应，且土地财政规模是财政不平衡性推动当地房价上涨的中介因素。李永友和张帆（2019）基于中国地方层级政府数据研究发现，财政体制的垂直不平衡增加了地方政府支出压力，进而激励了地方政府举债融资，而在中国现行财政预算法约束下，地方政府的举债融资激励现象主要体现在预算法框架外的地方政府平台举债行为。

另一部分文献关注财政不平衡对其他地方政府行为的影响。例如，Guo（2008）基于中国县级面板数据研究发现，政府间财政分配关系的不平衡导致了地方政府以雇员数量扩张为标志的财政不谨慎行为。Jia 等（2017）基于中国地级市面板数据研究了财政不平衡对地方政府财政行为的影响，发现较高的财政不平衡降低了地方政府税收努力程度。代介波和东升（2018）基于 2004~2014 年省级面板数据研究发现，纵向财政不平衡程度与地方政府投资存在会显著抑制地方政府的投资行为。另外，罗伟卿（2009）和张帆等（2020）进一步关注了财政不平衡对政府公共服务的影响，前者研究发现，中国的分税制改革导致了纵向财政不平衡，这使地方政府入不敷出，从而不得不优先考虑经济增长而压缩了基础教育支出；后者进一步研究发现，分税财政体制下的基础财政缺口不利于城乡基本公共服务均等化。

2.2.2 纵向财政不平衡经济后果的研究评述

现有研究主要集中于纵向财政不平衡在宏观层面的经济后果，研究对地方政府行为的影响，较少拓展到纵向财政不平衡影响地方政府动机和地方政府策略性行为，进而又会怎样影响到微观经济主体行为。因此，本书第 4 章尝试从微观企业行为的角度进一步拓展纵向财政不平衡的经济后果，将现有分析财政不平衡经济后果的"中央政府——地方政府"两层主体框架延展至"中央政府——地方政府——企业"三层框架，以期从微观视角丰富和拓展关于央地财政关系的经济效应研究。

2.3 产业政策相关研究及评述

2.3.1 产业政策的经济后果

近年来，关于产业政策的话题引起了学术界广泛而深入的讨论。产业政策被世界各国广泛使用，但其有效性成为最具争议的话题之一。部分支持者认为，产业政策有助于减少外部性、克服"市场失灵"问题、保护幼稚产业或新兴产业的发展（Pack and Saggi, 2006；Lin and Chang, 2009；Blonigen, 2016）。由此产业政策也成为多数发展中国家赶超发达国家的重要政策性工具。然而，反对者却认为，在产业政策的执行过程中可能出现资源配置异化问题，因为政府可能缺乏有效信息去了解和甄别不同企业和市场的具体情况，而且不可避免地滋生寻租行为（Rodrik, 2008；Pack and Saggi, 2006），因此，产业政策的实施效果经常背离政府制定产业政策的初衷，导致了许多经济效率的扭曲现象的发生（Lee，1996；Powell，2005）。

国内关于产业政策的研究成果颇丰，并且引起了广泛热议。其中，林毅夫和张维迎两位学者在2016年的"产业政策思辨"最引人关注。关于中国产业政策的必要性和有效性，有两种截然不同的观点：一种认为由于国家的经济发展是一个动态过程，必然会经历经济结构转型升级，在此过程中，需要政府通过产业政策等手段来克服"市场失灵"问题，从而协调企业创新收益和成本的关系，以此推动产业结构调整和升级发展（林毅夫，2012）。另一种则认为，中国产业政策从整体上表现出直接干预市场、限制竞争的管制性特征，政府的判断和选择代替了市场竞争，由此非但不能促进产业结构调整，反而可能产生严重不良后果（江飞涛和李晓萍，2010）。实证研究方面，多数学者从宏观层面检验了产业政策是否有利于国家经济的增长、产业生产率的提升和产业结构调整，总体上发现中国产业政策对宏观经济具有正向影响。例如，Aghion等（2011）利用中国1998~2007年的大中型企业数据，发现那些促进企业间竞争的产业政策提高了企业的生产率。宋凌云和王贤彬（2013）利用中国省级政府五年规划中的产业政策信息研究发现，地方政府的重点产业政策总体上显著提高了地方产业的生产率。韩永辉等（2017）利用地方性法规和地方政府规章中的信息对产业政策进行定量识别，研究发现，产业政策的出台显著促进了地区产业结构的合理化与高度化。

从微观研究来看，已有研究从不同角度对产业政策如何影响企业投融资行为、创新、股价表现等多个方面进行了分析并且得到了创新性的研究成果（陈冬华等，2010；祝继高等，2015；余明桂等，2016；黎文靖和郑曼妮，2016；王克敏等，2017；钟宁桦等，2019；陈冬华和姚振晔，2019）。其中，与本书关系最为密切的一类是有关产业政策对企业投资行为的影响。多数经验研究表明，受到产业政策支持的企业，其投资规模更大，但是投资效率却更差。例如，黎文靖和李耀淘（2014）基于2001~2011年A股上市公司样本研究发现，受到产业政策激励的民营上市公司，由于政策会给其带来行政管制放松和银行信贷供给增加，从而投资更大，但投资效率却在下降。王克敏等（2017）以1998~2013年A股非金融上市公司为研究对象，发现受国家产业政策鼓励或重点支持阶段的公司得到了更多的政府补助和债务融资，由此投资水平也更高，但过度投资也更为严重。步丹璐等（2017）研究了产业政策对企业异地股权投资的影响，发现受产业政策支持的企业的异地股权投资金额、投资次数和投资省份数都会显著增加，但是却显著降低了企业的经营绩效。杨兴全等（2018）从多元化投资的角度研究了产业政策的经济后果，基于 2002~2017 年 A 股上市公司数据研究发现，未受到产业政策扶持的公司更多地通过多元化投资的方式涉入了产业政策扶持的行业，且上述行为抑制了企业价值的降低，同时也有利于产业生产率的提高。钟宁桦等（2019）则重点关注了产业政策引导下的企业跨境并购行为，基于 1991~2015 年中国企业的跨境并购交易研究发现，受到五年规划中产业政策支持的企业在跨境并购中支付了更高的并购溢价，但是并购完成率却更低。并且，针对产业政策影响企业投资的机制途径，上述研究得出的结论基本一致，都认为受到产业政策支持的企业往往能够获得更多的信贷资源、政府补助或者税收优惠，从而促进了企业投资规模的增加。

近期，部分文献将视角转向研究中央和地方产业政策的异质性所产生的影响差异。张莉等（2017）研究了不同产业政策对土地资源配置的影响，他们利用 2007~2015 年城市层面工业用地数据，实证发现中央与地方的重点产业政策对城市出让工业用地的影响程度存在显著差异，地方政府会将工业用地更多配置在地方提及而中央未提及的重点发展产业上。赵婷和陈钊（2019）研究发现，中央重点产业仅在东部地区具备或能够培育起比较优势，而在中西部地区则不然；同时，在中西部地区扶持的重点产业中，中央重点产业占比越来越高，这导致中西部地区在产业政策选择上越来越偏离其自身比较优势。余壮雄等（2021）研究发现，中央产业政策更偏向于发展低碳排放行业，而地方产业政策则更倾向发展高产值的高碳排放行业。阳镇等（2021）考察了中国央地产业政策的协同性对企业创新的影响，研究发现，央地产业政策协同对企业创新产生了显著的正向促进作用，央地产业政策不协同的情况下对企业创新绩效产生负向抑制作用。狄灵瑜等（2021）进一步发现央地产业政策协同有助于进一步强化外资参股股东对国有企业研发投入水平的正向作用。

2.3.2 产业政策经济后果的研究评述

对于产业政策在微观层面的经济后果的研究十分丰富，然而仍存在值得进一步拓展的地方：其一，现有多数文献关于产业政策对企业投资行为的探讨重点从整体上关注了投资规模和投资效率（黎文靖和李耀淘，2014；祝继高等，2015；王克敏等，2017），对企业投资地域选择尤其是国内跨行政区地域选择的研究相对较少（步丹璐等，2017），值得进一步深入探讨。其二，现有大多数对产业政策的研究仅考虑了中央政府作为行政决策的最高权力机构所制定的产业政策对微观企业行为的影响，他们基于国家（中央）五年规划中有关行业的发展规划来确定特定行业是否符合中央产业政策，较少关注到中央产业政策与地方产业政策的差异及其给微观企业带来的影响。在中国独特的中央与地方分权关系下，产业政策的制定与执行过程也必然与央地分权这一制度背景息息相关。倘若只考虑中央产业政策对微观企业行为的影响，便难以准确识别产业政策的有效性问题（赵婷和陈钊，2019；阳镇等，2021）。因此，本书第5章尝试从异质性产业政策这一角度去窥见央地政策关系如何影响企业跨区域投资行为，在细化产业政策的基础上分析其微观经济后果的差异性，从而丰富和拓展产业政策对企业投资行为的研究。

2.4 官员异地交流相关研究

2.4.1 官员异地交流的经济后果

关于中国官员治理体制以及官员交流制度的经济后果，多数研究集中于对地区经济增长（张军和高远，2007；徐现祥等，2007；王贤彬和徐现祥，2008）、社会治理（陈刚和李树，2012；田彬彬和范子英，2016）方面的探讨，得出了积极的结论。例如，徐现祥等（2007）基于中国1978~2005年省长（书记）交流样本研究发现，省长交流能够促进流入地的经济增长速度；张军和高远（2007）的研究也同样发现，地方官员跨省交流对辖区内经济增长具有显著的正面作用。杨海生等（2010）基于1978~2006年中国官员交流数据，进一步区分官员交流类型后发现，外省交流的官员有助于地方经济增长，而中央下派的官员交流有碍于地方经济增长。张莉等（2011）实证发现，本地晋升的地方官员导致了更多的土地违法事件，他们将这种关系解释为来自本地晋升的行政首长有更大的可能性进行官员合谋,进而达到增加财政收入或者提高经济产出等目标。陈刚和李树(2012)、田彬彬和范子英(2016)针对官员交流制度在社会治理方面的效应做了深入研究,他们均发现官员异地交流显著提升了地区反腐败力度、降低了地方腐败程度。

还有部分文献从中观层面对官员异地交流如何影响地区间资源流动做了深入研究。例如,史卫和杨海生(2010)考察了"官员交流效应"对FDI区位选择的影响,结果表明,官员交流对吸引FDI流入具有显著影响,但其影响因交流官员的来源和流向不同而异,具体而言,外省交流的官员、交流至发达地区的官员对当地的FDI流入有正面效应,中央下派的官员、交流至不发达地区的官员对当地的FDI流入则有负面效应。王贤彬和徐现祥(2017)研究发现,官员交流对地区的FDI规模具有显著的影响,且这种影响具有明显的区域异质性:针对沿海地区的官员流动显著降低地方外商投资规模,而针对中西部地区的官员流动显著地提高了地方外商投资规模。钱先航和曹廷求(2017)研究发现,相比非任职年份,在官员任职期间,其出生地和来源地的资金会更多地流入任职地区,存在"钱随官走"的现象。以上研究都表明,官员交流会给其流入地带来更多的资源和投资。

关于官员交流制度对市场一体化的影响,现有研究相对较少且研究结论存在争议。例如,陈刚和李树(2013)、魏建和王安(2016)从不同角度进行了研究,均发现官员交流可以促进国内市场一体化。其中,魏建和王安(2016)认为,官员交流对市场一体化的促进作用在于官员交流有助于区域间的信息交流和信任构建,从而促进区域间合作,带动一体化水平的提高。陈刚和李树(2013)则从司法独立性的角度,认为高等法院院长的异地交流有利于制衡地方政府权力的过度扩张,保护私人财产和契约自由,从而促进地区产业分工的专业化和国内统一市场的建设。然而,李臻(2015)的研究却发现了相反的结论,即官员异地交流对市场一体化不具有促进作用,尤其对于中西部地区而言,官员交流更是加剧了市场分割。他们的解释是,一方面,交流官员可能因为追求政治晋升的个人目的而盲目追求经济发展,忽视资源配置效率而阻碍市场分工;另一方面,交流官员可能会导致重复建设和产业同构问题,从而加剧地区市场分割。

具体到微观研究方面,仅少数学者关注了官员交流对公司会计政策选择、股权换补贴、控制权转让行为以及企业创新的影响。例如，金智（2013）研究发现，官员异地交流可以通过缓解地方保护主义和削弱地方宗派主义而降低地方政绩诉求对公司会计政策选择的负面影响；步丹璐和狄灵瑜（2018）发现，官员交流能够显著抑制公司以股权投资获取政府补贴的行为；狄灵瑜和步丹璐（2019）还发现，官员交流会显著增加低效率国有企业的控制权转让概率；Shi 等（2020）实证检验发现，官员交流对企业创新投入、创新数量和创新质量都具有显著的促进作用。

2.4.2 官员异地交流经济后果的研究评述

现有关于官员异地交流经济后果的研究较为丰富，但是仍有待进一步拓展。首先，现有文献主要集中研究官员异地交流在宏观层面的经济后果，对微观企业具体行为影响的研究相对较少。本书尝试从央地关系——中央对地方人事治理的视角，探讨官员异地交流对企业跨区域投资行为的影响，为丰富和拓展官员异地交流作为中央对地方治理手段的微观经济效应提供增量文献。其次，少数学者从中观层面探讨了官员交流对地区资源和投资的影响，但是他们关注角度都是官员异地交流如何影响官员流入地的资源流入（史卫和杨海生，2010；钱先航和曹廷求，2017；王贤彬和徐现祥，2017），较少探讨官员异地交流是否会影响到官员流入地的资源流出，如果会，具体又是如何影响的？这一问题是一个亟待实证分析和检验的问题，不论对是官员交流制度建设，还是对促进要素资源跨区域流动都十分重要。微观企业的跨区域投资是资金、人才、技术等要素资源跨区域流动的重要体现，因此，本书第 6 章从企业跨区域投资出发，重点探讨官员异地交流对其流入地企业跨区域投资的影响，以期对上述问题做出回答。

2.5　本章小结

本章围绕"央地关系视角下的企业跨区域投资行为"这一研究主题，对企业跨区域投资动机、影响因素以及经济后果进行了梳理，进一步地，基于央地关系的三个观测视角,从纵向财政不平衡及其经济后果、产业政策和产业政策经济后果以及官员异地交流经济后果等方面,追溯了国内外相关文献具体进展,并在此基础上进行了研究评述并指出了本书即将进一步拓展的地方。

  本章的目的除了简略勾画有关企业跨区域投资行为的外貌外,更为重要的是为后面的逻辑分析和假设命题夯实理论上的基础。当然,由于学识和精力所限,本章的梳理不免有所遗漏,对相关文献没有论述详尽到位,这都有待在后期的学术研究中进行弥补。

| 第3章 |

央地关系与企业跨区域投资：理论概述

3.1 核心概念的界定

3.1.1 央地关系

(1) 央地关系的界定。

一般而言，中央与地方关系是指国家体制中纵向上权力与资源配置的基本关系。我国的《宪法》对中央和地方国家机关之间的职权划分的表述是："遵循在中央的统一领导下，充分发挥地方的主动性、积极性原则"①。可见，我国央地关系在定义上有着鲜明的中央统一领导的特征。然而，由于我国是一个地域辽阔、人口众多、地区差异明显的大国，央地关系在实践层面便呈现出十分复杂的形态，央地关系的治理长久以来都是执政者所面临的难题，也是学术者们备加关注的经典命题。宣晓伟（2018）指出，对我国央地关系的探讨离不开对历史背景和现象的基本考察。一方面，我国国家治理规模庞大、地域辽阔、人口众多的现实基础决定了央地关系的治理规模，由此对治理模式有着根本性影响；另一方面，我国国家势力的剧烈变化也深深影响央地关系治理选择，从传统社会时期的整体实力曾处于世界前列，到近代被西方国家超越而陷入落后挨打的局面，再到近年来国家整体经济实力的迅

---

① 参见《中华人民共和国宪法》（2018修正）。

速增长，我国几千年的历史对央地治理模式选择有着重要影响。

我国自秦朝开始"废分封、设郡县"①的重大创举奠定了央地关系的基本治理模式，这个模式历经汉代的调整巩固、魏晋南北朝的反复、唐朝的重新确立、宋代的重大调整、再经元明至清朝达到较为成熟的状态（周振鹤，2005）。正如毛泽东（1973）②曾一针见血地指出一般："百代皆行秦政法。"即使在中国目前的央地关系制度架构中，一些重要的核心理念仍在延续（吕冰洋，2014），由此形成了中国央地关系治理的基本特征：中央权力很大但规模很小；中央进行决策，地方执行具体实务；中央的法令严明，但在执行中由于地方具有自由裁量权，中央需要采取强激励以促使地方完成任务；中央和地方长期处于"收权—放权"的治乱循环之中（宣晓伟，2018）。

（2）央地关系的研究视角。

央地关系是一个国家的基础性制度安排，央地关系治理对于国家政治稳定、经济发展和运行、社会治理等方面都有着十分重大的影响。因此，央地关系一直以来都是学术界研究的重点问题，社会学科的学者从不同学科视角出发对央地关系进行了研究，主要包括：社会学和政治学研究视角下的央地关系治理研究以荣敬本等（1998）、黄宗智（2007）、渠敬东（2012）、郑永年（2013）、曹正汉（2011，2014）、周雪光（2017）的研究为代表，研究内容涉及中央与地方权力分配、官权与民权的分设等，着重强调通过权力的合理配置降低执政风险，实现社会稳定和政治稳定；财税学视角下的央地关系治理强调中央与地方之间的财权配置，主要研究如何通过对税收管辖权和征税权的配置从而实现纵向财税平衡以及地方政府财权与事权的动态平衡（楼继伟，2013；吕冰洋，2014，2019；范子英，2014）；法学视角下的央地关系研究则关注通过法律权限，如立法权、司法权的配置实现国家法治化（张千帆，2009）；经济学视角下的央地关系研究则强调通过财权、人事管理权的优化实现国家经济的发展和社会福利的提高（张五常，2004；周黎安，2007，2018；许成钢，2009；Xu，2011）。

---

① 总体来讲，中国古代央地关系治理分为两个阶段，秦朝以前以分封制为主，秦朝以后以郡县制为主。

② 七律·读《封建论》，呈郭老："劝君少骂秦始皇，焚坑事业要商量。祖龙魂死业犹在，孔学名高实秕糠。百代都行秦政法，十批不是好文章。熟读唐人封建论，莫从子厚返文王。"

本书的研究尝试考察央地关系如何影响地方政府动机进而影响到地方政府辖区内的微观企业行为，与本书最为相关的是基于经济学视角下的央地关系，同时也部分涉及财政学视角下对央地关系的考察内容。具体而言，本书集中关注中央与地方在"人"（吏治）、"财"（财政）和"事"（政策）这三个方面的关系对企业跨区域投资的影响。

首先，本书以纵向财政不平衡为切入点，考察了央地财政关系如何影响地方政府行为策略进而影响到辖区内企业跨区域投资行为。财政关系是央地关系的核心，央地财权配置关系影响着中央政府与地方政府的利益协调。纵向财政不平衡体现着地方政府在财政收入与支出的匹配度，也体现着中央与地方财权分配的适当性，由此为审视央地关系如何影响地方政府行为进而影响企业行为提供了视角。

其次，本书以异质性产业政策为切入点，考察央地政策关系如何影响微观企业跨区域投资行为。"要在中央，事在地方"是中国历来国家经济和社会治理的基本经验。具体到产业政策，中央和省级政府在政策制定和实施上具有"分权治理"的特征。产业政策由中央制定，但具体执行由地方政府因地制宜进行调整，由此会产生地方产业政策。地方政府是否认真落实中央决定，既取决于对中央战略意图的配合度，也取决于对自身资源优势和政治利益的考察。因此，不同产业政策类型的执行程度体现着中央与地方分权关系，由此为审视央地关系下的企业行为提供较好的视角。

最后，本书以官员异地交流为切入点，考察了央地"吏治"关系对辖区内企业跨区域投资的影响。省级官员的异地交流本质上是中央对地方的人事调整，是中央对地方进行隐性治理的重要手段。官员交流制度的一个重要初衷便是抑制地方势力过度增长，加强中央统一领导和畅通央地信息机制，实现地区协调发展，但是交流官员也存在地方利益和自身利益的诉求，不同交流来源的官员对中央政策意图的理解和执行力度以及自身政治利益的实现的权重有所不同，由此为审视央地关系引起的地方政府以及辖区企业的行为影响提供了较好的视角。

以上三个方面的基本逻辑是分别从"人""财""事（策）"的维度对央地关系进行观测，从而探讨其如何影响企业跨区域投资。从某种角度看，三个方面相对平行，有利于独立刻画和探讨某一关系对企业跨区域投资的影响。但是，基于现实的复杂性，上述三个方面不免有重叠影响之处，因为任何人事安排也伴随着权力安排和资源流动，任何"事（策）"的实施一定需要人力和财力的支持，然而这并不阻碍学术研究对现实现象的抽象刻画和分析。因此，本书从上述三个方面对央地关系进行研究并采用特定指标进行刻画，虽有不足但也是一个有益的尝试。

3.1.2 跨区域投资

所谓跨区域投资，指的是企业跨越一定的地区范围实施投资和经营活动的行为。目前，在有关跨区域投资文献中，对于地区范围并没有明确的统一定义，但是总体来讲，主要基于以下两种口径：一是按照行政区划进行划分，如由市、省、国等形成的并以城市、省界和国界为基本单位的跨区域投资，由于行政区划明确，因此这种划分下对"跨区域"的界定也比较清晰；二是兼顾经济状况和地理位置条件形成的区域范围，如东部、中部和西部，或者房地产研究中常说的"一线""二线""三线"城市，又如"京津冀""长三角""珠三角"等区域性经济带，这些研究一般都集中在宏观经济或区域经济研究中。

具体到微观研究，对于企业跨区域投资的探讨也主要是基于"跨国"和"跨省"两种类型。前一类型一般集中于对企业跨国（海外）并购动机、影响因素和经济后果的研究，如钟宁桦等（2017）、邓秀媛等（2018）；后一类型主要基于中国特有的政治经济和文化背景，研究不同省区或市区之间的跨域投资行为（Boisot and Meyer，2008；唐建新和陈冬，2010；潘红波和余明桂，2011；夏立军，2011；曹春方等，2015，2018，2019），主要探讨中国特有的政治、经济、地理和文化条件下所形成的地区差异对企业跨省投资和跨省并购行为的影响。

对于本书而言，意在基于中国央地关系和地方政府竞争视角去考察企业跨区域投资的影响因素和经济后果，一方面，通常我们所讲的地方政府是基于行政非基于地理经济划分的；另一方面，本书的央地关系主要针对中央政府与地方省级政府之间。因此，本书对于企业跨区域投资的界定也以目前省级行政区划为准，即基于企业"跨省"投资行为的研究。

3.2 央地关系与企业跨区域投资的理论基础

3.2.1 央地关系理论依据：集权与分权

央地关系是指中央与地方之间彼此职责权限的划分，这种划分主要是通过中央国家机关和地方国家机关之间的权力配置实现的。在分析中国中央与地方关系的特征模式时，学者们提出了多种看法。一种解释将中国央地政府的关系视作一个高度集中的层级分明的政治结构（Adam，1961；Schapiro，1967）。根据这一理论，中央政府是一个具有高度权力的全能组织体，对地方政府有着极强的控制力。对于中央政府及其领导人而言，通过全国庞大的党政机关的官员，能够实现他们的计划，得到所期望的回馈（Macfarquhar，1974，1983）；对于地方政府而言，省级政府只是中央控制力在地方的代理人，地方政府仅仅拥有操作自主权。

20世纪90年代之后，随着中国改革开放进程的推进，中央政府向地方政府的分权化趋势不断加强，上述模式的解释力逐步下降。为有效解决集中计划体制存在的信息和激励问题，中央政府开始向地方政府和企业放权让利。改革的制度设计在很大程度上是为了迎合省级政府的需要，地方各级政府从改革中获益良多，权力不可逆转地从中央向地方转移。地方政府权力不断扩张，传统的命令控制工具对地方而言逐渐失效，两者之间新出现的基本互动模式是双方的谈判。针对我国改革开放之后央地关系的变迁，学界开始强调地方政府的自主性和自利性，发展出"财政联邦主义"学说（Qian and Xu，1993；Qian and Weingast，1997）。与之相近的理论还包括地方公司型政府（Oi，1992）、地方企业型政府（Walder，1995）等。这些学说主要从财政角度出发，强调地方政府在行动中的经济动机。

在我国经济迅速增长的同时，产权保护、法治、政企关系等多个方面的制度建设却明显滞后。针对这一"中国悖论"，一些学者又提出了央地关系模式，即中国的央地关系更多地体现为中央对人事管理权的集中，而在经济发展权下放给地方政府，并强调该模式下地区竞争对于制度创新和经济增长的重要意义（许成钢，2009；Xu，2011）。张五常（2004）提出的"县域竞争论"对地区竞争进行了更为深入和系统阐述。由"县域竞争论"拓展而来的"地区竞争模式"在解释中国经济增长时的有效性也日益获得了众多学者的认同（张军和周黎安，2008）。

3.2.2 财政分权理论

财政分权理论的提出是为了解释地方政府存在的必要性以及合理性，从而弥补新古典经济学原理无法解释地方政府客观存在的缺陷。倘若中央政府具备完全的信息支撑，了解居民偏好，掌握社会资源禀赋和经济服务产品总量，从而就能提供最优的社会公共品，实现社会福利的最大化，那么在此情况下就不需要多设下级政府进行分权。但在事实上，地方政府在搜集和了解辖区居民的偏好上付出的成本较中央政府更低，更能有针对性地提供社会公共产品，从而在较大程度上提高社会资源配置效率。20 世纪 50 年代，Tiebout（1956）发表的 *A pure theory of local expenditures* 一文标志着财政分权理论的正式形成，他认为地方政府在公共产品供给方面更加具有信息优势，能够更好地识别民众的需求偏好，从而提高公共产品供给效率。此后，随着学者对财政分权研究的不断深入，涉及领域和内容也越来越广泛，不仅关注财政分权对社会公共品配置的影响，也更加注重财政分权在政治、经济以及创新等方面的其他效应。该理论的发展也经历了多个阶段，主要分为第一代财政分权理论与第二代财政分权理论。

第一代财政分权理论也被称为传统财政联邦主义或第一代财政联邦主义理论，主要探讨了多级政府在公共产品或服务上的供给效率优势问题（Oates，1972；Qian and Weingast，1997）。该理论认为，赋予不同层级政府相应的职能与恰当的财政工具，可以促使其更好地履行其职能。Oates（1972）对政府分权的效率效应进行了进一步分析，他认为地方政府在公共产品供给方面更加具有信息优势，能够更好地识别民众的需求偏好，从而提高公共产品供给效率。该理论的思想主要源于 Hayek（1945）提出的"分散性知识理论"以及 Tiebout（1956）提出的"用脚投票"机制，前者认为由于地方政府和消费者比国家政府对当地条件和偏好有更好的信息，因而他们能够做出更好的决策,除非公共物品具有很大的区域溢出效应(Qian and Weingast,1997;杨其静和聂辉华,2008),后者则强调辖区之间的竞争允许公民对自己进行分类,并将他们的偏好与当地所提供的菜单式的特定公共物品相匹配。总之,第一代财政分权理论的核心观点是地方政府客观存在的合理性及必要性是基于地方政府能更好地了解居民的偏好和需求,引发政府间的财政竞争,从而做出更适合于本地居民偏好的公共产品等资源配置的决策。因此,在财政权力的分配上更应由中央政府向地方政府转移,从而提高资源配置的效率(杨其静和聂辉华,2008)。

第二代财政分权理论也被称为市场保护型联邦主义,该理论认为政府官员并非无私的,而是具有追逐自我利益最大化倾向的"经济人",也存在"寻租"的动机,因此应当构建有效的政府治理结构,实现地方政府官员的行为动机与地方居民的福利之间保持激励相容(Qian and Xu,1993;Qian and Weingast,1997)。Qian和Weingast(1997)等认为要实现上述目的应当满足以下几个条件:存在一个层级制政府;央地政府间存在权力划分,地方政府具有一定的自治权;中央政府提供并管理一个统一的共同市场;中央政府和地方政府都应当实现预算硬约束;央地财政权力划分应当制度化。Qian和Xu(1993)、Qian和Roland(1998)对中国的财政分权研究发现,有效的财政激励将促进地方政府推动市场化进程和促进区域经济发展。第二代财政分权理论最显著的结果是诱发了地方政府间的竞争,包括资本、劳动力等诸多方面的竞争,由此激励地方政府构建有效的治理结构,从而实现对资源的优化配置。

3.2.3 政治锦标赛理论

部分学者从政治系统内部的地方官员所面临的激励环境入手,研究中央和地方关系的演变是怎样促使地方政府和官员具体参与到地区竞争中的,并提炼出"政治锦标赛"理论(周黎安,2007)。该理论强调地区竞争下,对官员以经济发展为中心的政绩考核形成的"晋升锦标赛"充分调动了地方官员发展经济的积极性,并认为官员的政治锦标赛加上地区之间有效的市场竞争而导致的"官场+市场"相互嵌套的竞争模式是解释中国经济增长的关键

（周黎安，2017，2018）。尽管对于是否存在这样的政治锦标赛以及锦标赛的作用究竟能有多大，还存在着不少的质疑和争论（陶然等，2010），但它确实加深了研究者对于地方竞争模式下的地方官员激励机制和地方政府治理机制的理解。

周黎安（2007）指出，"政治锦标赛"的作用能够得以发挥需要满足以下几个基本条件，并且中国的政治体制能够很好满足：(1) 拥有提拔权力的上级政府必须具有绝对权力，如此，上级政府才可以通过制定考核标准决定下级政府官员是否晋升。与之对应，中央政府或上级政府完全能掌握下级政府官员的提拔任命权。(2) 竞赛指标的选取必须同时被考核方和被考核方接受的，并且竞赛指标可以客观衡量的，竞赛指标越客观越清晰，那么锦标赛的激励效果便越好。与之对应，改革开放以来是"以经济建设为中心"的考核指标也满足上述条件。(3) 参赛主体（即各个地方政府官员）的任职产出（绩效）之间是相互分离，可单独比较的。与之对应，中国各级行政区划之间具有同质性，各级政府的执政绩效是横向可比的。(4) 参赛主体可以通过努力改变考核成绩，这样才能将地方官员付出与地方产出之间建立联系。与之对应，中国现行的行政体制赋予了地方政府官员极大的自主发展权，地方政府官员可以通过适当的执政措施决定自身的执政绩效。(5) 参赛主体之间不存在合谋问题。与之对应，在当前政治晋升体制之下，地方官员之间的竞争已成常态，失去晋升机会则意味着出局，政治生命终结，而获得晋升则有继续晋升的机会，由于竞争收益远大于合谋收益，因此参赛主体也不存在合谋。由此，政治锦标赛机制可以在中国运行。

根据这一理论，中央政府注重用人事安排的手段，使各级地方官员加入持久的政治竞赛中，由此使得作为代理人的地方政府与作为委托人的中央政府利益保持一致，以强化地方政府执行中央政策，激励地方政府"把事情做对"（周黎安，2007，2018）。而激励的关键就在于对官员考核内容和指标设定，中央设计的考核机制要保证地方官员的政治仕途与中央管理目标相关联，使地方政府接受来自中央的管理，其对职位晋升的诉求必须通过中央一级考核和任命来最终实现。地方政府及其官员对中央政府发展经济的激励反应强烈，从而保证地方官员的目标和行为服从于中央目标（Li and Zhou，2005；周黎安，2007）。另外，在推行强激励的"晋升锦标赛"的同时,又要"防止官员做坏事",这需要把官员晋升竞争嵌入地方市场竞争当中,让官员的政绩接受来自市场的公开检验(周黎安,2018)。而地区间的市场竞争能够限制地方官员的任性干预和资源浪费,因此,全国范围的资源流动是防止地方政府和官员陷入纯粹的权力之争和政治作秀的外在要求。

3.2.4 资源基础理论

资源基础理论是战略管理领域的经典理论之一,研究主题主要围绕"为什么一些组织的绩效总是胜过其他组织"进行。Wernerfelt 是在战略管理领域最早发表关于资源基础理论研究的学者。Wernerfelt(1984)正式提出资源基础观,他认为企业的本质是由一系列资源构成的集合体,企业的独特的资源禀赋就是企业的竞争优势来源。在其开创性文献 *A Resource-based View of the Firm* 中,他指出组织有价值的资源是促进其获取竞争优势的主要因素,而有价值的资源具有两个显著特征:一是所拥有或控制的资源具有异质性;二是战略资源在所有竞争组织间不可自由流动。Barney(1995)的 VRIO 框架进一步讨论了形成组织竞争优势的资源的特点,并指出"有价值、稀缺、难以模仿和不可替代"的异质性资源是组织持续竞争优势的重要来源。VRIO 框架从资源基础理论角度提出了分析企业活动的四个主要问题:一是价值问题,即面对外部环境中的机会与威胁,组织的资源和能力能否帮助把握与应对;二是稀缺性问题,即为数不多的竞争者是否控制了组织的资源;三是可模仿性问题,即组织在开发或获取某一资源时是否存在成本劣势;四是组织问题,组织的程序、规章、政策是否以开发有价值、稀缺且不可模仿的资源为中心实施的。总之,资源基础理论的实质是分析组织拥有的各种异质性与非流动的资源,当这些资源满足 VRIO 框架时,就能提升组织的竞争优势并获取超额利润。

地方政府和企业都是特定的组织。地方政府的主要施政目标是追求地方经济增长,这也是上级政府考核的主要参考依据。地方政府追求辖区经济的增长需要依靠具体的企业投资来实现。就战略管理的角度而言,地方政府掌握一定的稀缺的、异质性与不可模仿的资源是引导企业投资活动,实现地方政府执政目标的现实基础。因此,资源基础理论在地方政府追求地区经济增长和促进企业投资选择中具有重要的指导意义,资源基础理论所探讨的以有效率的方式配置资源会导致高绩效组织的出现。在实证分析中,也有研究基于资源基础理论,分析政府动机对企业投资行为的影响。如大量基于产业政策的研究表明,由于我国产业政策是一种基于地方政府选择性的产业政策,因此地方政府策略性地引导土地、政府补助以及贷款等资源配置成为产业政策影响企业投资行为的关键中介机制(祝继高等,2015;王克敏等,2017;步丹璐和兰宗,2020)。

3.2.5 宏观经济政策与微观企业行为

宏观经济政策是一个国家的政府为了调控国民经济发展而制定的影响整个经济体的政策,包括但不限于经济周期、财政政策、货币政策、信贷政策、产业政策以及经济管制政策等。而会计学和财务学研究微观企业主体的行为,微观企业行为包括但不限于公司投融资活动、财务管理、公司治理、商业模式、会计政策选择等。结合宏观经济政策对微观企业行为的理论和实证进行研究,能够拓展公司财务与会计等领域的研究视角,并为宏观经济政策的制定与调整提供微观理论与证据。

饶品贵和姜国华(2011)提出了一个宏微观结合的分析框架。他们认为微观企业行为的会计与财务学界和研究宏观经济政策的经济学界之间的割裂有碍于对微观企业行为的正确理解,也不利于对宏观政策进行有效评价。反之,将宏观经济政策与微观企业行为结合研究有利于缓解宏观经济研究缺乏微观基础,而微观企业行为研究又缺乏宏观因素指引的局面。具体到本书场景,本书所关注的央地财政政策、产业政策都是宏观经济政策,这些政策的推出和执行会影响到地方政府的行为,也会影响到微观企业的行为(跨区域投资),从而进一步影响企业的产出(创新)。由于宏观经济产出是企业产出的加总,因而对企业产出的影响会导致宏观经济产出的变化。最后,宏观经济产出的变化又使政策制定者重新评价之前的宏观经济政策,并做出相应的调整和修正。

3.3　本章小结

本章首先对央地关系进行了概念界定，并就不同学科对央地关系的研究视角进行总结，提出了本书对于央地关系的三个观测视角，即"人"（央地人事关系）、"财"（央地财政关系）和"事"（央地政策关系）；其次对跨区域投资的概念进行梳理，指出本书主要针对"跨省"投资进行研究；最后，对央地关系影响企业跨区域投资理论分析中所涉及的理论基础进行梳理，主要包括但不限于央地集权与分权理论、财政分权理论、政治锦标赛理论、资源基础理论以及宏观经济政策与微观企业行为理论框架，以期为后续理论分析奠定理论基础和构建分析框架。

第4章
央地财政关系与企业跨区域投资

4.1 引　　言

中国地区间的市场分割现象一直都是政府以及学术界普遍关注的问题。从中央来讲，早在1980年，国务院就在《关于开展和保护社会主义竞争的暂行规定》中明确指出，要开展竞争必须打破地区封锁和部门分割。2013年，十八届二中全会和十二届全国人大一次会议审议通过了《国务院机构改革和职能转变方案》，提出了"消除地区封锁，打破行业垄断，维护全国市场的统一开放、公平诚信、竞争有序"的任务。2016年，国务院印发的《关于贯彻落实区域发展战略促进区域协调发展的指导意见》，进一步强调要求打破地区分割和隐形壁垒，推动形成全国统一市场。尽管随着市场化改革的不断推进，地方保护和市场分割现象有所缓解，但是上述问题所导致的资源流动障碍，尤其是要素资源建设问题，迄今为止并没有得到根本解决（刘志彪和孔令池，2021）。

学术界对于中国经济运行中的市场分割和统一市场建设问题进行了长期的研究。Young（2000）指出，中国的市场分割是国家经济体制从传统计划经济向市场经济转轨过程的特征现象。大部分学者认为，中国在经济体制改革过程中，中央对地方政府的财政分权激励（Qian and Weingast，1997；Qian et al.，1998），以及对地方政府官员以GDP为主的政治晋升激励（周黎安，2004），极大地赋予了地方政府发展本地区经济和维护本地区社会稳定的动力，并与其他地方政府进行激烈的经济增长竞争。然而，上述激励模式也直接导致地区之间"以邻为壑"，带来了地方保护和市场分割，使商品和要素资源在区域间的流动存在障碍（银温泉和才婉茹，2001；朱希伟等，2005；范子英和张军，2010；曹春方等，2017）。

由此可见，从体制角度来看，市场分割问题产生于中央政府对地方政府分权改革，也即中央与地方关系的调整。在中国，央地关系一直是政府治理的主线，而财权配置则是央地关系治理的核心内容，央地财权配置关系着中央政府与地方政府的利益协调，也影响着中央政令在地方的执行效果。自1949年以来，中国在央地财政关系上进行了多次调整，其中，以分税制改革尤为关键。分税制的执行扭转了之前"强地方、弱中央"的格局，但是，又逐步引发了地方政府财政收支不平衡的问题（范子英，2014）。因此，从央地财政关系——纵向财政不平衡这一角度考察市场分割问题具有十分重要的理论和现实意义。对微观企业而言，地方保护和市场分割的一个重要影响便是企业跨区域投资受阻（曹春方等，2015），由此制约了企业通过跨区域扩张优化资源利用，建立规模优势的机会（范子英和张军，2010）。因此，从企业跨区域投资行为入手，为研究央地财政关系如何影响市场统一建设提供了较好的微观渠道。

本书认为，央地财政关系调整会引起纵向财政不平衡的变化，由此会使得地方政府采取各种策略性行为以达成经济目标，而这又进一步会对辖区企业投资行为造成影响。具体来讲，纵向财政不平衡越大，地方政府所面临的财政压力也越大，通过政府补助或税收优惠刺激本地投资的政策空间受挤压，为了促进本辖区经济增长和维护政治稳定，他们会通过介入金融资源配置的手段将贷款资源配置给本地国有企业以便增加本地投资，而接受贷款资源的国有企业也致力于为当地政府排忧解难，更多地进行本地投资，从而降低了跨区域投资倾向和力度。

基于此，以2007~2019年A股制造业上市公司为样本，本章从央地财政关系视角出发，研究了省级纵向财政不平衡程度对企业跨区域投资行为的影响及其机制途径。实证检验发现：（1）纵向财政不平衡程度的增加对辖区内国有企业跨区域投资行为具有显著的抑制作用，上述结论在替换关键变量、增加控制变量、更换回归方法、采用子样本回归等方法检验后仍然稳健；（2）上述影响机制是，纵向财政不平衡的增加促使地方政府给予国有企业更多贷款，从而降低了国有企业的跨区域投资；（3）异质性检验表明，纵向财政不平衡程度对国有企业跨区域投资的抑制作用主要体现在地方政府干预动机较强（领导人晋升激励较大）、干预条件更好（资源禀赋较好）以及干预能力较强（政府与市场关系评分更低、地方保护程度更高）的情况下；（4）拓展研究表明，国有企业跨区域投资能够促进创新产出，但是纵向财政不平衡的增加会削弱上述影响。

本章主要贡献体现在：（1）从央地财政关系视角拓展了关于企业跨区域投资的研究。具体而言，现有关于企业跨区域投资影响因素的探讨主要集中在产权特征、市场分割、政治联系以及社会网络等方面（方军雄，2008；夏立军等，2011；潘红波和余明桂，2011；曹春方等，2015；2020），较少从央地纵向关系调整的视角对其进行分析。本章从央地纵向财政不平衡这一角度丰富了对影响企业跨区域投资的制度根源的认识。（2）现有关于纵向财政不平衡经济后果的研究主要集中于探讨对地方政府行为的影响（周飞舟，2006；龚强等，2011；宫如凯等，2015；贾俊雪等，2016），较少拓展到财政不平衡性如何通过影响地方政府行为进而影响到微观经济主体。本章从企业跨区域投资的角度拓展纵向财政不平衡的经济后果，由此从微观层面丰富和拓展了纵向财政不平衡的经济后果研究。（3）本章的研究就政策制定者对于如何通过深化财政制度改革从而缓解地方保护和市场分割、建设国内统一大市场具有重要的现实意义。

本章余下结构安排如下：第二部分对我国财政体制改革背景进行了梳理，并探讨了纵向财政不平衡形成原因；第三部分进行理论阐述并提出研究假设；第四部分介绍实证设计；第五部分是实证检验结果及分析；第六部分对央地财政关系与企业跨区域投资经济后果做了拓展研究；最后是本章小结。

4.2 制度背景分析

4.2.1 财政分权化改革：央地关系的调整

自1949年以来，中国在发展中一直在不断调整中央与地方的关系，这一过程总的来讲都是围绕集权与分权的动态平衡。中国是一个幅员辽阔、地区差异明显的国家，治理这样一个国家完全依靠集权或者分权的方式肯定会有很多问题。在这种情况下，若中央按照统一的标准制定政策并要求地方执行，那么由于信息不对称会使得中央政策效果大打折扣；相反，在分权过度的情况下，历史经验表明，中央政策则很难政令畅通，最后各地各自为政、分崩离析，甚至导致国家分裂。对于中央与地方关系的处理问题上，毛泽东在1956年就明确指出"应当在巩固中央统一领导的前提下，扩大一点地方权力，给地方更多的独立性，让地方办更多的事情"（《论十大关系》）。

基于毛泽东对央地关系的基本论调以及建设中国特色社会主义经济的现实要求，中国财政制度开始了从集权模式向分权模式的渐进式改革。在中华人民共和国成立初期，我国主要实行高度集中的计划经济体制，与之对应的则是"统收统支"的财政体制，即地方绝大部分财政收入都要上缴中央，地方的财政支出也要经中央审批，地方政府几乎没有财政自主权，地方财政基本只是中央财政的延伸。在这种财政体制下，由于中央管得过多过死，不利于国家经济发展。

自20世纪80年代起，为了适应经济发展，中央政府积极推进财政体制改革，提出了"财政包干制"，即所谓的"分灶吃饭"。"财政包干"是指在明确划分中央和地方财政的收支范围后，按照一定办法确定地方财政的包干基数，收入大于支出的地方，多余部分按照一定的比例上缴，支出大于收入的地方，由中央从工商税中给予调剂收入或另外给予定额补助，这意味着地方政府在基于包干基数上解中央财政后剩余部分的财政收入成为其可自行支配的财权。"包干制"对地方政府来说起着十分强大的激励作用，调动地方发展经济的积极性，但与此同时，也引发了地方政府道德风险问题，通过各种途径隐瞒收入降低上解中央的收入，逐步造成了"强地方、弱中央"的格局（范子英，2014）。中央财政地位的下降，导致了决策层的很多政令不畅，为了扭转这一局势，中央在1994年进一步开启了"分税制"改革。

"分税制"改革的主要内容是"分税"，即中央不再从地方的总收入中进行分享，而是通过划分税种的方式来获取收入，即全部税种被划归三类——中央税、地方税和共享税，其中，增值税是最大的共享税，75%归中央，25%归地方①。与此同时，"分税制"的另一个重要内容是国税局和地税局分设，国税局实行垂直管理，不仅征收中央税还征收共享税，国税局"向上负责"的模式保障了较高的征税效率，带来了税收的高速增长。"分税制"改革的效果是明显的，它彻底扭转了之前的"强地方、弱中央"，形成了当前"强中央、弱地方"的格局（范子英，2014）。此后，2002年实施的所得税改革不仅在中央与地方重新分配了所得税分享比例，还将所得税的征税权划归到中央，2011年开始逐步试点并于2016年全面推开的"营改增"再次将本属于地方征收的营业税的征税权限改为由国税局统一征收的增值税，从某种程度上讲，这两次改革也进一步强化了中央在财税上的权力。

可见，在以中央政府为主导的改革进程下，财政体制及其调整变革已然成为中央政府动态调控央地关系和引导地方政府行为的重要手段。

4.2.2 财政分权与纵向财政不平衡的形成

基于历史考察，中国政府间财政关系的多次调整并不完全是中央政府单方面意志所决定的，地方政府诉求也对政府间财政关系的确定产生重要影响。因此，总体上讲，中国财政分权体制及其变革是政府间博弈的结果（刘克崮和贾康，2008）。但是，由于中国在历次财政改革博弈中，中央政府的意志会得到更大程度的实现，因而从这一角度看，中国在分税制以后发生的历次政府间收入分配关系调整主要体现为中央政府意志的实现。例如，1994年财政体制改革不仅改变了中央与地方收入分配关系，提高了中央财政占全国财政收入的比重，而且建立了收入分征体制，降低地方政府道德风险行为对中央财政收入的侵蚀。2002年的所得税改革将所得税征税权划归中央（国税局），降低了此前地方（地税局）征收过程中因地方竞争所导致中央税收流失问题。

然而，由于财政体制改革是在高度行政性分权体制下进行的，中央政府获得较改革前更高比例税收收入的同时，地方政府承担大部分公共支出责任并没有得到相应调整，这种支出责任没有随政府间收入分配关系调整而调整

---

① 数据来源于周黎安（2016）《转型中的地方政府：官员激励与治理（第二版）》。

的改革便造成了纵向财政的不平衡(范子英,2014;鲁建坤和李永友,2018;李永友和张帆,2019)。在支出责任划分不变的情况下,中央政府每次确定政府间财政收入分配关系时选择的收入集中程度则会直接引起纵向财政不平衡的变化。与此同时,由于现行财政分权体制下的地方政府拥有近乎完全的支出自主权,这给在横向政府竞争的驱使下具有扩张冲动的地方政府提供了制度便利,因此,受较少约束的地方政府支出会进一步扩大纵向财政的不平衡。

4.3 理论分析与研究假设

改革开放以来,中国经济的持续高速发展令世界瞩目,这得益于一系列的体制机制安排。其中,财政分权制和以 GDP 为中心的"政治锦标赛"是最为重要的。研究表明,在我国属地化管理模式下,中央对地方政府官员以 GDP 为主的政治晋升激励使得地方官员具有强烈的动机去提高辖区内经济、投资、税收和就业的增长,并且始终围绕增长目标而努力(周黎安,2004),同时,中央对地方政府的财政分权激励为地方政府的行动提供了较大自主空间,使得地方政府有能力做出上述努力(Qian and Weingast, 1997; Qian et al., 1998)。

然而,随着分税制改革的推进,纵向财政不平衡也相伴而生。分税制后,以实现中央政府意志为核心的几次财政分权改革都使得中央获得了相比改革前更高比例的税收收入,然而,地方政府在财权上税收收益递减,事权费用却不减反增,财政分权无形中导致了纵向财政不平衡,由此增加了地方政府的财政压力。赵文哲等(2010)统计了 1980~2006 年中国省级地方政府总的赤字规模,发现在分税制改革之前,地方政府的预算基本持平;而在分税制改革之后,地方政府财政支出和赤字规模持续升高。本书的统计数据表明,2007~2019 年我国省级政府纵向财政不平衡程度平均值从 46.7% 上升到 55.3%,总体上也呈现上升趋势,省级地方政府的财政收入与财政支出比重在不断下降,地方财政赤字水平在增加。中央与地方分税制改革使得地方政府的财权和事权严重不匹配,地方政府面临的财政压力也不断增加(刘志彪，2013）。

面对纵向财政不平衡和财政压力增大的情况，"GDP 锦标赛竞争"中地方政府有强烈的动机采取各种策略性行为以推动辖区经济增长，进而影响到辖区内企业的跨区域投资行为。已有研究表明，地方政府属地化管理模式使得地方经济在竞争中出现"以邻为壑"的现象，为了最大限度地保障本地经济增长并拉动投资，地方政府往往避免辖区重要资源的流出，从而对辖区内企业的跨区域发展带来阻碍。曹春方等（2015）研究发现，由于市场分割和地方保护的存在，国有企业的异地投资会显著更少。本书认为，纵向财政不平衡可能会进一步加剧上述问题，导致辖区内企业跨区域投资动力更低。其原因在于：

一方面，纵向财政不平衡越大的地区往往其经济发展水平越低，地方经济的开放程度也越小，地方保护会更为严重，因此会强化地方政府对辖区企业跨区域投资所带来的资源流出隐患的担忧，从而进一步限制辖区企业的跨区域投资。根据本书的统计数据，甘肃、贵州、黑龙江等地的纵向财政不平衡程度往往远高于东部沿海地区的省份，即纵向财政不平衡程度越高的地区往往经济发展越落后。这些地方的经济开放程度也相对越低，地方政府地方保护意识相对却越强，辖区企业跨区域投资受到的政策限制可能越多，因而跨区域投资意愿越弱。另一方面，纵向财政不平衡程度越大，地方政府则越多需要依靠本地企业的本地投资来拉动经济增长，由此进一步降低了辖区内企业跨区域投资动力。具体来讲，纵向财政不平衡越大，地方政府本身"收不抵支"的财政状况越明显，地方政府财政压力也越大，由此在招商引资中常用的政府补助的策略可能越受限制；同时，由于更高的纵向财政不平衡部分是由于中央对于征税权上收导致的，因此地方政府可采用的放松税收征管强度或者增大税收优惠来吸引外部企业流入的空间更小。在此情况下，地方政府以往用来实施招商引资拉动经济增长的政策空间和效果受限，更需要依靠本地企业的本地投资，由此降低本地企业跨区域投资力度。

根据上述分析，在纵向财政不平衡的压力下，地方政府可利用的政府补助和税收优惠空间在降低，那么他们又会采用什么策略工具刺激辖区企业在本地投资而减少或放弃跨区域投资呢？本书认为，通过介入金融资源配置从而影响企业贷款可能是地方政府在财力约束下行之有效的一个途径。由于地方政府在具体市场信息与资源信息掌握上比中央政府有优势，中央政府在制定政策时一般会为地方预留余地，使地方政府拥有在辖区内调控和配置资源的权力。在我国目前银行占主导且银行受到政府影响的金融体系下，地方政府可通过影响地方银行贷款分配来策略性地刺激特定企业增加本地投资。研究表明，在财政压力下，地方政府为了促进本地投资，会更多地介入金融资源配置（巴曙松等，2005），通过引导政策性银行或商业银行的信贷资源来刺激本地投资的增加①（步丹璐和兰宗，2020；祝继高等，2020）。

然而，地方政府的金融资源配置的影响并非对所有企业一视同仁，地方政府往往更希望国有企业成为资源配置的优先对象。这是因为，相对非国有企业而言，由于国有企业控制权在政府且国有企业承担着特定的战略性和政策性功能（林毅夫和李志赟，2004；林毅夫，2012），这种天然的"产权约束"和"功能约束"使国有企业本质上成为政府执政的一种延伸组织（Xin et al.，2019），更可能成为地方政府实现经济增长目标的执政工具。因此，地方政府在资源的配置上倾向于"肥水不流外人田"，将资源集聚到国有企业（余明桂和潘红波，2008；方军雄，2009）。祝继高等（2020）研究发现，省级地方政府的财政压力越大，省内的城市商业银行投向地方国有经济部门的贷款比率越高。另外，"产权约束"和"功能约束"也使国有企业更易于接受地方政府作出的投资安排。相较于非国有企业而言，地方官员更愿意鼓励国有企业投资本地潜在优势项目，无论在投资、税收还是就业率方面推动国有企业做出示范作用，尽管在本地投资项目不具备优势的情况下，地方官员也有能力驱使本地国有企业投资，但却难以强制非国有企业就范。因此，在地方政府面临纵向财政不平衡加剧的情况下，国有企业相比非国有企业更容易获得地方政府金融资源青睐，也更愿意进行本地投资以满足地方政府政绩需要，因此其跨区域异地投资力度更小。

综上所述，纵向财政不平衡程度更大的情况下，处于地区竞争中的地方政府通过政府补助或税收优惠刺激本地投资的政策空间受挤压，因此他们会

---

① 如京东方在全国各地投资子公司的过程中，地方政府通常会从中"协调"解决相应的金融资源问题。

更倾向于介入金融资源配置的手段使得信贷资源更多地流向辖区内的国有企业,通过国有企业增加在本地的投资推动经济发展和履行相应的社会职能,而接受贷款资源的国有企业也致力于为当地政府排忧解难,更多地进行本地投资,从而降低了跨区域投资倾向和力度。以上影响机理的分析逻辑如图4-1所示,基于上述分析,本书提出假设。

假设H4-1:在其他条件一定的情况下,纵向财政不平衡程度的增加会抑制辖区内企业的跨区域投资,且上述作用在国有企业中更显著。

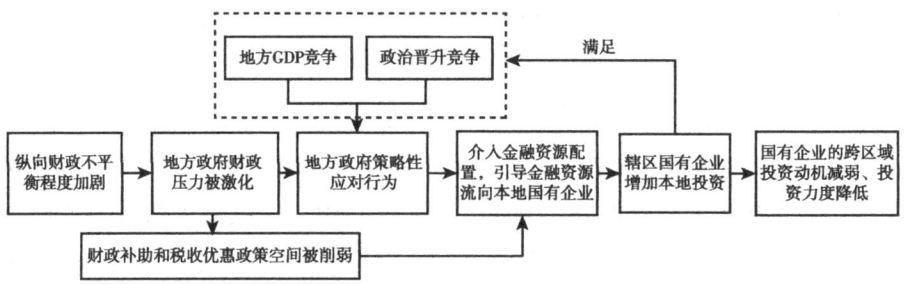

图4-1 纵向财政不平衡对企业跨区域投资的影响机理

4.4 研究设计

4.4.1 模型设计与变量定义

为了验证上述研究假设,本章构建了多元回归模型进行检验:

$$Osubinv_i = \alpha_0 + \alpha_1 FisImb_j + \alpha_2 CVs + \varepsilon \tag{4-1}$$

其中,Osubinv代表企业跨区域投资。本书借鉴曹春方等(2020,2019)和马光荣等(2020)的研究,采用企业(集团)的异地子公司数量作为企业跨地区发展的度量方式。具体而言,采用上市公司是否存在异地子公司(OsubYN)、上市公司异地子公司个数(OsubNum1)及其对数形式(OsubNum2)来衡量,本书对于"异地"的界定为上市公司注册省份以外且在中国境内的地区。上述指标具体定义方式见表4-1。

表 4-1　　　　　　　　　　　　变量定义

变量名称	变量定义
OsubYN	是否存在异地子公司，上市公司在注册地省份外设立了子公司取1，否则取0
OsubNum1	异地子公司数量，上市公司在注册地省份外设立的子公司个数
OsubNum2	异地子公司数量，上市公司在注册地省份外设立的子公司个数加1后取自然对数
FisImb	央地财政关系，采用公司注册省份上一年度纵向财政不平衡程度进行衡量。具体地，纵向财政不平衡程度=（省级政府一般公共预算支出-省级政府一般公共预算收入）/省级政府一般公共预算支出
Size	公司规模，上市公司年末资产总额取自然对数
Lev	资产负债率，上市公司年末负债总额除以资产总额
ROA	盈利能力，上市公司年末净利润与资产总额之比
MB	成长能力，上市公司年末总市值与账面价值之比
Age	上市年龄，上市公司自上市年份起至当年的间隔年份加1的自然对数
SOE	公司性质，国有企业取1，否则取0
Top5	股权集中度，上市公司前五大股东持股比例
Dual	两职兼任，上市公司董事长兼任总经理取1，否则取0
LnDir	董事会规模，上市公司董事会总人数取自然对数
IndDir	独董比例，上市公司独立董事人数与董事总人数之比
Ind	行业虚拟变量
Year	年度虚拟变量

FisImb 代表央地财政关系，本章采用上市公司注册地所在省份上一年的纵向财政不平衡程度进行衡量。选择这一指标的原因在于：一方面，纵向财政不平衡的本质在于衡量纵向关系的政府之间在财政收入和支出上的不对称程度，因此，基于省级层面的纵向财政不平衡程度能够较好反映中央与地方省级政府财政关系，即中央与地方政府在财权和事权方面的匹配程度；另一方面，本书重点焦距于企业跨省投资行为，并从中央—省级政府关系的角度探寻影响因素，因此，采用省级（而非地市级或县级）层面的纵向财政不平衡程度与企业跨省投资在数据层面也较为匹配。另外，采用上一年的纵向财政不平衡程度对当年地方政府策略性行为的影响更具有现实意义，同时也尽可能避免当年企业纳税行为对财政收入和纵向财政不平衡程度造成的反向影响，在一定程度上克服了实证上的内生性问题。

对于纵向财政不平衡程度的具体衡量方法，目前虽然存在一些细微差异，但总体上基于政府间收入和支出不匹配这个基本事实进行延伸（李永友和张帆，2019）。具体而言，参考 Jia 等（2017）、Eyraud 和 Lusinyan（2013）的方法，本书采用（地方政府预算支出 – 地方政府预算收入）/地方政府预算支出进行衡量①。其中，地方政府预算支出（收入）即上市公司注册地的省级政府一般公共预算支出（收入）。该指标越大，那么预算收入占预算支出比重越小，反映了地方政府分配的财权与其所承担的事权责任不匹配和不对称程度越高。

值得说明的是，纵向财政不平衡程度也可以反映地方政府的财政压力②。前者指标剥开后反映的是"财政收入占支出的比重"，从统计角度看，两者反映的是同一个事实。但本书选取纵向财政不平衡这一概念和指标在于它更为切题，相较于财政压力这一概念更多的是基于地方政府财政现状的表述，纵向财政不平衡则更强调中央与地方的财政关系。

CVs 代表一系列公司财务特征和治理特征的控制变量，具体包括公司规模（Size）、资产负债率（Lev）、公司盈利能力（ROA）、成长能力（MB）、公司上市年龄（Age）、公司性质（SOE）、股权集中度（Top5）、两职兼任情况（Dual）、董事会规模（LnDir）、独立董事比例（IndDir）、年度（Year）和行业（Ind）虚拟变量，具体衡量方式见表 4 – 1。

4.4.2 样本选择与数据来源

数据来源方面，上市公司异地子公司数据来源于 Wind（万得）数据库。Wind 数据库中披露了深沪上市公司"长期股权投资明细"，本书针对"长期股权投资明细"中的子公司数据加以手工整理：首先，根据上市公司子公司名称获得地区信息，如子公司名称为"某某省（市、县）某某公司"，本书根据名称中的地区追溯到省级层面，对于名称中没有包含地理信息的，本书

---

① 李永友和张帆（2019）使用该方法与其采用自有收入/自有支出（其中，自有收入为地方政府收入中不受中央政府控制的部分，自有支出为地方政府支出中不受中央政府控制的部分）计算的指标进行了相关性分析，两者相关性高达 0.95，因此指标计算差异对本书的回归检验可能并不存在较大影响。

② 部分学者采用"（一般公共预算支出 – 一般公共预算收入）/一般公共预算收入"衡量财政压力，如赵文哲等（2010）、Liao 和 Liu（2014）以及祝继高等（2020）。

通过互联网（百度、企查查、天眼查等网站）搜索整理而得，如果名称简略到通过互联网搜索也无法获得地理信息的，本书进一步通过手工查询上市公司年报等方式获取。计算纵向财政不平衡程度所需要的基础数据，即省级政府一般公共预算收入（支出）数据来源于《中国统计年鉴》[①]。其他上市公司特征数据来源于 CSMAR 数据库。

样本选择方面，由于中国新会计准则于 2007 年开始实施，为使得会计数据在统计上更具有可比性，本书选取了 2007~2019 年中国 A 股上市公司作为初始样本，在此基础上进行了如下筛选：（1）删除金融保险类样本和其他非制造业样本公司，原因在于金融保险类公司财务指标具有特殊性，而其他非制造业公司并不一定需要在投资地进行大量固定投资，由此，本书主要研究制造业上市公司，即行业分类为 C 的样本（根据中国证监会《上市公司行业分类指引（2012 修订版）》）；（2）剔除了样本期间上市公司母公司所在地发生变更的样本；（3）剔除了上市公司的子公司注册地在境外以及中国香港、中国澳门和中国台湾的样本；（4）剔除 ST 类、PT 类上市公司，以及原始数据和相关指标变量缺失的样本。通过以上整理，本书共获得 14804 个"公司—年度"样本观测值。为了减轻潜在异常值对回归所产生的影响，本书对所有连续变量在 1% 和 99% 的水平上进行了极值缩尾（winsorize）处理。本书采用 Excel 和 Stata 15 进行数据处理和统计分析。

4.4.3 描述性统计与相关性检验

（1）纵向财政不平衡的基本状况。

图 4-2 展示了我国各省区市纵向财政不平衡程度的时间发展趋势。总的来看，我国省级纵向财政不平衡程度的均值维持在 45%~55%，也即平均来讲，我国各省区市在财政收支上面临约 50% 的资金缺口。除此之外，在时间趋势上，省级纵向财政不平衡程度在 2007~2009 年、2014~2019 年呈现

[①] 需要说明的是，对于预算收入和预算支出项目，2015~2019 年《中国统计年鉴》中列示的是一般公共预算收入和一般公共预算支出，2013~2014 年列示的是地方公共财政收入和地方公共财政支出，2008~2012 年中列示的是一般预算收入和一般预算支出，2007 年列示的是收入合计和支出合计。

上升态势，而2009~2014年呈现下降趋势。这一趋势与我国经济发展形势整体上一致，纵向财政不平衡与经济发展形势息息相关，在经济上行期间省级纵向财政不平衡程度加大，财政收支缺口会增加，而在经济下行时省级财政不平衡程度减弱，财政收支缺口也减小。

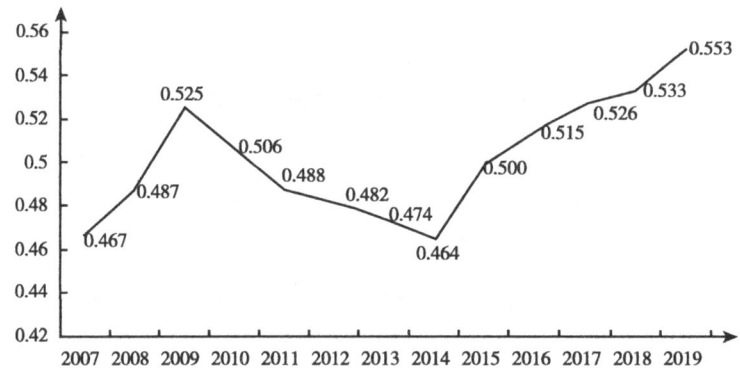

图4-2 纵向财政不平衡程度的时间趋势

资料来源：根据2007~2019年《中国统计年鉴》手工整理。

图4-3展示了2007~2019年我国各省区市平均的纵向财政不平衡程度情况。从图中可以看出，首先，我国各省区市的纵向财政不平衡程度存在较大差异，不平衡程度均值最高的省区市达到近80%，最低的省区市在10%左右，省区市之间差异高达8倍；其次，从地区来看，东部发达地区（如上海、北京、广东、江苏）的纵向财政不平衡程度相对较低，而西北部不发达地区（如甘肃、青海、西藏等）的纵向财政不平衡程度相对较高，这再次反映出纵向财政不平衡程度与地区经济发展息息相关。

（2）变量描述性统计。

表4-2展示了回归变量的描述性统计结果。OsubYN均值和中位数分别为0.819和1，说明样本公司进行跨区域投资的比例较高，平均约82%的上市公司存在下属异地子公司。OsubNum1最大值为248，最小值为0，这说明上市公司进行跨区域子公司投资数量差异较大。OsubNum1均值和中位数分别为6.007和3，这表明平均每家样本上市公司拥有近6家异地子公司，且一半以上的样本公司拥有的异地子公司数量超过3个。由此可见，我国上市公司跨区域投资行为比较普遍，但公司之间跨区域投资力度差异较大。

第4章 央地财政关系与企业跨区域投资

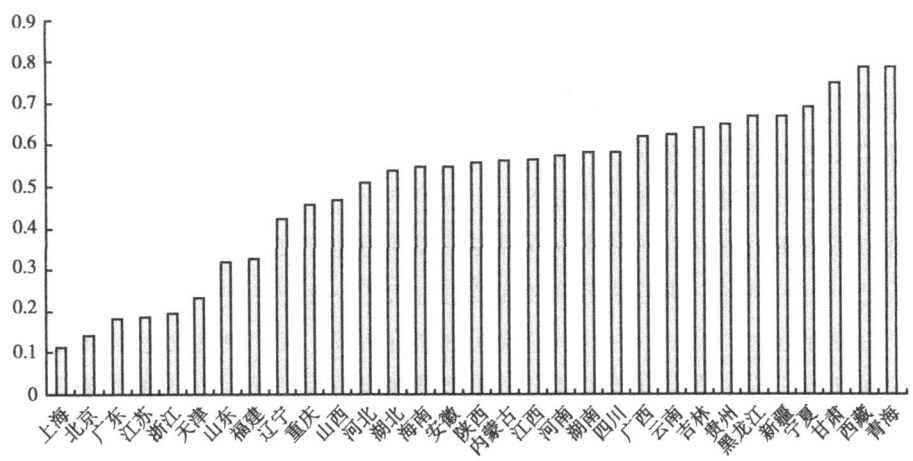

图4-3 2007~2019年各省区市纵向财政不平衡程度

资料来源：根据2007~2019年《中国统计年鉴》手工整理。

表4-2 描述性统计

variable	N	mean	p50	sd	min	p25	p75	max
OsubYN	14804	0.819	1	0.385	0	1	1	1
OsubNum1	14804	6.007	3	11.436	0	1	7	248
OsubNum2	14804	1.382	1.386	0.992	0	0.693	2.079	4.71
FisImb	14804	0.353	0.276	0.196	0.074	0.178	0.547	0.785
Size	14804	21.965	21.825	1.159	19.87	21.129	22.635	25.8
Lev	14804	0.427	0.417	0.203	0.067	0.268	0.572	0.967
ROA	14804	0.035	0.035	0.066	-0.285	0.012	0.066	0.192
MB	14804	2.151	1.642	1.766	0.205	0.965	2.719	9.289
Age	14804	2.648	2.708	0.523	1.099	2.303	3.091	3.434
SOE	14804	0.361	0	0.480	0	0	1	1
Top5	14804	0.523	0.523	0.145	0.203	0.417	0.626	0.874
Dual	14804	0.724	1	0.447	0	0	1	1
LnDir	14804	2.249	2.303	0.17	1.792	2.079	2.303	2.773
IndDir	14804	0.373	0.333	0.052	0.333	0.333	0.429	0.571

从样本观测值统计来看，FisImb平均值约35.3%，即一般公共预算收入占一般公共预算支出的比例平均约为64.7%。FisImb最小（大）值为0.074

(0.785),标准差为 0.196,也即一般公共预算收入占一般公共预算支出的比例最高为 92.6%(1−0.074),最低值为 21.5%(1−0.785),这初步表明样本期间内,我国各省区市财政不平衡性差异较大,最严重"省份—年度"的财政收入仅能弥补辖区 1/4 不到的财政支出,存在巨大的支出缺口,而最好的情况也是收不抵支,缺口大概 8%。上述统计结果与现实状况基本相符,如刘志彪(2013)指出,中央地方分税制改革使得地方政府的财权和事权严重不匹配,地方政府的一般公共预算支出要远远大于一般公共预算收入。

控制变量方面,公司规模(Size)的均值是 21.97,中位数是 21.83;资产负债率(Lev)的均值是 0.43,中位数是 0.42;盈利能力(ROA)的均值和中位数都是 0.035;成长能力(MB)的均值是 2.15,中位数是 1.64;上市年龄(Age)的均值是 2.65,中位数是 2.71;是否国有企业(SOE)的均值是 0.36,中位数是 0;股权集中度(Top5)的均值和中位数都是 0.523;两职兼任(Dual)的均值是 0.72,中位数是 1;董事会规模(LnDir)的均值是 2.25,中位数是 2.3;独立董事比例(IndDir)的均值是 0.37,中位数是 0.33。对比以往的研究可知,本书样本数据大多都分布在较为合理的区间内。

(3)相关系数检验。

表 4-3 列示了全样本的变量相关系数检验结果。其中,FisImb 与 OsubYN、OsubNum1、OsubNum2 的相关系数分别为 −0.021、−0.022 和 −0.015,且分别在 1%、1% 和 10% 的水平上通过了显著性检验,这表明纵向财政不平衡程度与企业跨区域投资之间存在负相关关系,初步印证了本章的基本假设,但是对于两者之间相关关系分析没有考虑其他因素,仍需要在控制其他因素的基础上进行更可靠的回归检验。此外,多数控制变量与被解释变量的相关系数都比较显著,这在一定程度上说明本书控制变量的选取具有一定的代表性。

表 4-3　　　　　　　　　　相关系数检验

PanelA							
	OsubYN	OsubNum1	OsubNum2	FisImb	Size	Lev	ROA
OsubYN	1						
OsubNum1	0.247***	1					

续表

PanelA

	OsubYN	OsubNum1	OsubNum2	FisImb	Size	Lev	ROA
OsubNum2	0.654 ***	0.727 ***	1				
FisImb	-0.021 ***	-0.022 ***	-0.015 *	1			
Size	0.195 ***	0.356 ***	0.421 ***	0.043 ***	1		
Lev	0.060 ***	0.126 ***	0.166 ***	0.134 ***	0.372 ***	1	
ROA	0.006	0.003	-0.014 *	-0.102 ***	0.051 ***	-0.398 ***	1
MB	-0.056 ***	-0.139 ***	-0.170 ***	-0.054 ***	-0.477 ***	-0.361 ***	0.216 ***
Age	-0.002	0.028 ***	0.043 ***	0.173 ***	0.240 ***	0.365 ***	-0.159 ***
SOE	-0.042 ***	0.002	-0.019 **	0.146 ***	0.286 ***	0.261 ***	-0.067 ***
Top5	-0.044 ***	0.025 ***	-0.016 *	-0.127 ***	0.111 ***	-0.151 ***	0.212 ***
Dual	-0.005	-0.008	-0.001	0.128 ***	0.126 ***	0.130 ***	-0.040 ***
LnDir	0.012	0.003	0.025 ***	0.075 ***	0.226 ***	0.146 ***	0.028 ***
IndDir	0.013	0.033 ***	0.027 ***	-0.021 **	0.005	-0.029 ***	-0.021 **

PanelB

	MB	Age	SOE	Top5	Dual	LnDir	IndDir
MB	1						
Age	-0.145 ***	1					
SOE	-0.166 ***	0.467 ***	1				
Top5	0.064 ***	-0.339 ***	-0.039 ***	1			
Dual	-0.085 ***	0.256 ***	0.277 ***	-0.053 ***	1		
LnDir	-0.139 ***	0.208 ***	0.256 ***	-0.024 ***	0.179 ***	1	
IndDir	0.042 ***	-0.073 ***	-0.064 ***	0.057 ***	-0.098 ***	-0.500 ***	1

注：* $p<0.1$，** $p<0.05$，*** $p<0.01$。

(4) 单变量检验。

进一步地，本书根据各年度纵向财政不平衡程度的中位数进行分组，检验了全样本和按企业产权性质分组样本的跨区域投资的差异性。表4-4中Panel A为全样本检验结果：上市公司跨区域投资的可能性，即是否设立异地子公司（OsubYN）在财政不平衡程度较高组的均值是0.808，在财政不平衡程度较低组的均值是0.83，前者小于后者，差异（Difference）为0.022且在1%的水平上显著；上市公司跨区域投资力度，即异地子公司的数量

（OsubNum1 和 OsubNum2）在财政不平衡程度较高组的均值（分别是 5.682 和 1.35）也分别小于在财政不平衡程度较低组（分别是 6.316 和 1.412），两者差异（Difference）分别是 0.634 和 0.062，且均在 5% 的水平上通过了显著性检验。Panel B 是针对国有企业样本的检验结果：上市公司跨区域投资的可能性，即是否设立异地子公司（OsubYN）在财政不平衡程度较高组的均值是 0.782，在财政不平衡程度较低组的均值是 0.822，前者小于后者，差异（Difference）为 0.039 且在 1% 的水平上显著；上市公司跨区域投资力度，即异地子公司的数量（OsubNum1 和 OsubNum2）在财政不平衡程度较高组的均值（分别是 5.06 和 1.27）也小于在财政不平衡程度较低组（分别是 7.563 和 1.493），两者差异（Difference）分别是 2.503 和 0.223，且均在 1% 的水平上通过了显著性检验。以上检验结果表明，纵向财政不平衡程度与辖区内企业，尤其是国有企业的跨区域投资是负相关的，初步印证了基本假设 H4-1。

表 4-4　　　　央地财政关系与企业跨区域投资的单变量检验

Variables	FisImb≤Median（FisImb）		FisImb>Median（FisImb）		Difference（t-value）
	N	Mean	N	Mean	
Panel A：全样本					
OsubYN	7583	0.830	7221	0.808	0.022***
OsubNum1	7583	6.316	7221	5.628	0.634**
OsubNum2	7583	1.412	7221	1.35	0.062**
Panel A：国有企业					
OsubYN	2096	0.822	3251	0.782	0.039***
OsubNum1	2096	7.563	3251	5.06	2.503***
OsubNum2	2096	1.493	3251	1.27	0.223***
Panel A：非国有企业					
OsubYN	5487	0.833	3970	0.83	0.003
OsubNum1	5487	5.84	3970	6.191	-0.352
OsubNum2	5487	1.381	3970	1.416	-0.035*

注：*$p<0.1$，**$p<0.05$，***$p<0.01$。

另外，Panel C 是针对非国有企业样本的检验结果。上市公司跨区域投资的可能性,即是否设立异地子公司(OsubYN)在财政不平衡程度较高组的均值是0.83,在财政不平衡程度较低组的均值是0.833,两者差异(Difference为0.003)并不显著;OsubNum1在财政不平衡程度较高组的均值(6.191)与在财政不平衡程度较低组(5.84)的差异(Difference为-0.352)同样没有通过显著性检验;OsubNum2的组间差异检验结果与OsubNum1有所不同,在财政不平衡程度较高组的均值(1.416)与在财政不平衡程度较低组(1.381)的差异(Difference为-0.035)在1%水平上显著性,这可能是变量衡量上带来的差异,说明纵向不平衡性的增加对非国有企业跨区域投资的影响可能为正或者并不显著。

4.5 实证结果与分析

4.5.1 央地财政关系与企业跨区域投资:主检验

(1)央地财政关系与企业跨区域投资:总体检验。

本书对央地财政关系与上市公司跨区域投资的回归模型(4-1)进行了回归检验,结果如表4-5所示,其中列(1)和列(2)的被解释变量为二元变量OsubYN,因此采用逻辑回归(logit),列(3)和列(4)的被解释变量OsubNum1是一个计数型变量,因此采用泊松回归(poisson),列(5)和列(6)的被解释变量OsubNum2是连续性变量,因此采用普通最小二乘回归(OLS);列(1)、列(3)和列(5)中未加入控制变量,列(2)、列(4)和列(6)中加入了相应的控制变量。

表4-5 央地财政关系与企业跨区域投资

变量	OsubYN		OsubNum1		OsubNum2	
	(1)	(2)	(3)	(4)	(5)	(6)
FisImb	-0.156	-0.237**	-0.507***	-0.493***	-0.130***	-0.172***
	(-1.41)	(-2.03)	(-5.99)	(-6.90)	(-3.12)	(-4.46)
Size		0.769***		0.610***		0.451***
		(22.86)		(36.52)		(47.71)

续表

变量	OsubYN		OsubNum1		OsubNum2	
	(1)	(2)	(3)	(4)	(5)	(6)
Lev		0.220 (1.54)		0.175** (2.05)		0.195*** (4.31)
ROA		-0.702* (-1.76)		-1.027*** (-4.90)		-0.752*** (-5.91)
MB		0.115*** (6.38)		0.010 (1.00)		0.036*** (6.61)
Age		-0.085 (-1.29)		-0.073** (-2.00)		0.017 (0.89)
SOE		-0.471*** (-8.55)		-0.259*** (-8.70)		-0.229*** (-13.19)
Top5		-1.655*** (-8.89)		-0.327*** (-3.24)		-0.396*** (-7.03)
Dual		0.001 (0.02)		-0.071** (-2.36)		-0.035** (-2.14)
LnDir		0.004 (0.02)		-0.355*** (-3.67)		-0.124** (-2.39)
IndDir		-0.243 (-0.48)		-0.447* (-1.65)		-0.234 (-1.44)
_cons	1.603*** (8.06)	-13.633*** (-16.73)	2.685*** (20.41)	-8.938*** (-24.37)	1.842*** (22.74)	-7.231*** (-30.46)
Ind fe	Yes	Yes	Yes	Yes	Yes	Yes
Year fe	Yes	Yes	Yes	Yes	Yes	Yes
N	14769	14769	14804	14804	14804	14804
r2_p	0.027	0.090	0.108	0.318		
r2_a					0.074	0.277

注：*$p<0.1$，**$p<0.05$，***$p<0.01$，括号内为 t 值，标准误经过异方差调整。

首先，从上市公司跨区域投资可能性（被解释变量为 OsubYN）来看，表4-5列（1）中 FisImb 系数并不显著为负，但列（2）中在控制了一系列公司因素之后，FisImb 系数为 -0.237，且在5%的置信水平上通过显著性检验，说明纵向财政不平衡程度越大，上市公司进行跨区域投资的倾向越低。

其次，从上市公司跨区域投资力度（被解释变量为 OsubNum1 和 OsubNum2）来看，表 4-5 列（3）至列（6）中 FisImb 的回归系数均在 1% 的水平上显著为负，表明纵向财政不平衡程度越高，辖区内上市公司进行跨区域投资的力度也越小，异地子公司数量也越少。

从控制变量来看，Size 系数为正且均在 1% 水平上显著，说明规模越大的公司越有可能进行跨区域投资；ROA 系数显著为负，表明收益率越好的企业异地跨区域发展动力却不足；MB 的系数显著为正，表明成长性越好的企业跨区域投资越积极；SOE 系数显著为负，说明国有企业的跨区域投资行为相比非国有企业更为保守，这与夏立军（2011）、潘红波和余明桂（2011）的研究结果一致；TOP5 的系数显著为负，表明股权集中度更高的上市公司却更少地进行跨区域投资。其余控制变量未表现出稳定的显著性。

（2）央地财政关系与企业跨区域投资：区分企业性质。

进一步地，本书从产权性质角度分析纵向财政不平衡程度对企业跨区域投资影响的差异性。不同性质的产权背后体现了政府干预企业的动机和能力，因而对企业行为具有尤其重要的影响（方军雄，2008；夏立军等，2011）。相对于民营企业而言，国有企业由于其主要出资人为国家，因而政府对企业具有天然的影响力和控制力，承担着较多的政策性负担，地方政府会利用控制的国有企业来实现政治目标（Lin et al., 1998；潘红波和余明桂，2011）。因此，纵向财政不平衡程度与企业跨区域投资的关系在国有企业中可能更为显著。

基于以上分析，本书以企业产权性质进行分组检验，结果如表 4-6 所示，其中列（1）、列（3）和列（5）是对国有企业样本的回归结果，FisImb 系数分别为 -0.443、-0.786 和 -0.44，分别在 5%、1% 和 1% 的水平上通过了显著性检验；而列（2）、列（4）和列（6）是对非国有企业样本的回归结果，FisImb 的回归系数在列（2）中不显著，说明纵向财政不平衡对辖区对非国有企业的跨区域投资倾向并不存在显著的负向影响，列（4）中 FisImb 的回归系数显著为负，而在列（6）中不显著，这可能是因为 OsubNum1 为计数型变量，在一定程度上受极端值影响，当企业跨区域投资取连续性变量（OsubNum2）时这个问题得到缓解。综上所述，央地财政关系主要影响了辖区内国有企业的跨区域投资行为，而对辖区内非国有企业的跨区域投资没有显著影响。当地方政府面临较大财政收支不匹配问题时,会更倾向于通过向国有企业施加影响增加本地投资,从而降低其跨区域投资。综合上述两部分实证检验,本章假设 H4-1 得到支持。

表 4-6　　央地财政关系与企业跨区域投资:区分产权性质

变量	OsubYN		OsubNum1		OsubNum2	
	(1) 国有企业	(2) 非国有企业	(3) 国有企业	(4) 非国有企业	(5) 国有企业	(6) 非国有企业
FisImb	-0.443** (-2.36)	-0.190 (-1.18)	-0.786*** (-8.75)	-0.178* (-1.79)	-0.440*** (-7.20)	0.016 (0.33)
Size	0.692*** (13.71)	0.824*** (17.00)	0.550*** (26.05)	0.586*** (23.47)	0.426*** (28.94)	0.443*** (35.42)
Lev	-0.759*** (-3.29)	0.898*** (4.61)	-0.249* (-1.79)	0.628*** (6.17)	-0.050 (-0.63)	0.431*** (7.81)
ROA	-2.025*** (-2.89)	0.224 (0.45)	-0.887** (-2.24)	-0.780*** (-3.24)	-1.121*** (-4.77)	-0.484*** (-3.22)
MB	0.120*** (3.99)	0.103*** (4.47)	-0.008 (-0.42)	0.024* (1.91)	0.047*** (4.55)	0.030*** (4.67)
Age	-0.141 (-1.09)	0.067 (0.77)	-0.112* (-1.87)	-0.047 (-1.01)	-0.095** (-2.39)	0.067*** (2.82)
Top5	-1.629*** (-5.39)	-1.474*** (-6.03)	0.062 (0.43)	-0.579*** (-4.40)	-0.331*** (-3.40)	-0.377*** (-5.47)
Dual	-0.273** (-2.26)	0.029 (0.47)	-0.005 (-0.10)	-0.115*** (-3.32)	-0.089** (-2.40)	-0.040** (-2.19)
LnDir	0.171 (0.65)	-0.194 (-0.84)	0.144 (1.22)	-0.599*** (-4.33)	-0.016 (-0.19)	-0.216*** (-3.29)
IndDir	0.985 (1.27)	-0.828 (-1.20)	0.618* (1.91)	-0.976** (-2.34)	0.447* (1.77)	-0.502** (-2.35)
_cons	-12.679*** (-10.76)	-14.714*** (-12.12)	-9.875*** (-19.77)	-7.940*** (-13.70)	-7.221*** (-19.01)	-6.940*** (-21.62)
Ind fe	Yes	Yes	Yes	Yes	Yes	Yes

续表

变量	OsubYN		OsubNum1		OsubNum2	
	（1）国有企业	（2）非国有企业	（3）国有企业	（4）非国有企业	（5）国有企业	（6）非国有企业
Year fe	Yes	Yes	Yes	Yes	Yes	Yes
N	5304	9429	5347	9457	5347	9457
r2_p	0.100	0.106	0.347	0.335		
r2_a					0.300	0.293

注：$*p<0.1$，$**p<0.05$，$***p<0.01$，括号内为 t 值，标准误经过异方差调整。

4.5.2 央地财政关系与企业跨区域投资：稳健性检验

根据前述回归结果，本书针对国有企业样本进一步对主假设进行稳健性检验。具体地，本书从模型内生性问题、回归方法以及样本偏误对回归结果造成的干扰这三个方面进行稳健性检验。从内生性问题来讲，虽然本书采用了滞后一期的自变量在一定程度上克服内生性，但造成内生性问题的原因还可能与变量衡量误差以及遗漏变量有关，因此本书将进一步从以下几个方面着手解决。

（1）更换变量衡量方式。

为了避免变量衡量误差对回归结果带来的干扰，本书参考曹春方等（2019，2020）的研究，对企业跨区域投资这一指标采用增量形式进行衡量，由此也能缓解历史跨区域投资行为（即历史子公司）对检验结果的影响。具体地，本书统计了上市公司当年新增的子公司，即当年拥有的而上一年不存在的子公司，并据此构造新增跨区域投资指标。针对2007年的数据，本章进一步获取了上市公司2006年度子公司情况并进行指标计算，最终得到上市公司当年是否存在新增的异地子公司（OsubYN_xz，存在取值为1，否则为0）、上市公司当年新增的异地子公司数量（OsubNum1_xz，当年新增的异地子公司个数）及其对数形式（OsubNum2_xz，上市公司当年新增的异地子公司个数加1后取自然对数）三组数据对原假设进行检验。

结果如表4-7所示，其中列（1）和列（2）的被解释变量 OsubYN_xz

是二元变量,因此采用逻辑回归(logit);列(3)和列(4)的被解释变量 OsubNum1_xz 是计数型变量,因此采用泊松回归(poisson);列(5)和列(6)的被解释变量 OsubNum2_xz 是连续性变量,因此采用普通最小二乘回归(OLS);列(1)、列(3)和列(5)中未加入控制变量,列(2)、列(4)和列(6)中加入了相应的控制变量。根据回归结果,采用增量形式的变量替换之后,不论是否加入控制变量,表4-7列(1)至列(6)中 FisImb 回归系数均在1%的水平上显著为负,这表明纵向财政不平衡程度与企业跨区域投资可能性和跨区域投资力度都显著负相关,与基础回归结果保持一致,由此说明本章基本回归结果是比较稳健的。

表4-7 稳健性检验1——更换变量衡量方式

变量	OsubYN_xz		OsubNum1_xz		OsubNum2_xz	
	(1)	(2)	(3)	(4)	(5)	(6)
FisImb	-0.994*** (-6.55)	-0.810*** (-4.92)	-1.329*** (-7.52)	-0.805*** (-4.94)	-0.368*** (-8.26)	-0.270*** (-6.40)
Size		0.638*** (16.26)		0.574*** (16.37)		0.216*** (20.12)
Lev		-0.020 (-0.10)		0.331 (1.38)		0.073 (1.48)
ROA		0.722 (1.10)		1.153 (1.53)		0.136 (0.98)
MB		0.077*** (2.68)		0.024 (0.79)		0.032*** (5.16)
Age		-0.664*** (-6.30)		-0.306*** (-2.73)		-0.181*** (-6.06)
Top5		-0.817*** (-3.25)		-0.049 (-0.19)		-0.133* (-1.95)
Dual		-0.097 (-0.99)		0.113 (1.12)		-0.003 (-0.10)
LnDir		0.074 (0.34)		-0.067 (-0.29)		-0.047 (-0.76)
IndDir		0.110 (0.17)		0.478 (0.72)		0.071 (0.38)

续表

变量	OsubYN_xz		OsubNum1_xz		OsubNum2_xz	
	(1)	(2)	(3)	(4)	(5)	(6)
_cons	0.369 (1.53)	-11.018*** (-11.59)	0.838*** (3.11)	-10.947*** (-11.53)	0.698*** (9.22)	-3.321*** (-12.65)
Ind fe	Yes	Yes	Yes	Yes	Yes	Yes
Year fe	Yes	Yes	Yes	Yes	Yes	Yes
N	5329	5329	5347	5347	5347	5347
r2_p	0.035	0.102	0.084	0.206		
r2_a					0.057	0.173

注：* $p<0.1$，** $p<0.05$，*** $p<0.01$，括号内为 t 值，标准误经过异方差调整。

(2) 增加控制变量。

由于企业异地跨省投资行为还受到一些省级层面因素，如经济发展状况、教育水平（曹春方等，2019）以及交通基础设施水平（马光荣等，2020）等因素的影响，因此，本章基本模型中可能存在遗漏变量问题。同时，基于本书第5、第6章的分析，产业政策和官员交流同样也是影响企业跨区域投资的潜在因素，因此，此部分加入了这些因素进行稳健性检验。具体包括经济发展水平（LnGDP，上市公司所在省份当年GDP的自然对数）、交通状况（Transpt，上市公司所在省份单位GDP的铁路运营里程数）、教育水平（Education，上市公司所在省份当年高校授予学位数取对数）、是否受产业政策支持（IP，上市公司是国家"十一五"规划或"十二五"规划中支持发展的行业取值为1，否则取值为0）、官员异地交流（Rotation，上市公司注册省区市的书记非本地晋升取值为1，否则取值为0）。以上变量指标计算所需基础数据来源于Wind数据库和中经网数据库，产业政策（IP）来源于中央和各省级政府网站并经手工处理，官员交流数据来源于国家领导人数据库并经手工处理。

稳健性检验结果如表4-8所示，其中列（1）、列（3）和列（5）是加入了地区经济发展水平（LnGDP）、交通状况（Transpt）和教育水平（Education）后的回归结果，列（2）、列（4）和列（6）是进一步加入了产业政策（IP）和官员异地交流（Rotation）后的回归结果。从表4-8中可以看出，在不断增加控制一系列可能影响企业跨区域投资的宏观因素之后，解释变量 FisImb 的回归系数仍然为负，且均在 1% 的水平上显著。这表明在进一步控制潜在影响因素后，纵向财政不平衡程度对辖区企业跨区域投资可能性和投资力度的负向作用仍然显著存在，由此说明基本回归结果是较为稳健可靠的。

表 4-8　　　　　　　稳健性检验 2——增加控制变量

变量	OsubYN		OsubNum1		OsubNum2	
	(1)	(2)	(3)	(4)	(5)	(6)
FisImb	-1.032*** (-2.89)	-1.410*** (-3.18)	-1.325*** (-8.04)	-1.122*** (-5.83)	-0.977*** (-8.94)	-1.073*** (-8.24)
Size	0.698*** (13.79)	0.685*** (10.76)	0.536*** (25.95)	0.590*** (21.02)	0.420*** (29.04)	0.420*** (23.39)
Lev	-0.720*** (-3.10)	-0.727** (-2.40)	-0.205 (-1.53)	-0.260 (-1.45)	-0.027 (-0.34)	-0.083 (-0.80)
ROA	-1.818*** (-2.62)	-1.205 (-1.33)	-0.544 (-1.34)	0.441 (0.69)	-0.922*** (-3.93)	-0.475 (-1.55)
MB	0.106*** (3.57)	0.161*** (4.08)	-0.012 (-0.62)	0.045** (1.98)	0.038*** (3.67)	0.057*** (4.41)
Age	-0.217* (-1.68)	-0.359 (-1.64)	-0.088 (-1.46)	-0.042 (-0.41)	-0.121*** (-3.06)	-0.144** (-2.23)
Top5	-1.713*** (-5.71)	-1.992*** (-5.22)	0.058 (0.40)	0.271 (1.34)	-0.382*** (-3.95)	-0.216* (-1.75)
Dual	-0.263** (-2.19)	-0.292* (-1.95)	0.003 (0.07)	-0.031 (-0.48)	-0.089** (-2.49)	-0.138*** (-3.15)
LnDir	0.174 (0.65)	0.373 (1.15)	0.118 (1.03)	0.077 (0.57)	-0.004 (-0.04)	0.029 (0.28)
IndDir	0.746 (0.96)	1.713* (1.73)	0.464 (1.49)	0.777* (1.78)	0.325 (1.34)	0.572* (1.90)
LnGDP	-0.971*** (-6.83)	-1.044*** (-5.84)	-0.651*** (-9.28)	-0.783*** (-8.84)	-0.570*** (-12.84)	-0.657*** (-12.03)
Transpt	-0.876** (-2.14)	-0.851 (-1.57)	-0.188 (-0.87)	-0.622** (-2.18)	-0.216 (-1.56)	-0.088 (-0.50)

续表

变量	OsubYN		OsubNum1		OsubNum2	
	(1)	(2)	(3)	(4)	(5)	(6)
Education	0.785 *** (5.20)	0.618 *** (3.14)	0.635 *** (8.46)	0.648 *** (7.06)	0.464 *** (9.68)	0.507 *** (8.47)
IP		-1.146 *** (-3.91)		-1.196 *** (-9.25)		-0.573 *** (-7.28)
Rotation		0.306 ** (2.27)		0.092 (1.47)		0.077 * (1.88)
_cons	-11.380 *** (-7.67)	-8.309 *** (-3.94)	-10.113 *** (-13.88)	-9.479 *** (-9.39)	-6.432 *** (-12.72)	-5.907 *** (-8.84)
Ind fe	Yes	Yes	Yes	Yes	Yes	Yes
Year fe	Yes	Yes	Yes	Yes	Yes	Yes
N	5304	3159	5347	3194	5347	3194
r2_p	0.111	0.118	0.361	0.374		
r2_a					0.321	0.311

注：* $p<0.1$，** $p<0.05$，*** $p<0.01$，括号内为 t 值，标准误经过异方差调整。

省级层面因素方面，LnGDP 回归系数显著为负，这表明当地经济发展程度越好，辖区企业跨区域投资可能性和投资力度越低；Transpt 回归系数为负，但显著性不稳定，表明当地交通条件越好，企业可能更多地就地投资而减少异地投资；Education 回归系数显著为正，表明当地教育水平越高，则辖区内企业跨区域投资可能性和投资力度也会越大；IP 系数显著为负，表明总体上看产业政策对企业跨区域投资具有抑制作用；Rotation 回归系数为正，表明地方官员异地交流有助于促进辖区企业跨区域投资，这也印证了本书第 6 章的研究结论。

（3）改变回归方法。

由于原模型中的回归样本存在部分无异地子公司的公司，因此本书的因变量 OsubNum1 和 OsubNum2 包含一部分以正概率取值为 0 的观测值。为了保障回归结果的可靠性，本章进一步采用 Tobit 回归方法对原假设进行稳健性检验，结果如表 4-9 所示，其中列（1）至列（4）中 FisImb 回归系数依然为负，且均在 1% 水平上通过了显著性检验，由此进一步支持了原假设，说明基础检验结果具有稳健性。

表 4-9 稳健性检验 3——tobit 回归

变量	OsubNum1		OsubNum2	
	(1)	(2)	(3)	(4)
FisImb	-8.482***	-5.880***	-0.712***	-0.481***
	(-9.69)	(-7.30)	(-8.38)	(-6.27)
Size		4.984***		0.491***
		(27.03)		(27.91)
Lev		-2.083**		-0.137
		(-2.09)		(-1.44)
ROA		-12.074***		-1.343***
		(-4.04)		(-4.71)
MB		0.629***		0.055***
		(4.82)		(4.42)
Age		-1.564***		-0.097**
		(-3.02)		(-1.97)
Top5		-1.520		-0.460***
		(-1.23)		(-3.89)
Dual		-0.425		-0.111**
		(-0.87)		(-2.39)
LnDir		-0.077		0.004
		(-0.07)		(0.04)
IndDir		8.187**		0.482
		(2.52)		(1.55)
_cons	6.017***	-97.321***	1.390***	-8.554***
	(4.24)	(-21.26)	(10.10)	(-19.31)
Ind fe	Yes	Yes	Yes	Yes
Year fe	Yes	Yes	Yes	Yes
N	5347	5347	5347	5347
r2_p	0.020	0.050	0.041	0.108

注：* $p<0.1$，** $p<0.05$，*** $p<0.01$，括号内为 t 值，标准误经过异方差调整。

(4) 子样本回归。

为了排除特殊样本对回归结果造成的干扰，本书从以下几个方面进行了子样本回归检验。首先，本书进一步剔除了无异地子公司的样本，保留存在异地子公司的样本进行回归检验；其次，考虑到西藏、新疆具有相对特殊性，与其他地区情况存在不同，由此可能造成偏误，因此本书进一步剔除注册地在上述两地的上市公司样本，以排除地域特殊性带来的影响；最后，本书还进一步剔除了中央国有企业样本，因为这类公司主要属于垄断行业，而且经营的地域范围也十分广，在一定程度上很难将其归为哪一个区域（Fan et al., 2013；潘红波和余明桂，2011），且中央国有企业主要受国务院国资委管辖，其投资决策受地方政府的影响可能并不直接，因此本书将其剔除后进行回归检验。

上述三类情况的子样本回归结果如表4-10所示，在删掉无异地子公司的样本后，FisImb 对 OsubNum1 和 OsubNum2 的回归系数仍然为负且在1%水平上显著；剔除西藏、新疆两地的上市公司样本，FisImb 对 OsubYN 的回归系数为负但不显著，对 OsubNum1 和 OsubNum2 的回归系数均在1%水平上显著为负；在剔除中央国有企业样本之后，FisImb 对 OsubYN 的回归系数为负但不显著，对 OsubNum1 和 OsubNum2 的回归系数均在1%水平上显著为负，这表明，在剔除特殊地区和中央国有企业样本之后，纵向财政不平衡对辖区企业跨区域投资倾向的影响并不明显，但对辖区企业跨区域投资力度的负向影响是显著的。从总体上来讲，子样本回归结果与基础回归结果基本一致，即中央与地方财政不平衡程度越高，辖区内企业会更少进行跨区域投资，由此可说明本章的基本回归结果是较为稳健的。

表4-10 稳健性检验4——子样本回归

变量	删掉无异地子公司的样本		删掉注册地在新疆、西藏的样本			删掉中央企业样本		
	(1) OsubNum1	(2) OsubNum2	(3) OsubYN	(4) OsubNum1	(5) OsubNum2	(6) OsubYN	(7) OsubNum1	(8) OsubNum2
FisImb	-0.690*** (-7.86)	-0.371*** (-6.55)	-0.231 (-1.19)	-0.737*** (-8.13)	-0.387*** (-6.25)	-0.210 (-0.87)	-0.337*** (-2.93)	-0.294*** (-3.54)
Size	0.473*** (22.95)	0.346*** (24.28)	0.694*** (13.52)	0.553*** (25.99)	0.428*** (28.83)	0.757*** (12.26)	0.499*** (19.84)	0.398*** (20.73)

续表

变量	删掉无异地子公司的样本		删掉注册地在新疆、西藏的样本			删掉中央企业样本		
	(1) OsubNum1	(2) OsubNum2	(3) OsubYN	(4) OsubNum1	(5) OsubNum2	(6) OsubYN	(7) OsubNum1	(8) OsubNum2
Lev	-0.145 (-1.09)	0.110 (1.49)	-0.814*** (-3.50)	-0.284** (-2.05)	-0.066 (-0.81)	-1.037*** (-3.44)	-0.255 (-1.37)	0.101 (0.93)
ROA	-0.717* (-1.92)	-0.866*** (-4.03)	-1.980*** (-2.76)	-0.918** (-2.27)	-1.138*** (-4.76)	-2.205*** (-2.60)	-1.661*** (-3.52)	-1.347*** (-4.32)
MB	-0.012 (-0.68)	0.027*** (2.70)	0.122*** (3.96)	-0.008 (-0.40)	0.049*** (4.69)	0.067* (1.85)	-0.080*** (-2.71)	0.028** (2.01)
Age	-0.072 (-1.22)	-0.049 (-1.32)	-0.184 (-1.39)	-0.101* (-1.67)	-0.097** (-2.45)	-0.236 (-1.52)	-0.019 (-0.27)	-0.102** (-2.00)
Top5	0.223 (1.63)	0.010 (0.11)	-1.873*** (-6.10)	-0.005 (-0.03)	-0.392*** (-4.00)	-2.819*** (-7.42)	1.092*** (6.05)	-0.119 (-0.91)
Dual	0.019 (0.39)	-0.043 (-1.27)	-0.300** (-2.38)	0.003 (0.06)	-0.088** (-2.34)	-0.366** (-2.46)	-0.114* (-1.94)	-0.192*** (-4.22)
LnDir	0.081 (0.72)	-0.081 (-1.04)	0.123 (0.47)	0.146 (1.22)	-0.019 (-0.22)	-0.016 (-0.05)	0.686*** (4.47)	0.228* (1.96)
IndDir	0.287 (0.91)	0.066 (0.28)	0.793 (0.99)	0.669** (2.00)	0.380 (1.46)	2.167** (2.21)	0.505 (1.17)	0.369 (1.14)
_cons	-7.962*** (-16.74)	-5.166*** (-14.46)	-13.036*** (-10.90)	-9.987*** (-19.33)	-7.404*** (-18.67)	-13.044*** (-8.99)	-10.853*** (-17.63)	-7.357*** (-14.98)
Ind fe	Yes	Yes	Yes	Yes	Yes	Yes	Yes	Yes
Year fe	Yes	Yes	Yes	Yes	Yes	Yes	Yes	Yes
N	4265	4265	5139	5182	5182	3219	3258	3258
r2_a/r2_p	0.335	0.320	0.101	0.348	0.300	0.118	0.369	0.295

注：* $p<0.1$，** $p<0.05$，*** $p<0.01$，括号内为 t 值，标准误经过异方差调整，表中列（2）、列（5）和列（8）对应 r2_a 值，其余各列对应 r2_p 值。

4.5.3 央地财政关系与企业跨区域投资：机制检验

本书的基本逻辑认为，纵向财政不平衡越大，地方政府所面临的财政压力也越大,通过政府补助或税收优惠刺激本地投资的政策空间受挤压,为了促进本辖区经济增长和维护政治稳定,他们会通过介入金融资源配置的手段将贷款资源配置给本地国有企业以便增加本地投资,而接受贷款资源的国有企业也致力于为当地政府排忧解难,更多地进行本地投资,从而降低了跨区域投资倾向和力度。为了对上述作用路径进行检验,本章参考温忠麟和叶宝娟(2014)、权小锋等(2015)的研究,采用依次检验法与 Sobel 检验法相结合对中介效应进行检验。本部分在模型(4-1)的基础上进一步构建了模型(4-2)和模型(4-3):

$$\text{Intermediate}_i = \beta_0 + \beta_1 \text{FisImb}_j + \beta_3 \text{CVs} + \varepsilon \quad (4-2)$$

$$\text{Osubinv}_i = \gamma_0 + \gamma_1 \text{FisImb}_j + \gamma_2 \text{Intermediate}_i + \gamma_3 \text{CVs} + \varepsilon \quad (4-3)$$

其中,被解释变量 Osubinv 和变量 FisImb 及 CVs 即为本章基础模型(4-1)中的变量,此处不再赘述。Intermediate 为中介变量,本书主要从政府补助、公司贷款两个方面去检验地方政府影响辖区内国有企业的具体渠道,因此,参考黎文靖和郑曼妮(2016)等的研究,采用上市公司获得的政府补助与总资产之比衡量政府补助(Subsidy),采用上市公司长期借款总额占总负债的比重衡量公司贷款(Loan)。

模型(4-1)检验的是央地财政关系(纵向财政不平衡程度)对企业跨区域投资的影响,这部分检验结果如表 4-6 所示,该模型是不加入中介变量的基准模型,其作用是在检验中介效应时用于考察央地财政关系对企业跨区域投资的整体影响程度。模型(4-2)考察的是央地财政关系对辖区企业关键资源(政府补助和贷款)获取的影响,该模型中的回归系数 β_1 是判断中介传导效应的一个重要考量因素。模型(4-3)相较于模型(4-1)增加了企业关键资源获取变量,同时分析了关键资源获取和央地财政不平衡程度对企业跨区域投资的影响,以此检验企业关键资源获取的中介效应。

具体而言,通过比较模型(4-1)和模型(4-3)的拟合优度和回归系数 α_1 与 γ_1 的显著性变化来检验企业关键资源获取的中介效应。如果拟合优度提高,且模型(4-1)中 α_1 与模型(4-3)中 γ_1 都显著,但 γ_1 显著性下降(即 $|\gamma_1| < |\alpha_1|$),同时模型(4-3)中 Intermediate 的回归系数 γ_2 显著,且 $\beta_1 \times \gamma_2$ 与 γ_1 同号,Sobel Z 值显著,则表明企业关键资源(政府补助或贷款)的获取在央地财政关系影响企业跨区域投资的过程中起到了部分中

介作用；若 $\beta_1 \times \gamma_2$ 与 γ_1 异号，则说明则表明企业关键资源（政府补助或贷款）的获取在央地财政关系影响企业跨区域投资的过程中存在遮掩效应。如果拟合优度提高，且模型（4-3）中 γ_1 的数值相较于模型（4-1）中 α_1 有所下降（即 $|\gamma_1| < |\alpha_1|$）但不显著，同时模型（4-3）中 Intermediate 的回归系数 γ_2 显著，且 $\beta_1 \times \gamma_2$ 与 γ_1 同号，Sobel Z 值显著，则表明企业关键资源（政府补助或贷款）的获取在央地财政关系影响企业跨区域投资的过程中起到了完全中介作用，但是这种情况在现实中很少存在（Baron and Kenny，1986）。

中介效应的检验结果如表 4-11 所示，其中列（2）和列（6）采用逻辑（logit）回归，列（3）和列（7）采用泊松（poisson）回归，其余各列采用 OLS 回归。表 4-11 列（1）至列（4）是政府补助的中介作用检验，列（1）中解释变量 FisImb 对中介变量 Subsidy 的系数并不显著，列（2）中 FisImb 的回归系数是 -0.443 且在 5% 水平上显著，这与表 4-6 列（1）中 FisImb 的系数大小和显著性相同，表明模型（4-3）中 γ_1 的数值相较于模型（4-1）中 α_1 并未下降，且 Sobel Z 值为 0.438，未通过显著性检验（P 值为 0.6615），说明政府补助并未在央地财政关系（纵向财政不平衡程度）与企业跨区域投资中起到中介作用。同理，表 4-11 列（3）和列（4）中 FisImb 的系数虽然显著，且相较于表 4-6 列（3）和列（5）中 FisImb 的系数有所降低（$|-0.781| < |-0.786|$；$|-0.439| < |-0.440|$），但是对应的 Sobel Z 值分别是 -1.116、-1.045，且均未通过显著性检验（P 值分别为 0.2645 和 0.2962）。由此可见，央地财政关系（纵向财政不平衡程度）影响辖区内企业跨区域投资行为的中介路径并非财政补助，这可能是由于地方政府面临的财政收不抵支程度的加剧会削弱其财政刺激的利用空间，从而减少甚至不采用直接给补贴的方式影响企业的投资决策。

表 4-11 列（5）至列（8）是公司贷款的中介作用检验。列（5）中解释变量 FisImb 对中介变量 Loan 的系数是 0.038 且在 1% 的水平上显著，列（6）中 FisImb 的回归系数是 -0.422 且在 5% 水平上显著，相较于表 4-6 列（1）中 FisImb 的系数大小有所降低（$|-0.422| < |-0.443|$），且 Sobel Z 值为 -2.756，在 1% 水平上显著（P 值为 0.0059），说明贷款在央地财政关系（纵向财政不平衡程度）与企业是否进行跨区域投资中起到部分中介作

用。同理，表 4-11 列（7）和列（8）中 FisImb 的系数均在 1% 水平上显著为负，且相较于表 4-6 列（3）和列（5）中 FisImb 的系数有所降低（｜-0.772｜<｜-0.786｜,｜-0.423｜<｜-0.44｜），Sobel Z 值分别是 -2.186、-3.689，均通过了显著性检验（P 值分别为 0.0288 和 0.0002）。由此可见，公司贷款在央地财政关系（纵向财政不平衡程度）影响辖区内企业跨区域投资的过程中起到了部分中介作用。因为，在地方政府所面临的财政收不抵支程度的加剧时，他们更有可能采取信贷机制给予辖区内国有企业更多优惠贷款并增加在本地的投资，进而降低其跨区域投资的动机。

表 4-11　央地财政关系与企业跨区域投资：机制检验

变量	（1）Subsidy	（2）OsubYN	（3）OsubNum1	（4）OsubNum2	（5）Loan	（6）OsubYN	（7）OsubNum1	（8）OsubNum2
FisImb	-0.000 (-0.14)	-0.443** (-2.36)	-0.781*** (-8.69)	-0.439*** (-7.19)	0.038*** (5.33)	-0.422** (-2.25)	-0.772*** (-8.59)	-0.423*** (-6.97)
Subsidy		-4.254 (-0.66)	9.275** (2.51)	2.008 (0.94)				
Loan						-0.415 (-1.18)	-0.699*** (-3.85)	-0.430*** (-3.72)
Size	-0.001*** (-6.87)	0.688*** (13.58)	0.555*** (26.24)	0.427*** (28.76)	0.016*** (8.87)	0.700*** (13.70)	0.564*** (27.00)	0.433*** (29.07)
Lev	0.002*** (3.66)	-0.746*** (-3.23)	-0.250* (-1.81)	-0.055 (-0.68)	0.074*** (8.23)	-0.726*** (-3.10)	-0.214 (-1.55)	-0.019 (-0.23)
ROA	0.002 (1.01)	-2.010*** (-2.86)	-0.873** (-2.21)	-1.125*** (-4.78)	-0.111*** (-4.04)	-2.054*** (-2.91)	-1.060*** (-2.72)	-1.169*** (-4.95)
MB	0.000 (0.83)	0.120*** (3.99)	-0.007 (-0.38)	0.047*** (4.54)	-0.004*** (-3.99)	0.118*** (3.93)	-0.010 (-0.49)	0.045*** (4.40)
Age	0.000 (0.66)	-0.140 (-1.09)	-0.121** (-2.04)	-0.095** (-2.40)	-0.017*** (-3.97)	-0.147 (-1.14)	-0.121** (-2.03)	-0.102** (-2.56)
Top5	0.000 (0.47)	-1.627*** (-5.38)	0.037 (0.26)	-0.331*** (-3.41)	-0.020* (-1.67)	-1.636*** (-5.41)	0.037 (0.26)	-0.339*** (-3.50)
Dual	-0.000 (-0.49)	-0.275** (-2.28)	-0.007 (-0.13)	-0.089** (-2.39)	0.009** (2.02)	-0.272** (-2.25)	0.008 (0.17)	-0.085** (-2.30)

续表

变量	(1) Subsidy	(2) OsubYN	(3) OsubNum1	(4) OsubNum2	(5) Loan	(6) OsubYN	(7) OsubNum1	(8) OsubNum2
LnDir	0.001 (1.33)	0.173 (0.66)	0.134 (1.14)	-0.018 (-0.21)	0.014 (1.42)	0.171 (0.65)	0.168 (1.43)	-0.010 (-0.12)
IndDir	0.001 (0.81)	0.992 (1.28)	0.613* (1.89)	0.444* (1.76)	-0.036 (-1.21)	0.976 (1.26)	0.505 (1.57)	0.432* (1.71)
_cons	0.015*** (5.75)	-12.594*** (-10.70)	-9.964*** (-19.80)	-7.250*** (-18.99)	-0.281*** (-6.70)	-12.821*** (-10.84)	-10.146*** (-20.57)	-7.342*** (-19.26)
Ind fe	Yes	Yes	Yes	Yes	Yes	Yes	Yes	Yes
Year fe	Yes	Yes	Yes	Yes	Yes	Yes	Yes	Yes
N	5347	5304	5347	5347	5347	5304	5347	5347
r2_p		0.100	0.348			0.100	0.349	
r2_a	0.070			0.300	0.211			0.301
Sobel Z		0.438	-1.116	-1.045		-2.756	-2.186	-3.689
P-value		0.6615	0.2645	0.2962		0.0059	0.0288	0.0002

注：* $p<0.1$，** $p<0.05$，*** $p<0.01$，括号内为 t 值，标准误经过异方差调整。

综上所述，当央地纵向财政不平衡程度加剧时，受制于财政压力的地方政府更少或取消采用政府补助的手段给予辖区内国有企业引导就地投资，他们转而更多地使用增加贷款的方式引导辖区内国有企业就地投资，从而降低了辖区国有企业的跨区域投资动机，减少了辖区国有企业的跨区域投资倾向和投资力度。

4.5.4 央地财政关系与企业跨区域投资：异质性检验与分析

根据本书的基本逻辑，纵向财政不平衡的增加会促使地方政府通过介入金融资源配置的手段将贷款资源配置给本地国有企业增加本地投资，从而降低了辖区内国有企业的跨区域投资。由此可知，纵向财政不平衡程度对辖区内国有企业跨区域投资的影响会因地方政府的干预动机强度、干预条件优劣以及干预能力大小而存在一定差异，本部分将对此进行实证检验。

(1) 考虑干预动机。

已有研究表明,地方官员的个人特征对其任期内的政府行为决策存在着较大影响。其中,年龄和任期是影响官员策略性行为的重要因素(卢盛峰等,2017;耿曙等,2016;王贤彬和徐现祥,2008),从而成为影响地方政府干预资源配置和企业跨区域投资行为动机差异所在。从年龄因素来讲,同等级别官员的年龄越大,官员晋升前景越暗淡,由此对实现辖区经济增长和彰显政绩的动力相对越弱;反之,越年轻的官员,其晋升空间越大,晋升激励影响也会越大,从而对辖区经济增长要求越为迫切,进而具有越强的动机干预关键性资源配置和辖区国有企业投资地域选择。从任期因素来讲,任期年限越短的官员,其晋升空间越大,因此他们为了在较短期限内实现晋升而干预资源配置和企业行为的动机也越强。

基于此,本书同时关注领导人年龄和任期两个因素,采用省(自治区、直辖市)委书记的年龄×任期来衡量领导人晋升激励程度,并以此进行分组检验。具体而言,取年龄×任期的年度样本中位数,小于中位数组为领导人晋升激励较大(干预动机较强)组,大于等于中位数组为领导人晋升激励较小(干预动机较弱)组。分组回归结果如表4-12所示,其中列(1)、列(3)和列(5)中解释变量FisImb的回归系数均不显著,表明在领导人晋升激励较小的情况下,地方政府干预动机较弱,央地财政关系(纵向财政不平衡程度)对企业跨区域投资无显著影响;相反,列(2)、列(4)和列(6)中FisImb的回归系数均在1%是水平上显著为负,表明当领导人晋升激励较大时,地方政府干预动机较强,央地财政关系(纵向财政不平衡程度)对企业跨区域投资具有显著的负向影响。

表4-12　　　　异质性检验1——考虑领导人晋升激励强度

变量	OsubYN		OsubNum1		OsubNum2	
	(1) 晋升激励较弱	(2) 晋升激励较强	(3) 晋升激励较弱	(4) 晋升激励较强	(5) 晋升激励较弱	(6) 晋升激励较强
FisImb	0.537 (1.63)	-1.045*** (-4.31)	-0.064 (-0.44)	-0.826*** (-7.11)	0.147 (1.49)	-0.644*** (-8.16)
Size	0.667*** (8.44)	0.729*** (10.67)	0.545*** (16.89)	0.537*** (20.60)	0.381*** (17.44)	0.444*** (22.55)

续表

变量	OsubYN		OsubNum1		OsubNum2	
	（1）	（2）	（3）	（4）	（5）	（6）
	晋升激励较弱	晋升激励较强	晋升激励较弱	晋升激励较强	晋升激励较弱	晋升激励较强
Lev	-1.382***	-0.464	-0.428*	-0.150	-0.237*	0.049
	(-3.84)	(-1.50)	(-1.86)	(-0.89)	(-1.85)	(0.48)
ROA	-1.839*	-2.219**	-2.221***	0.165	-1.336***	-0.831***
	(-1.78)	(-2.31)	(-4.13)	(0.32)	(-3.76)	(-2.82)
MB	0.103**	0.127***	0.077***	-0.048*	0.065***	0.031**
	(2.39)	(2.98)	(3.20)	(-1.85)	(4.47)	(2.29)
Age	-0.026	-0.283*	-0.112	-0.113	-0.098	-0.121**
	(-0.11)	(-1.74)	(-1.10)	(-1.63)	(-1.47)	(-2.48)
Top5	-1.795***	-1.715***	0.004	0.106	-0.320**	-0.380***
	(-3.84)	(-4.25)	(0.02)	(0.59)	(-2.13)	(-2.92)
Dual	-0.350*	-0.151	0.038	-0.013	-0.061	-0.085*
	(-1.95)	(-0.92)	(0.51)	(-0.21)	(-1.20)	(-1.71)
LnDir	0.318	-0.016	-0.150	0.332**	-0.087	0.084
	(0.80)	(-0.05)	(-0.73)	(2.40)	(-0.63)	(0.76)
IndDir	0.909	1.027	-1.159**	1.133***	-0.356	0.827**
	(0.74)	(0.99)	(-2.40)	(2.93)	(-0.96)	(2.53)
_cons	-13.841***	-11.697***	-8.714***	-10.314***	-6.249***	-7.706***
	(-7.70)	(-7.35)	(-11.08)	(-16.10)	(-10.90)	(-15.44)
Ind fe	Yes	Yes	Yes	Yes	Yes	Yes
Year fe	Yes	Yes	Yes	Yes	Yes	Yes
N	2083	3176	2096	3251	2096	3251
r2_p	0.099	0.112	0.230	0.395		
r2_a					0.225	0.342

注：*$p<0.1$，**$p<0.05$，***$p<0.01$，括号内为 t 值，标准误经过异方差调整。

（2）考虑干预条件。

前面分析和检验了不同地方政府干预动机情况下央地财政关系对企业跨区域投资影响的差异性，接下来本书进一步讨论地方政府干预条件，即地方政府所能影响国有企业投资决策的关键性资源禀赋大小对上述两者关系的影响差异。地区间的经济禀赋差异是影响地方政府增长压力感知大小的核心因素，经济禀赋更好与更差的地区之间，尽管其面临目标是同质的，其行为选择也面临着不同的约束条件（文雁兵，2014）。对于经济禀赋更好的地方政府而言，往往具备更多优质资源以及更优惠条件去引导和刺激辖区企业在本地投资以实现增长目标和税收目标；而对于经济禀赋较差的地方政府而言，由于能够获取的优质资源和优惠条件相对更少，则对辖区经济主体的引导和干预条件相对更弱，实现目标的难度相对更大。因此，地方政府对辖区企业的影响力取决于其拥有的资源禀赋的多少，本书预期央地财政关系（纵向财政不平衡程度）对辖区内国有企业跨区域投资行为的影响效果在资源禀赋更好的地区可能会更显著，在资源禀赋较差的地区可能更弱。基于以上分析，本章进一步从资源禀赋的角度对基本假设进行异质性检验。

对于如何衡量地方政府的资源禀赋，本书认为城市行政级别可能是一个较好的度量标准。因为在中国的政治体制下，基本上所有的重要资源，如信贷、资本市场资金、政府补助、人力资本、基础设施投资等，都是从中央到地方、从上级城市到下级城市逐次分配（李侃如，2014；江艇等，2018）。因此，较高级别的城市能够获取更多优质廉价的资源，而低级别的城市的资源获取能力则很是有限。基于此，本章将上市公司注册地的地理位置定位到城市层级，以公司注册城市是否副省级城市或直辖市城市[①]为样本分为两组（公司设立在副省级或直辖市城市组为资源丰富组，否则为资源欠丰富组），以此检验央地财政关系与企业跨区域投资的关系在地方政府不同的干预条件下是否存在异质性。

分组检验结果如表 4-13 所示，对于国有企业是否进行跨区域投资（OsubYN）而言，表 4-13 列（1）和列（2）中 FisImb 的系数并不显著，表明地区资源禀赋并非央地财政关系影响国有企业跨地区设立子公司与否的差异化影响因素。列（3）和列（5）中 FisImb 的系数分别是 -0.882 和 -0.484，且均在 1% 水平上通过显著性检验，而在列（4）和列（6）中并不显著。这表明央地财政关系（纵向财政不平衡程度）对辖区内国有企业跨

---

① 中国目前的副省级城市包括广州、武汉、哈尔滨、沈阳、成都、南京、西安、长春、济南、杭州、大连、青岛、深圳、厦门、宁波，直辖市包括北京、天津、上海和重庆。

区域投资行为的负向影响主要体现在处于资源较丰富的副省级和直辖市城市的企业中,而在资源欠丰富的地方两者关系并不显著。对此的解释是,城市级别高的政府凭借丰富的资源(土地获批、信贷资源等)支持辖区内国有企业在本地发展,对国有企业投资决策行为的诱导力度更大,因而国有企业也具备更加充分的条件在本辖区进行投资,进而降低了对外获取资源投资发展的需求。相比而言,其他城市拥有的资源相对欠缺,地方政府影响辖区内国有企业投资决策的施展空间有限,由此央地财政关系对国有企业跨区域投资的影响微弱。

表4-13　　　　　异质性检验2——考虑资源禀赋差异

变量	OsubYN		OsubNum1		OsubNum2	
	(1) 资源丰富	(2) 资源欠丰富	(3) 资源丰富	(4) 资源欠丰富	(5) 资源丰富	(6) 资源欠丰富
FisImb	0.028 (0.07)	0.068 (0.25)	-0.882*** (-6.16)	0.123 (0.98)	-0.484*** (-4.36)	0.128 (1.54)
Size	0.531*** (6.42)	0.844*** (13.20)	0.525*** (17.60)	0.642*** (24.27)	0.426*** (19.24)	0.438*** (23.25)
Lev	-0.156 (-0.34)	-1.234*** (-4.21)	0.285 (1.52)	-0.866*** (-4.93)	0.366*** (3.03)	-0.400*** (-3.88)
ROA	-0.895 (-0.72)	-2.543*** (-2.83)	1.073 (1.60)	-1.244** (-2.56)	-0.119 (-0.31)	-1.273*** (-4.38)
MB	0.143*** (2.79)	0.115*** (2.78)	0.034 (1.25)	0.062*** (2.76)	0.063*** (3.93)	0.054*** (3.94)
Age	-0.346 (-1.56)	0.105 (0.60)	-0.290*** (-3.61)	0.002 (0.03)	-0.268*** (-4.82)	0.033 (0.58)
Top5	-3.216*** (-5.60)	-1.197*** (-3.04)	-0.766*** (-3.78)	0.454*** (2.68)	-1.141*** (-7.34)	-0.018 (-0.15)
Dual	-0.077 (-0.32)	-0.411*** (-2.76)	0.164** (2.14)	-0.023 (-0.35)	-0.002 (-0.02)	-0.125*** (-2.98)
LnDir	1.073** (2.28)	-0.303 (-0.90)	0.404** (2.44)	-0.484*** (-3.24)	0.138 (1.08)	-0.198* (-1.81)

续表

变量	OsubYN		OsubNum1		OsubNum2	
	(1) 资源丰富	(2) 资源欠丰富	(3) 资源丰富	(4) 资源欠丰富	(5) 资源丰富	(6) 资源欠丰富
IndDir	6.648*** (3.91)	-0.700 (-0.73)	2.338*** (5.57)	-1.878*** (-4.72)	2.333*** (5.87)	-0.770** (-2.52)
_cons	-13.227*** (-6.47)	-14.922*** (-9.82)	-12.242*** (-16.70)	-10.321*** (-16.28)	-8.510*** (-14.81)	-7.146*** (-15.55)
Ind fe	Yes	Yes	Yes	Yes	Yes	Yes
Year fe	Yes	Yes	Yes	Yes	Yes	Yes
N	1999	3160	2164	3183	2164	3183
r2_p	0.099	0.124	0.426	0.327		
r2_a					0.398	0.291

注：* $p<0.1$，** $p<0.05$，*** $p<0.01$，括号内为 t 值，标准误经过异方差调整。

(3) 基于干预能力。

除了干预动机和干预条件以外，央地财政关系对国有企业跨区域投资的影响还取决于地方政府的干预能力。对于干预能力越强的地方政府而言，其对辖区内国有企业决策的控制力越大、越为直接，国有企业由此感知到的紧迫性越强，反应速度也会越快，企业跨区域投资受央地财政关系的影响可能越强；相反，对于干预能力越弱的地方政府而言，其对辖区内国有企业的影响越为间接，国有企业对政府压力的反映也越灵活，因此企业决策受央地财政关系的影响可能越弱。

基于以上分析，本书从政府与市场关系和地方保护程度两个角度对不同地方政府干预能力对央地财政关系与国有企业跨区域投资行为的影响异质性进行检验。具体地，本书采用王小鲁等编制的《中国分省份市场化指数报告 (2018)》中的政府与市场关系评分衡量政府与市场关系，该指标是反映地方政府对市场和企业干预能力的一个重要指标；采用当地国有企业资产总数占当地 GDP 的比重来衡量地方保护程度，根据现有研究，国有经济占比越大，当地政府直接干预经济活动的能力和意愿越强，地方保护主义倾向会越严重（路江涌和陶志刚，2007）。进而根据指标的全样本中位数进行分组，政府与市场关系评分高于中位数的为政府与市场关系较差（即干预能力较大）组，反之则定义为政府与市场关系较好（即干预能力较小）组；国有资产占GDP比重高于中位数的定义为地方保护程度较高（即干预能力较大）组，反之则定义为地方保护程度较低（即干预能力较小）组。由此对本章基本假设进行异质性检验。

表4-14展现了以政府与市场关系作为分组变量的回归结果。表4-14列（1）、列（3）和列（5）中FisImb的系数并不显著，列（2）、列（4）和列（6）中FisImb的系数均为负，且在1%水平上显著。这表明央地财政关系（纵向财政不平衡程度）对辖区内国有企业跨区域投资的负向影响仅存在于政府与市场评分较低的地区，即上述负向影响在地方政府干预能力较强的地区更加显著，在地方政府干预能力较低的地区则不存在显著影响。

表4-14　　异质性检验3——考虑政府与市场关系评分

变量	OsubYN		OsubNum1		OsubNum2	
	(1) 评分较好	(2) 评分较差	(3) 评分较好	(4) 评分较差	(5) 评分较好	(6) 评分较差
FisImb	-0.243 (-0.70)	-1.605*** (-4.29)	2.087 (1.48)	-17.518*** (-9.78)	-0.079 (-0.71)	-1.293*** (-10.56)
Size	0.714*** (8.61)	0.664*** (8.42)	3.861*** (10.90)	3.714*** (10.94)	0.433*** (18.61)	0.395*** (18.32)
Lev	0.042 (0.12)	-1.940*** (-5.12)	0.129 (0.10)	-3.278*** (-2.71)	0.272** (2.38)	-0.568*** (-4.49)
ROA	-1.514 (-1.35)	-2.446** (-2.21)	-0.873 (-0.30)	-13.499*** (-3.74)	-0.091 (-0.24)	-1.725*** (-4.85)
MB	0.132** (2.56)	0.060 (1.29)	0.638*** (4.16)	0.132 (0.94)	0.061*** (3.59)	0.003 (0.19)
Age	-0.611*** (-2.78)	0.241 (1.16)	-1.210* (-1.74)	-1.196 (-1.20)	-0.166** (-2.56)	0.053 (0.83)
Top5	-1.862*** (-4.08)	-1.957*** (-3.74)	0.975 (0.72)	1.357 (0.77)	-0.226 (-1.59)	-0.377** (-2.38)
Dual	0.156 (0.92)	-0.912*** (-4.08)	-0.174 (-0.37)	-1.237** (-2.23)	-0.025 (-0.46)	-0.256*** (-4.82)

续表

变量	OsubYN		OsubNum1		OsubNum2	
	（1）评分较好	（2）评分较差	（3）评分较好	（4）评分较差	（5）评分较好	（6）评分较差
LnDir	0.564 （1.30）	-0.057 （-0.13）	-1.164 （-0.72）	1.079 （0.79）	-0.099 （-0.70）	0.106 （0.82）
IndDir	1.772 （1.28）	0.800 （0.69）	8.808* （1.89）	8.130* （1.73）	0.255 （0.64）	0.612 （1.64）
_cons	-14.582*** （-7.67）	-9.285*** （-4.87）	-78.533*** （-11.32）	-60.753*** （-9.55）	-8.007*** （-13.03）	-5.798*** （-10.33）
Ind fe	Yes	Yes	Yes	Yes	Yes	Yes
Year fe	Yes	Yes	Yes	Yes	Yes	Yes
N	2243	2218	2283	2265	2283	2265
r2_p	0.134	0.124				
r2_a			0.252	0.336	0.309	0.337

注：$*p<0.1$，$**p<0.05$，$***p<0.01$，括号内为t值，标准误经过异方差调整。

表4-15展示了以地方保护程度为分组变量的回归结果。该表列（1）、列（3）和列（5）中FisImb的系数分别为-0.803、-0.948和-0.725，且在1%水平上显著，列（2）、列（4）和列（6）中FisImb的系数未通过显著性检验。这表明央地财政关系（纵向财政不平衡程度）对辖区内国有企业跨区域投资的负向影响仅存在于地方保护程度较高的地区，即上述负向影响在地方政府干预能力较强的地区更加显著，在地方政府干预能力较低的地区则不存在显著影响。

表4-15　　　　异质性检验4——考虑地方保护程度

变量	OsubYN		OsubNum1		OsubNum2	
	（1）较高	（2）较低	（3）较高	（4）较低	（5）较高	（6）较低
FisImb	-0.803*** （-3.14）	0.285 （0.90）	-0.948*** （-8.71）	0.065 （0.49）	-0.725*** （-9.35）	0.154 （1.62）
Size	0.668*** （9.79）	0.689*** （8.71）	0.500*** （19.66）	0.612*** （18.49）	0.388*** （20.56）	0.441*** （18.84）

续表

变量	OsubYN		OsubNum1		OsubNum2	
	（1）较高	（2）较低	（3）较高	（4）较低	（5）较高	（6）较低
Lev	-0.725** (-2.41)	-0.957** (-2.44)	-0.023 (-0.14)	-0.800*** (-3.39)	0.146 (1.48)	-0.405*** (-3.02)
ROA	-2.490*** (-2.75)	-1.226 (-1.06)	-0.495 (-1.05)	-1.492** (-2.26)	-1.195*** (-4.13)	-0.819** (-2.13)
MB	0.092** (2.35)	0.118** (2.46)	-0.065*** (-2.75)	0.081*** (2.86)	-0.001 (-0.07)	0.083*** (4.88)
Age	-0.141 (-0.88)	-0.096 (-0.42)	-0.170** (-2.48)	0.259** (2.27)	-0.136*** (-2.82)	-0.037 (-0.53)
Top5	-1.363*** (-3.10)	-1.699*** (-3.98)	-0.098 (-0.53)	0.611*** (2.64)	-0.361*** (-2.75)	-0.147 (-1.01)
Dual	-0.441** (-2.46)	-0.165 (-0.97)	0.000 (0.01)	-0.109 (-1.44)	-0.079 (-1.56)	-0.149*** (-2.85)
LnDir	0.162 (0.46)	0.155 (0.36)	0.128 (0.86)	0.180 (1.01)	0.038 (0.34)	-0.022 (-0.17)
IndDir	1.144 (1.09)	1.516 (1.24)	0.819** (2.14)	-0.899* (-1.70)	0.832** (2.51)	-0.100 (-0.27)
_cons	-11.872*** (-7.86)	-13.290*** (-7.01)	-8.437*** (-13.35)	-12.559*** (-13.94)	-6.397*** (-12.86)	-7.781*** (-12.70)
Ind fe	Yes	Yes	Yes	Yes	Yes	Yes
Year fe	Yes	Yes	Yes	Yes	Yes	Yes
N	3078	2181	3137	2210	3137	2210
r2_p	0.111	0.117	0.396	0.262		
r2_a					0.341	0.252

注：* $p<0.1$，** $p<0.05$，*** $p<0.01$，括号内为 t 值，标准误经过异方差调整。

上述分组检验结果表明，在政府与市场评分较低以及地方保护程度较高的地区，当地政府对市场和国有企业直接或间接干预较大，因此在面临财政收支缺口加剧和经济增长目标压力的情况下，更加容易通过干预市场资源配置的方式引导辖区内国有企业的投资决策，要求其在本地增加投资而避免关键资源和税基外流。与此同时，受到资源倾斜的国有企业也愿意为当地政府"排忧解难"进行当地投资，但也需要付出一定代价，即减少或放弃跨区域的子公司投资。

4.6 拓展研究：央地财政关系与企业跨区域投资经济后果

目前，中国经济发展的条件和环境已经发生了诸多重大转变，随着国际贸易保护主义抬头以及新冠肺炎疫情全球蔓延，我国经济发展面临严峻压力，经济发展方式转型成为必然之举，经济发展必须从过去的速度型赶超战略转向质量型和效率性赶超战略，这必然对未来深化经济体制改革，尤其是推进国内统一市场建设提出更高的要求。随着经济发展，我国地方政府所面临的问题不再局限于单一行政区内部，越来越多的经济性事务具有外部性或全局性。由此，加快构建统一开放、竞争有序的全国统一大市场对于促进国内要素资源流动和畅通经济循环，最终提升国家经济高质量发展具有重要意义。

企业跨区域投资是要素资源在不同地区间流动的重要体现，是区域市场一体化的微观基础，企业创新是国家经济高质量发展的微观体现。现有文献对企业跨区域投资经济后果的研究主要集中于考察企业绩效和市场反应两个方面，然而现实中，企业跨区域投资的影响深远，跨区域投资的后果不仅在于资源获取、市场拓展和企业价值增量的创造，更为重要的是，跨区域投资对企业发展内涵、发展质量和价值创造方式有何影响？企业的规模化扩张和高质量发展之间有着怎样的关系？因此，从企业跨区域投资对创新的影响去窥视统一市场建设对国家经济高质量发展重要作用极具现实意义。

从微观角度看，企业的跨区域投资是资本、信息、劳动力等要素在地区间配置行为，跨区域投资的过程是企业在多个地区通过市场竞争、资源竞争、人才竞争和技术竞争的过程，其最终目的是创造价值以及价值实现方式的升级。然而，由于企业可利用的资源是有限的，企业如何在不同投资决策中进行资源分配会影响投资决策的产出效果。因此，企业跨区域投资对创新产出会呈现何种影响是一个需要实证检验的问题。创新是企业生存和核心竞争力建设的重要因素，是企业发展的根本动力。从理论上讲，企业跨区域投资对其创新可能产生两种效应：一方面，企业跨区域投资通过拓宽市场竞争对企业创新产生促进作用，即"竞争提升效应"。跨区域投资使得企业进入新的地区市场，并嵌入多地区多对手的市场竞争环境中。市场竞争给企业带来的压力使得企业需要不断创新，通过提升自身产品和服务质量和多样性来赢得、维持和进一步拓宽市场。同时，跨区域投资和经营也能提高企业知名度，帮助企业建立和拓展良好的品牌形象，并使得企业从其他地区市场学习，提高企业的知识存量（Hitt et al., 1997；Luo and Tung, 2007），由此为企业创新提供更多的信息来源和灵感，从而培育和构建以创新为核心的长期竞争优势。因此，跨区域投资所带来的竞争效应有助于增强企业的创新动力，从而提高创新产出。另一方面，企业异地投资也可能因挤占企业创新所需的资源而抑制企业的创新，即产生"资源挤占效应"。基于资源基础理论，企业创新需要大量资源支持，如更多的银行贷款能有效地促进企业创新，而在资金约束条件下，企业跨区域投资不可避免地将企业有限的人力和资本等资源投入新设公司的实体建设中，在企业资金规模一定的情况下，异地投资必然会挤占部分创新投资，从而削弱了企业创新投入的意愿与能力，更少的创新投入使得企业最终创新产出受阻。现实中，上述两种效应可能同时存在，因此，跨区域投资对企业创新所产生的最终影响则取决于两种效应的大小，也是一个需要实证检验才能明确的问题。在此基础上，本部分进一步考察央地财政关系在上述关系中起何种调节作用。

根据前述研究目的，参考祝继高等（2020）的研究，本部分构建模型（4-4）和模型（4-5）对央地财政关系与企业跨区域投资的关系如何影响企业创新的后果进行检验：

$$Patent = \delta_0 + \delta_1 Osubinv + \sum \delta \times CVs + \varepsilon \tag{4-4}$$

$$Patent = \lambda_0 + \lambda_1 Osubinv + \lambda_2 FisImb + \lambda_3 Osubinv \times FisImb + \sum \lambda \times CVs + \varepsilon \tag{4-5}$$

变量方面，Inovation 代表企业创新产出，本书用以衡量企业高质量发展。参考黎文靖和郑曼妮（2016）、孔东民等（2017）的研究，本书依据专利的申请时间而非专利授权时间来定义公司的创新产出时间，且考虑到专利申请数据的右偏态分布问题，本书将专利申请数据加1之后取自然对数，构建企业创新变量 Innovation，其数值越大，代表公司的创新能力越强。具体地，本书采用了企业专利申请总量（Patent_all，企业当年专利申请总量加1后取自然对数）、发明专利申请量（Patent_inv，企业当年发明专利申请数量加1后取自然对数）。值得说明的是，本书主要考察影响企业，尤其是制造业企业核心能力的高质量发展因素，因此在选择创新项目时主要针对总体创新和实质性创新（发明创新）[①]。另外，Osubinv 为企业跨区域投资指标，为节省篇幅，本部分主要采用企业异地子公司个数加1后取对数形式（OsubNum2）进行衡量。FisImb 以及一系列控制变量（CVs）均与模型（4-1）中一致，具体参考表4-1，此处不再赘述。

模型（4-4）主要用来检验企业跨区域投资对企业创新产出的影响，基于前述分析，本书预期当跨区域投资对创新所带来的"竞争提升效应"大于"资源挤占效应"时，δ_1 显著为正；当跨区域投资对创新所带来的"资源挤占效应"大于"竞争提升效应"时，δ_1 显著为负。模型（4-5）用于检验央地财政关系（纵向财政不平衡程度）对企业跨区域投资与创新关系的调节作用，Osubinv × FisImb 是本书关心的变量。

表4-16展示了检验结果，其中列（1）至列（3）是对企业创新总量的检验，列（4）至列（6）是对企业发展专利创新的检验。列（1）和列（4）为企业跨区域投资对创新的影响，OsubNum2 对 Patent_all 的回归系数为0.171，且在1%的水平上通过了显著性检验；OsubNum2 对 Patent_inv 的回归系数为0.199，同样也在1%的水平上通过了显著性检验。上述回归结果表明，跨区域投资能够促进国有企业创新，跨区域投资所产生的"竞争提升效应"大于"资源挤占效应"，跨区域投资给国有企业带来更多的竞争压力，从而促使国有企业通过提升内在核心竞争力，通过实质性创新实现高质量发展。

[①] 实用新型创新和外观设计创新两类策略性创新的回归结果也基本一致，为节省篇幅，本书省略报告。

表4-16　央地财政关系、跨区域投资与企业创新

变量	Patent_all			Patent_inv		
	(1)	(2)	(3)	(4)	(5)	(6)
OsubNum2	0.171***	0.183***	0.251***	0.199***	0.204***	0.288***
	(8.46)	(8.98)	(6.64)	(9.33)	(9.40)	(7.25)
OsubNum2 × FisImb			-0.189**			-0.235**
			(-2.01)			(-2.36)
FisImb		0.803***	1.089***		0.332*	0.687***
		(4.81)	(5.03)		(1.87)	(3.03)
Size	0.573***	0.574***	0.573***	0.595***	0.595***	0.594***
	(24.50)	(24.36)	(24.28)	(22.18)	(22.12)	(22.08)
Lev	-0.418***	-0.427***	-0.460***	-0.499***	-0.503***	-0.544***
	(-3.64)	(-3.73)	(-3.98)	(-3.90)	(-3.92)	(-4.21)
ROA	1.449***	1.420***	1.379***	1.244***	1.232***	1.180***
	(4.10)	(4.04)	(3.92)	(3.17)	(3.14)	(3.01)
MB	0.018	0.022	0.022	0.034**	0.036**	0.035**
	(1.25)	(1.55)	(1.53)	(2.11)	(2.21)	(2.19)
Age	-0.090	-0.079	-0.060	-0.174***	-0.169**	-0.146**
	(-1.53)	(-1.34)	(-1.02)	(-2.60)	(-2.53)	(-2.18)
Top5	-0.171	-0.105	-0.101	-0.243	-0.216	-0.211
	(-1.24)	(-0.76)	(-0.74)	(-1.56)	(-1.38)	(-1.35)
Dual	0.102*	0.105**	0.098*	0.117*	0.119*	0.110*
	(1.93)	(2.01)	(1.88)	(1.92)	(1.94)	(1.81)
LnDir	0.162	0.150	0.157	0.308**	0.303**	0.312**
	(1.27)	(1.18)	(1.24)	(2.19)	(2.15)	(2.23)
IndDir	0.045	-0.009	-0.016	0.374	0.352	0.344
	(0.12)	(-0.03)	(-0.04)	(0.94)	(0.88)	(0.86)
LnGDP	-0.005	0.153**	0.171**	-0.058	0.007	0.030
	(-0.09)	(2.32)	(2.56)	(-0.99)	(0.10)	(0.41)
Transpt	-0.932***	-1.687***	-1.688***	-1.276***	-1.589***	-1.589***
	(-6.11)	(-7.97)	(-7.97)	(-7.89)	(-7.17)	(-7.16)
Education	0.047	-0.159**	-0.167**	0.062	-0.024	-0.034
	(0.75)	(-2.07)	(-2.17)	(0.92)	(-0.29)	(-0.42)

续表

变量	Patent_all			Patent_inv		
	(1)	(2)	(3)	(4)	(5)	(6)
_cons	-11.468*** (-14.24)	-10.861*** (-13.44)	-11.041*** (-13.76)	-12.345*** (-13.80)	-12.094*** (-13.45)	-12.318*** (-13.78)
Ind fe	Yes	Yes	Yes	Yes	Yes	Yes
Year fe	Yes	Yes	Yes	Yes	Yes	Yes
N	3791	3791	3791	3791	3791	3791
r2_a	0.542	0.545	0.546	0.485	0.485	0.486

注：$*p<0.1$，$**p<0.05$，$***p<0.01$，括号内为t值，标准误经过异方差调整。

表4-16中列（2）和列（5）是在模型（4-4）基础上加入了央地财政关系（纵向财政不平衡程度），其中企业跨区域投资（OsubNum2）对创新总量（Patent_all）和发明创新（Patent_inv）的回归系数仍然显著为正，央地财政关系（FisImb）对企业创新的回归系数也显著为正。列（3）和列（6）是模型（4-5）的检验结果，即主要考察了央地财政关系对企业跨区域投资影响创新的调节作用，其中，交互项 OsubNum2×FisImb 的回归系数分别为-0.189和-0.235，且均在1%水平上显著，这表明跨区域投资对企业创新的正向作用在纵向财政不平衡程度高的地方更弱。对这一结果可能的解释是，跨区域投资能够给国有企业带来更大的市场竞争并促使企业通过提升核心竞争能力，利用创新赢得市场实现高质量发展，但是，这种效应在纵向财政不平衡程度较高的情况下却受到制约，因为这类地区的地方政府往往更容易直接或间接干预国有企业的跨区域投资行为，通过非市场手段给予它们更多关键资源和更优惠的本地投资条件，过度保护使得国有企业更多依靠非市场化的政府输血生存，由此损害了国有企业的竞争意识和竞争能力，进而削弱了跨区域投资对企业创新的正向作用。

4.7 本章小结

本章从央地财政关系视角探讨了纵向财政不平衡对企业跨区域投资行为的影响，借助财政分权理论、政治锦标赛理论和资源基础观等理论分析工具，以2007~2019年A股制造业上市公司为研究样本，实证检验了省级纵向财政不平衡程度对辖区内企业跨区域投资行为的影响及其机制途径，在此基础上对上述影响存在的异质性进行分析，最终从创新视角对央地财政关系影响企业跨区域投资的经济后果进行了检验。

本章主要研究结论包括：第一，纵向财政不平衡程度的增大会显著抑制了辖区内国有企业的跨区域投资行为，即纵向财政不平衡程度越大，辖区国有企业进行跨区域投资的可能性小，跨区域投资力度也低。第二，上述影响的机制是，纵向财政不平衡的加剧会促使地方政府为发展本地经济而引导贷款资源更多地配置给本地国有企业，从而降低了跨区域投资倾向和力度。第三，纵向财政不平衡程度对辖区内国有企业跨区域投资行为的负向作用因地方政府的干预动机、干预条件和干预能力的不同而存在差异。具体来讲，上述负向作用主要存在于地方政府干预动机更强（领导人晋升激励更大）、干预条件更好（资源禀赋更多）以及干预能力更大（政府与市场关系评分更低、地方保护程度更高）的情况中。第四，国有企业跨区域投资能够促进企业创新，但纵向财政不平衡的加剧会显著抑制跨区域投资对创新的正向积极作用。

此外，本章对于基本结论进行了更换关键变量衡量方式、增加控制变量、变换回归方法、剔除无异地投资样本、剔除西藏和新疆地区样本、剔除中央企业样本等方式多角度的稳健性检验，检验结果均表现稳健。

第5章
央地政策差异与企业跨区域投资

5.1 引　　言

改革开放以来，中国经济经历了多年的高速发展，至今已成为世界第二大经济体。但是，与高速经济发展相伴的却是区域间"诸侯经济"的状态。地方政府为了在"政治锦标赛"中胜出往往会大力发展辖区内的经济，从而在不同程度上采取了地方保护的行为，由此导致了区域间严重的市场分割（银温泉和才婉茹，2001；郑毓盛和李崇高，2003）。市场分割阻碍了资源的跨区域流动，不利于企业跨区域投资发展，更不利于实现国内市场的一体化。如何在现有政治经济体制下缓解地方保护主义，消除市场分割局面从而促进资源跨区域流动，为企业跨区域投资提供一个良好的市场环境，对于实现经济协调发展具有重要的现实意义。

在中国，政府在经济资源分配过程中占有主体地位（陈冬华等，2010），通过制定和实施产业政策，政府这只"看得见的手"可以较快地进行资源配置。中国的产业政策是选择性的产业政策，政府鼓励向特定产业或部门进行投资，从而促进产业的差异化发展（宋凌云和王贤彬，2013）。从某种角度来讲，国家实行产业政策的一个目的就是通过政府引导资源配置，从而缩小由于各区域间经济活动的密度和产业结构不同所引起的各区域间经济发展水平的差距（步丹璐等，2017）。因此，产业政策也是影响资源跨区域流动和微观企业跨区域投资的重要政策工具。目前，关于产业政策对微观企业投资行为的研究颇为丰富。大量研究表明，由于受国家政策导向的影响，金融机构更倾向于将大量的信贷资源配置给受到产业政策扶持的企业（黎文靖和李耀淘，2014；祝继高等，2015），且各级政府也会给予处于产业政策支持的企业更多的补助和税收优惠（王克敏等，2017）。因此，受到产业政策支持的企业有相对充足的资源扩大投资规模（黎文靖和李耀淘，2014；王克敏等，2017），也更倾向于进行异地股权投资（步丹璐等，2017），在跨境并购中支付更高并购溢价（钟宁桦等，2019）。然而，目前关于产业政策的讨论更多地将其作为整体进行分析，大部分研究都是基于国家（中央）"五年规划"中的行业发展规划来确定企业是否受到产业政策支持，较少考察国家（中央）产业政策与地方产业政策的差异性对企业投资行为的影响。

在中国独特的中央与地方分权关系下，产业政策的制定与执行过程也必然与央地分权这一制度背景息息相关。事实上，中央和省级政府在政策的制定与实施上具有"分权治理"的制度特征（孙早和席建成，2015；余壮雄等，2020）。中央政府制定的产业政策文件由各级政府单位自上而下进行传递，当政策传导至地方政府，便会出现地方产业政策文件。因此，中央政府和地方政府的产业政策既存在一致性，也存在差异性（张莉等，2017）。那么，同样是产业政策，中央政府与地方政府的政策是否差异性地影响辖区内资源配置进而影响企业的投资区位选择？如果是，那么具体产生了怎样的影响？哪些因素会对上述影响存在调节效应？对于这些问题的回答可以丰富中央政府与地方政府之间策略互动的研究，也为理解产业政策在促进资源跨区域流动中的作用提供经验证据。

基于此，本书从央地异质性产业政策视角出发，以中央政府和地方政府"十一五"规划和"十二五"规划中所提及的产业政策为依据，具体区分中央特有产业政策、地方特有产业政策以及中央与地方共有产业政策，利用2007~2015年中国A股制造业上市公司数据，研究了不同类型产业政策与辖区企业跨区域投资的关系。实证发现：（1）中央特有产业政策显著促进了辖区企业的跨区域投资，地方特有产业政策显著抑制了辖区企业的跨区域投资，中央与地方共有产业政策也显著抑制了辖区企业跨区域投资，上述结果在一系列稳健性检验后仍然成立。（2）异质性分析表明，上述三类产业政策对企业跨区域投资的作用在地方政府动机更强（领导人晋升激励更大）、地区资源禀赋更好、资源竞争更大的情况下更加显著；中央特色产业政策、中央与地方共有产业政策对辖区企业跨区域投资的作用在市场化获取资源难度更小（要素市场发展较好）的情况下更显著，地方特色产业政策对企业跨区域投资的作用在市场化获取资源难度更大（要素市场发展较差）的情况下更加显著；中央特有产业政策显著促进了辖区非国有企业的跨区域投资，地方特有产业政策显著抑制了辖区国有企业的跨区域投资，中央与地方共有产业政策显著抑制了辖区非国有企业的跨区域投资。（3）拓展研究显示，企业跨区域投资能显著促进创新产出，中央特有产业政策对上述关系未起到显著的调节作用，地方特有产业政策对上述关系具有负向调节作用，中央与地方共有产业政策对上述关系具有正向调节作用。

相比以往的文献，本章边际贡献主要体现在：（1）从央地关系出发考察了异质性产业政策对企业跨区域投资的影响差异，丰富了企业跨区域流动影响因素的相关研究。具体而言，现有文献主要从政治联系（夏立军等，2011；潘红波和余明桂，2011）、市场分割（曹春方等，2015）、社会信任和社会网络（曹春方等，2019；曹春方和贾凡胜，2020）的角度研究了企业跨区域投资的影响因素，本章从中央政府和地方政府的政策关系视角，揭示了产业政策的异质性也是造成企业跨区域投资差异的重要因素。（2）丰富和细化了有关产业政策对企业投资行为影响的研究。以往文献多以国家（中央）产业政策为依据考察对企业总体投资行为的影响（陈冬华等，2010；黎文靖和李耀涛，2014；余明桂等，2016；王克敏等，2017），本书进一步考察国家（中央）和地方产业政策的差异及其对企业投资的影响差异，一是区分了不同类型的产业政策，二是区分了投资地域差异（辖区内、外），由此对上述研究形成了些许增量文献。（3）从异质性产业政策窥见央地关系视角下地方政府的资源配置和发展逻辑，为审视地方政府在产业政策执行中的策略性行为提供了增量证据。

本章余下结构安排如下：第二部分简要介绍了中国产业政策的制度背景以及异质性产业政策所体现的央地关系；第三部分是理论分析和研究假设；第四部分介绍实证设计；第五部分是实证检验结果及分析；第六部分拓展研究了异质性产业政策在企业跨区域投资经济后果中的调节作用；最后是本章小结。

5.2 制度背景分析

5.2.1 中国产业政策制度背景

中国的产业政策历史可以追溯到 20 世纪 80 年代。改革开放之初，国家发展的重心转移到经济建设上，国务院发展研究中心围绕产业政策进行了一系列研究。1989 年，国务院发布了中国第一部以产业政策命名的政策文件《国务院关于当前产业政策要点的决定》，并同时发布了《当前的产业发展序列目录》，文件明确了国民经济各领域鼓励和淘汰限制的重点，并指出各部门、各地区依据产业发展序列执行产业政策，并以此为依据，压缩固定资产投资、调整产业结构，结合财力物力安排年度计划和"八五"计划。20 世纪 90 年代以后，中国开始全面推进社会主义市场经济体制改革，各类产业政策也相继密集出台。1994 年，国务院发布了《九十年代国家产业政策纲要》，文件指出要加强交通运输业、石油化工业、机械电子等基础设施行业和支柱产业的发展，同时也明确了产业政策的制定和实施程序。此后制定的产业政策在很大程度上延续了这一政策模式（江飞涛和李晓萍，2018）。2004 年，《国务院关于投资体制改革的决定》发布，该文件为产业政策中采取新的目录指导、投资核准、市场准入、土地使用制度等政策工具提供了重要依据（江飞涛和李晓萍，2018）；2005 年，国务院颁布了《促进产业结构调整暂行规定》，同时还发布了《产业结构调整指导目录》（以下简称《目录》），包括鼓励类、限制类和淘汰类三种目录，对于鼓励类项目可予以税收、土地价格等方面的优惠，上述《目录》成为政府引导投资方向，管理投资项目，制定和实施财税、信贷、进出口、土地等政策的重要依据。金融危机后，中国产业政策的重心放在重点产业调整和振兴规划上，通过各项政策提振市场信心，促进经济的可持续发展（张莉等，2019）。总体来讲，在每个五年规划（计划）时期，中央都会出台各类型产业政策，并且其重要性也越来越突出。

产业政策的效率问题是政、企、学界关注的重点，支持产业政策的观点认为，产业政策有助于克服"市场失灵"问题（Rodrik，2008；Lin and Chang，2009；林毅夫，2012），一方面，产业政策可以降低了信息外部性，政府可以通过补贴等产业政策来鼓励创新，克服创新外部性所带来的负面影响；另一方面，产业政策有利于解决协调问题，在大多数发展中国家，由于在基础设施、产业结构、技术条件和制度等方面较之发达国家落后，单靠企业个体很难实现对发达国家的追赶，而政府可以通过产业政策进行协调，形成合力才有助于实现追赶目标（Pack and Saggi，2006）。反对产业政策的观点认为，政府缺乏有效信息了解不同企业和市场所面临的"市场失灵"问题，即"政府无法挑选赢家"，同时还可能滋生寻租行为，导致竞争机制的扭曲和资源流向特定市场主体（Rodrik，2008）。江飞涛和李晓萍（2015）研究认为，中国的产业政策体现出强烈的直接干预市场、限制市场竞争和以政府选择代替市场机制的管制型特征，对一些行业的效率提升产生了显著的负面影响。此外，产业政策还容易导致过度投资（王克敏等，2017），进而降低了资源配置效率。

5.2.2 异质性产业政策：央地关系的体现

在中国，中央和省级政府在政策的制定与实施上具有"分权治理"的制度特征（孙早和席建成，2015；余壮雄等，2020）。"要在中央，事在地方"是中国在国家经济和社会治理中积累的宝贵经验。中央政府俯瞰全局、统筹兼顾，依据全国的综合情况制定宏观方向，地方政府在响应中央政府的基础上，根据辖区内的资源禀赋、比较优势与实际需求进行自主调整。中央政府作为一个中性政府（姚洋，2018），以国家和人民利益为前提，以总体调控为手段制定政策，而财政分权下的地方政府则有自身局部利益和目标考量。

具体而言，在产业政策的目标上，中央政府出台的产业政策发展指引往往不仅包含经济发展速度，还包括发展质量和发展方式，如协调区域发展、弥补"市场失灵"、推动产业结构优化等多重目标（韩永辉等，2017），也正是由于中央产业政策目标的多重性，不同层级政府间的目标也经常存在差异甚至冲突，导致产业政策的制定目标在落实过程中被扭曲。在产业政策内容选择上，中央政府能够凭借强大的顶层制度设计能力与前瞻性的战略产业规划能力制定国家未来发展的产业方向，地方政府根据中央产业指导，结合自身地区优势和资源禀赋制定出符合当地发展的产业，在具体产业的选择上具有自主性。由此也产生了与中央产业政策趋同或一致的产业发展选择和与中央产业政策不一致的特殊选择，形成了三类差异性的产业政策：中央特有产业政策，即中央支持但地方不支持的产业；地方特有产业政策，即中央不支持但地方支持的产业；中央与地方共有的产业政策，即中央和地方同时都支持的产业。由于地方政府资源偏好不同，这三类政策在具体落实过程中往往资源禀赋和配置结构上存在差异。

5.3 理论分析与研究假设

产业政策无论在发达国家还是发展中国家都应用得十分普遍。就中国的产业政策而言，大多情况下是选择性的产业政策，即政府鼓励和支持向某些特定的产业或部门进行倾斜投资，从而促进产业的差异化发展（宋凌云和王贤彬，2013）。在中国，政府在经济资源分配过程中占有主体地位（陈冬华等，2010），通过制定和实施产业政策，政府这只"看得见的手"可以较快地引导资源配置。由此，能够被纳入政府支持的产业政策的行业能够得到更多的配套资源（张莉等，2017），处于政府支持的产业政策的企业也能获得更多便利，如更多更优惠的信贷融资（陈冬华等，2010；祝继高等，2015）、更多的政府补助和税收优惠等（黎文靖和郑曼妮，2016；王克敏等；2017）。

改革开放以来，随着中国地方经济发展管理权逐步下放，地方政府成为主导当地经济发展的核心。因此，中国产业政策的制定虽然是多方力量博弈的结果，当政策经历自上而下的传递至地方政府时，便会出现因地制宜的地方产业政策文件（陈冬华等，2018）。一方面，由于中央政府会对其规划的支持产业予以配套的产业基金、税收优惠、政府拨款等方面的支持，因而省级政府会主动干预产业发展从而获得中央政府的支持。例如，中央政府在批复省一级用地指标或者批复国家级发展园区及其用地规划时，就会考虑是否符合中央重大的产业政策（杨继东和罗路宝，2018）。越符合上级政府的规划便越容易得到批准。因此，中央政府和地方政府的产业政策存在较高的一致性（张莉等，2017）。另一方面，由于各地区经济环境和发展水平不同，所积累的资源优势各异，地方政府会根据自身的资源比较优势因地制宜，制定有利当地发展特色的产业政策（步丹璐和黄杰，2013；步丹璐和兰宗，2020），因此，中央政府和地方政府的产业政策同样存在着差异性。基于中央与省级政府产业政策的共性和差异性，本书借鉴张莉（2017）、杨继东和罗路宝（2018）等的研究，将产业政策具体分为中央特有产业政策、地方特有产业政策以及中央与地方共有产业政策。

那么，地方政府是否会在不同产业政策上对资源配置产生偏好，从而引导或者迫使企业投资区域选择呈现出差异？反过来，企业面对差异化的产业政策是否也会策略性地选择投资地域呢？理论上讲，由于一个国家的政府所能使用的资源总是有限的，政府只能策略性地使用资源来扶持那些可以对经济发展作出最大贡献的产业（林毅夫等，1999；林毅夫，2017）。地方政府对本地区经济发展负责，因此，在有限资源条件下，对资源配置会更倾向于发展本地经济的产业和企业。研究表明，由于差异化的产业政策所体现的中央与地方政策目标和内容具有差异性，进而影响到资源在地区间与地区内的配置，从而导致不同地方政府的政策行为存在明显差异（孙早和席建成，2015；杨继东和罗路宝，2018）。地方政府差异化配置产业资源的行为进一步会影响辖区企业在本地的投资空间和资源空间，从而对企业投资区位选择产生影响。具体到本书的研究场景，对于异质性产业政策如何影响企业跨区域投资选择的考察，需要同时兼顾不同产业政策下地方政府配置资源的动机及其对企业投资空间和资源条件的影响，由此推断企业在投资区位选择上可能出现的差异。

具体来讲，就中央特有产业政策而言，由于该类产业可能不符合当地发展优势，并非当地政府发展主要项目，因此本地市场空间较小，对于企业而言本地发展扩张机会也较少。与此同时，由于"GDP 锦标赛"下的地方政府往往将有限的资源向能够推动当地经济发展的产业和企业倾斜，对于不符合当地产业政策的行业和企业，尽管他们可能符合中央产业政策，也不会成为当地政府资源倾斜重点对象，因为在资源有限的条件下，地方产业政策必须兼顾 GDP 考核压力（余壮雄等，2020），地方主政官员的政治晋升诉求往往大于对国家（中央）整体产业发展利益的目标考虑。因此，尽管这类产业政策符合中央意图，但相较于地方支持的产业，它们仍然处于"资源歧视"

的地位。例如，单就土地资源而言，张莉等（2017）研究发现，地方政府会将工业用地更多地配置在地方提及而中央未提及的产业上。杨继东和罗路宝（2018）的研究发现，相比中央政府支持的产业，省级政府支持的产业对省份内部土地资源的配置影响更大。由此说明，地方政府对其支持发展的产业会给予更多更优质的资源倾斜，而对于其未支持发展的产业（尽管中央支持发展）可能并不会受到资源偏爱。在此情况下，企业在本地不具有产业发展优势且受到严重的资源限制，因此他们具有很强的动机进行跨区域投资，从而获得生存空间和发展资源。

对于地方特有产业政策而言，该类产业往往符合地方的比较优势，因此在本地具备一定的市场发展空间。同时，当地政府在引导资源分配时会尽可能地优先发展符合当地产业政策的行业和企业，尤其对于地方特有产业，因为这类产业代表着"地方特色"，能够发挥当地的比较优势，同时也可尽量地避免与其他地区产业结构趋同的问题及其引发的地区之间的产业资源竞争。因此，该类产业在本地具备一定的市场空间和地方配套资源，且面临的竞争也相对较小。在此情况下，企业在本地具有较好的投资空间，并且能够从当地获得更多的信贷资源、税收优惠和政府补助（陈冬华等，2010；步丹璐等，2017），所以他们跨区域投资的动机相对更弱，跨区域投资力度也更小。同样，对于中央与地方共有的产业政策而言，由此该类产业不仅受到中央支持也受地方支持，因此本地市场空间较大且配套资源也更充沛。在此情况下，企业能够有较大机会从本地获得发展资源，跨区域投资动机和投资力度不会很强。上述理论分析框架如图5-1所示，据此，本书提出以下假设：

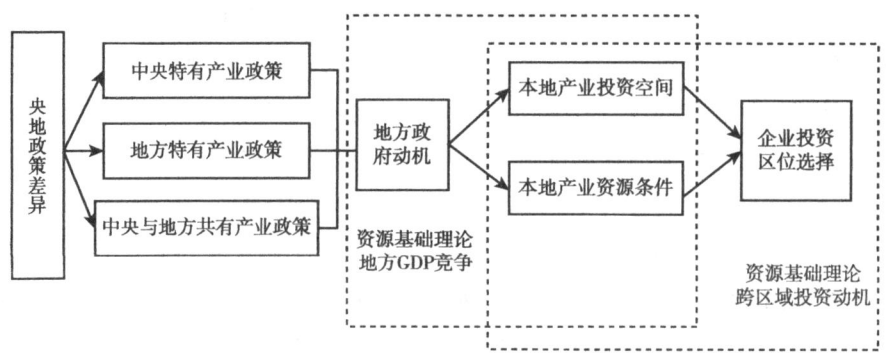

图5-1　异质性产业政策对企业跨区域投资的影响机理

假设 H5-1：其他条件一定的情况下，受到中央特有产业政策支持的企业跨区域投资可能会更多；受到地方特有产业政策或者中央与地方共有产业政策支持的企业跨区域投资可能更少。

5.4 研究设计

5.4.1 模型设计与变量定义

为了验证基本假设 H5-1，本章构建了多元回归模型（5-1）进行检验：

$$Osubinv = \alpha_0 + \alpha_1 IP + \alpha_2 CVs + \varepsilon \qquad (5-1)$$

其中，Osubinv 代表企业跨区域投资。本书借鉴曹春方等（2019，2020）和马光荣等（2020）的研究，采用企业（集团）的异地子公司数量作为企业跨地区发展的度量方式。具体而言，采用上市公司异地子公司个数（OsubNum1）及其对数形式（OsubNum2）来衡量，本书对于"异地"的界定为上市公司注册省份以外且在中国境内的地区。上述指标具体定义方式见表 5-1。

表 5-1　　　　　　　　　　变量定义

变量名称	变量定义
OsubNum1	异地子公司数量，上市公司在注册地省份外设立的子公司个数
OsubNum2	异地子公司数量，上市公司在注册地省份外设立的子公司个数加1后取自然对数
IP_cen	中央特有产业政策，具体定义详见正文
IP_pro	地方特有产业政策，具体定义详见正文
IP_com	中央与地方共有产业政策，具体定义详见正文
Size	公司规模，上市公司年末资产总额取自然对数
Lev	资产负债率，上市公司年末负债总额除以资产总额
ROA	盈利能力，上市公司年末净利润与资产总额之比
MB	成长能力，上市公司年末总市值与账面价值之比
Age	上市年龄，公司自上市年份起至当年的间隔年份加1后取对数

续表

变量名称	变量定义
SOE	公司性质，国有企业取1，否则取0
Top5	股权集中度，上市公司前五大股东持股比例
Dual	两职兼任，上市公司董事长兼任总经理取1，否则取0
LnDir	董事会规模，上市公司董事会总人数取自然对数
IndDir	独董比例，上市公司独立董事人数与董事总人数之比
Year	年度虚拟变量
Ind	行业虚拟变量，依据《上市公司行业分类指引（2012修订版）》

IP为异质性产业政策指标，用于衡量央地政策关系。在中国，五年规划是国民经济计划的重要组成部分，是纲领性产业规划，能够较好地反映政府调控的方向。本书借鉴陈冬华等（2010）、王克敏等（2017）和步丹璐等（2017）的研究设定产业政策的指标：首先，通过手工整理中央政府的"十一五"规划和"十二五"规划文件，将规划中明确提出的重点支持、鼓励或发展的行业标注为中央政府产业政策提及的行业；其次，再根据各个省级地方政府的"十一五"规划和"十二五"规划文件，将其提出的支持、鼓励或发展的行业标注为地方政府产业政策提及的行业；再次，本章将上述两类产业政策进行对比，整理出中央提及但地方未提及的产业政策（即中央特有产业政策）、中央未提及但地方提及的产业政策（即地方特有产业政策）以及中央和地方同时都提及的产业政策（即中央与地方共有产业政策）；最后，将产业政策支持的行业代码与上市公司行业代码（中国证监会颁布的《上市公司行业分类指引（2012修订版）》）进行手工匹配，整理出受到上述三类产业政策支持的上市公司，即上市公司处于相应产业政策支持范围，此时IP_cen、IP_pro和IP_com取值为1；以及未受到上述三类产业政策支持的上市公司，即上市公司不在相应产业政策支持范围，此时IP_cen、IP_pro和IP_com取值为0。

CVs代表一系列公司财务特征和治理特征的控制变量，包括公司规模（Size）、资产负债率（Lev）、公司盈利能力（ROA）、成长能力（MB）、公司上市年龄（Age）、公司性质（SOE）、股权集中度（Top5）、两职兼任情况（Dual）、董事会规模（LnDir）、独立董事比例（IndDir）、年度（Year）

和行业（Ind）虚拟变量，具体衡量方式见表 5-1。

根据本章基本假设 H5-1，本书预期，当 IP 取中央特有产业政策（IP_cen）时，模型（5-1）中 $α_1$ 显著为正；当 IP 取地方特有产业政策（IP_pro）时，$α_1$ 显著为负；当 IP 取中央与地方共有产业政策（IP_com）时，$α_1$ 显著为负。

5.4.2 样本选择与数据来源

数据来源方面，上市公司异地子公司数据来源于 Wind（万得）数据库。Wind 数据库中披露了深沪上市公司"长期股权投资明细"，本书针对"长期股权投资明细"中的子公司数据加以手工整理：首先，根据上市公司子公司名称获得地区信息，如子公司名称为"某某省（市、县）某某公司"，本书根据名称中的地区追溯到省份层面，对于名称中没有包含地理信息的，本书通过互联网（百度、企查查、天眼查等网站）搜索整理而得，如果名称简略到通过互联网搜索也无法获得地理信息的，本书进一步通过手工查询上市公司年报等方式获取。有关产业政策的信息根据中央政府和各个省级地方政府的"十一五"规划和"十二五"规划文件进行手工整理；其他上市公司特征数据来源于 CSMAR 数据库。

样本选择方面，由于中国新会计准则于 2007 年开始实施，为使会计数据在统计上更具有可比性，本书数据选取从 2007 年开始，同时，由于本章针对"十一五"和"十二五"期间的产业政策进行研究，由此数据截止时间为 2015 年。因此，本书以 2007~2015 年中国 A 股上市公司作为初始样本，在此基础上进行了如下筛选：（1）删除金融保险类样本和其他非制造业样本公司，原因在于金融保险类公司财务指标具有特殊性，而其他非制造业公司并不一定需要在投资地进行大量固定投资，由此，本书主要研究制造业上市公司，即行业分类为 C 的样本（根据中国证监会《上市公司行业分类指引（2012 修订版）》）；（2）剔除了样本期间上市公司母公司所在地发生变更的样本；（3）剔除了上市公司的子公司注册地在境外以及中国香港、中国澳门和中国台湾的样本；（4）剔除 ST 类、PT 类上市公司，以及原始数据和相关指标变量缺失的样本。通过以上整理，本书共获得 8443 个"公司—年度"

样本观测值。为了减轻潜在异常值对回归所产生的影响,本书对所有连续变量在1%和99%的水平上进行了极值缩尾(winsorize)处理。本书采用Excel和Stata 15进行数据处理和统计分析。

5.4.3 描述性统计与单变量检验

(1) 描述性统计。

变量描述性统计如表5-2所示,OsubNum1均值和中位数分别为4.332和2,这表明一半以上的上市公司拥有的异地子公司数量超过2个,平均每家样本上市公司在拥有近4家异地子公司。OsubNum1最大值为172,最小值为0,说明上市公司跨区域投资具有较大差异。

表5-2 描述性统计

变量	N	mean	p50	sd	min	p25	p75	max
OsubNum1	8443	4.332	2	8.449	0	1	5	172
OsubNum2	8443	1.163	1.099	0.928	0	0.693	1.792	4.71
IP_cen	8443	0.124	0	0.329	0	0	0	1
IP_pro	8443	0.078	0	0.268	0	0	0	1
IP_com	8443	0.518	1	0.5	0	0	1	1
Size	8443	21.736	21.599	1.114	19.867	20.933	22.334	25.8
Lev	8443	0.428	0.418	0.212	0.066	0.26	0.588	0.967
ROA	8443	0.038	0.038	0.061	-0.285	0.013	0.067	0.193
MB	8443	2.351	1.791	1.896	0.205	1.061	3.022	9.289
Age	8443	2.772	2.833	0.384	1.792	2.398	3.135	3.401
SOE	8443	0.399	0	0.49	0	0	1	1
Top5	8443	0.532	0.535	0.15	0.203	0.422	0.646	0.874
Dual	8443	0.258	0	0.438	0	0	1	1
LnDir	8443	2.27	2.303	0.171	1.792	2.197	2.303	2.773
IndDir	8443	0.37	0.333	0.051	0.333	0.333	0.4	0.571

IP_cen均值为0.124,表明平均约有12.4%的样本公司受到了中央特有产业政策的支持;IP_pro均值为0.078,表明平均约7.8%的上市公司受到了

地方特有产业政策的支持；IP_com 均值为 0.518，表明样本公司中，平均约 51.8% 的公司受到了中央与地方共有产业政策支持。从上述统计结果可以看出，合计有 70% 以上的样本公司都受到了我国产业政策的支持，说明我国产业政策总体上对上市公司的覆盖率相对较高。同时，IP_com 均值远高于 IP_pro 和 IP_cen，这说明我国地方产业政策与中央产业政策大部分有重叠，即地方产业政策的制定在绝大程度上响应了中央的号召，地方产业和经济发展与国家整体发展具有较高的战略一致性。但是仍然存在地方独特性，也即部分地方政府在制定各自的产业政策时，会因地制宜地选择符合本地发展优势的行业作为重点支持对象而并没有囫囵吞枣地照搬中央产业政策。

控制变量方面，公司规模（Size）的均值为 21.74，中位数是 21.6；资产负债率（Lev）的均值为 0.428，中位数是 0.418；盈利能力（ROA）的均值和中位数都是 0.038；成长能力（MB）的均值是 2.35，中位数是 1.79；上市年龄（Age）的均值是 2.77，中位数是 2.83；是否国有企业（SOE）的均值是 0.399，中位数是 0；股权集中度（Top5）的均值是 0.532，中位数是 0.535；两职兼任（Dual）的均值是 0.258，中位数是 0；董事会规模（LnDir）的均值是 2.27，中位数是 2.30；独立董事比例（IndDir）的均值为 0.37，中位数是 0.33。对比以往的研究可知，本书样本数据大多都分布在较为合理的区间内。

（2）相关系数检验。

表 5-3 展示了本章主要变量相关系数检验结果。IP_cen 与 OsubNum1 的相关系数是 0.031，且在 1% 水平上显著，与 OsubNum2 的相关系数是 0.021，且在 10% 水平上显著。这表明中央政府特有产业政策与企业跨区域投资行为显著正相关；IP_pro 与 OsubNum1 和 OsubNum2 的相关系数分别为 -0.04 和 -0.054，且均在 1% 水平上通过了显著性检验，这表明地方政府特有产业政策与企业跨区域投资显著负相关，上述检验结果初步印证了本章假设 H5-1。IP_com 与 OsubNum1 和 OsubNum2 的相关系数并不显著，这可能表示中央和地方共有产业政策与企业跨区域投资没有明显的相关关系，也可能因为还没有排除其他因素的干扰，由此需要通过后续回归分析进一步做检验才能得出更为严谨的结论。此外，多数控制变量与被解释变量的相关系数都比较显著，这在一定程度上说本书控制变量的选取具有一定的代表性。

表 5-3　　　　　　　　　　相关系数检验

Panel A

	OsubNum1	OsubNum2	IP_cen	IP_pro	IP_com
OsubNum1	1				
OsubNum2	0.744***	1			
IP_cen	0.031***	0.021*	1		
IP_pro	-0.040***	-0.054***	-0.109***	1	
IP_com	-0.016	-0.006	-0.389***	-0.300***	1
Size	0.356***	0.392***	0.107***	-0.014	-0.022**
Lev	0.121***	0.160***	0.054***	-0.003	-0.053***
ROA	0.041***	0.031***	-0.058***	0.031***	0.023**
MB	-0.114***	-0.125***	-0.071***	0.003	0.065***
Age	0.042***	0.080***	0.016	-0.030***	0.041***
SOE	0.055***	0.040***	0.023**	-0.003	0.060***
Top5	0.045***	-0.018	0.033***	-0.003	-0.005
Dual	-0.011	-0.027**	-0.021*	0.004	0.029***
LnDir	0.041***	0.062***	0.054***	0.034***	-0.031***
IndDir	0.030***	0.013	-0.004	0.007	0.029***

Panel B

	Size	Lev	ROA	MB	Age
Size	1				
Lev	0.386***	1			
ROA	0.033***	-0.431***	1		
MB	-0.453***	-0.382***	0.244***	1	
Age	0.244***	0.479***	-0.217***	-0.243***	1
SOE	0.313***	0.286***	-0.114***	-0.184***	0.447***
Top5	0.077***	-0.208***	0.235***	0.077***	-0.411***
Dual	-0.136***	-0.154***	0.077***	0.096***	-0.241***
LnDir	0.263***	0.163***	0.015	-0.155***	0.152***
IndDir	-0.001	-0.042***	-0.015	0.049***	-0.054***

续表

Panel C

	SOE	Top5	Dual	LnDir
SOE	1			
Top5	-0.063***	1		
Dual	-0.254***	0.057***	1	
LnDir	0.228***	-0.023**	-0.167***	1
IndDir	-0.065***	0.047***	0.090***	-0.440***

注：*$p<0.1$，**$p<0.05$，***$p<0.01$。

（3）单变量检验。

本书根据上市公司是否受到各类型的产业政策的支持分为两组，检验了样本公司跨区域投资的差异性。表5-4中PanelA显示了根据IP_cen进行分组的检验结果：当IP_cen等于1时，OsubNum1和OsubNum2的均值分别为5.02和1.21；当IP_cen等于0时，OsubNum1和OsubNum2的均值分别为4.24和1.16，且OsubNum1和OsubNum2的均值在IP_cen等于1或0的两组间的差异分别在1%与10%的水平上显著。这表明，受到中央特有产业政策支持的上市公司的跨区域投资力度显著高于未受到该类产业政策支持的上市公司。

表5-4　　央地政策差异与企业跨区域投资的单变量检验

PanelA					
Variables	IP_cen = 0		IP_cen = 1		Difference (t-value)
	N	Mean	N	Mean	
OsubNum1	7399	4.235	1044	5.021	-0.786***
OsubNum2	7399	1.155	1044	1.214	-0.059*
PanelB					
Variables	IP_pro = 0		IP_pro = 1		Difference (t-value)
	N	Mean	N	Mean	
OsubNum1	7788	4.431	655	3.154	1.277***
OsubNum2	7788	1.177	655	0.990	0.187***
PanelC					
Variables	IP_com = 0		IP_com = 1		Difference (t-value)
	N	Mean	N	Mean	
OsubNum1	4072	4.477	4371	4.198	0.279
OsubNum2	4072	1.169	4371	1.157	0.011

注：*$p<0.1$，**$p<0.05$，***$p<0.01$。

PanelB 显示了根据 IP_pro 进行分组的检验结果：当 IP_pro 等于 1 时，OsubNum1 和 OsubNum2 的均值分别为 3.15 和 0.99；当 IP_pro 等于 0 时，OsubNum1 和 OsubNum2 的均值分别为 4.43 和 1.78，OsubNum1 和 OsubNum2 的均值在 IP_cen 等于 1 或 0 的两组间的差异分别为 1.277 和 0.187，两者均在 1% 的水平上显著。这表明，受到地方特有产业政策支持的上市公司的跨区域投资力度显著低于未受到该类产业政策支持的上市公司。

PanelC 显示了根据 IP_com 进行分组的检验结果：OsubNum1 和 OsubNum2 的均值在 IP_cen 等于 1 或 0 的两组间的差异未通过显著性检验。这表明，从初步来看，受到中央和地方共有产业政策支持的上市公司的跨区域投资行为与没有受到该类产业政策支持的上市公司之间的差异并不明显。

5.5 实证结果与分析

5.5.1 央地政策差异与企业跨区域投资：主检验

本部分对异质性产业政策对上市公司跨区域投资影响进行了检验，针对被解释变量 OsubNum1 采用泊松回归（poisson），针对被解释变量 OsubNum2 采用最小二乘回归（OLS），结果如表 5-5、表 5-6 和表 5-7 所示。其中，表 5-5 展示了针对中央特有产业政策的回归结果，表 5-5 中列（1）、列（3）未加入控制变量，列（2）、列（4）加入了控制变量。结果显示，各列中 IP_cen 回归系数都为正，且均在 1% 水平上通过了显著性检验，即 IP_cen 与企业跨区域投资力度显著正相关。这一结果表明，中央特有产业政策整体上显著促进了企业的跨区域投资行为，由于地方政府会将有限的重要资源向地方支持的产业倾斜，减少了不受地方支持的产业资金，因此，处于中央特有产业支持行业的上市公司需要通过跨区域投资在异地获取更多发展资源。

控制变量方面，Size 系数显著为正，说明公司规模与跨区域投资力度正相关；Lev 的回归系数显著为正，表明负债率更高的上市公司其跨区域投资更多；MB 的系数显著为正，表明成长性越好的企业跨区域投资越积极；SOE 系数显著为负，说明国有企业跨区域投资行为相比非国有企业更为保守。其余控制变量未表现出稳定的显著性。以上回归结果与本书第 4 章检验结果基本一致。

表 5-5　　　　　　中央特有产业政策与企业跨区域投资

变量	OsubNum1		OsubNum2	
	(1)	(2)	(3)	(4)
IP_cen	0.495***	0.371***	0.196***	0.142***
	(4.97)	(5.13)	(4.54)	(3.85)
Size		0.619***		0.418***
		(30.42)		(34.24)
Lev		0.284**		0.208***
		(2.43)		(3.48)
ROA		0.379		-0.062
		(1.05)		(-0.33)
MB		0.017		0.037***
		(1.31)		(5.43)
Age		-0.165***		0.013
		(-2.62)		(0.38)
SOE		-0.129***		-0.142***
		(-3.47)		(-6.68)
Top5		0.016		-0.238***
		(0.13)		(-3.34)
Dual		-0.068*		-0.023
		(-1.86)		(-1.10)
LnDir		-0.359***		-0.090
		(-3.07)		(-1.41)
IndDir		-0.621*		-0.273
		(-1.78)		(-1.37)
_cons	2.435***	-9.324***	1.771***	-6.820***
	(20.65)	(-19.65)	(18.41)	(-21.98)
Ind fe	Yes	Yes	Yes	Yes
Year fe	Yes	Yes	Yes	Yes
N	8443	8443	8443	8443
r2_a			0.058	0.236
r2_p	0.104	0.301		

注：*p<0.1，**p<0.05，***p<0.01，括号内为 t 值，标准误经过异方差调整。

表5-6 地方特有产业政策与企业跨区域投资

变量	OsubNum1		OsubNum2	
	(1)	(2)	(3)	(4)
IP_pro	-0.262** (-2.45)	-0.482*** (-4.50)	-0.118* (-1.89)	-0.212*** (-3.34)
Size		0.631*** (29.51)		0.420*** (34.41)
Lev		0.270** (2.30)		0.204*** (3.44)
ROA		0.476 (1.31)		-0.048 (-0.26)
MB		0.021* (1.65)		0.037*** (5.52)
Age		-0.148** (-2.34)		0.018 (0.51)
SOE		-0.144*** (-3.96)		-0.145*** (-6.83)
Top5		-0.015 (-0.13)		-0.240*** (-3.38)
Dual		-0.078** (-2.00)		0.024 (1.14)
LnDir		-0.346*** (-2.84)		-0.077 (-1.21)
IndDir		-0.437 (-1.21)		-0.229 (-1.14)
_cons	2.498*** (19.96)	-9.643*** (-19.99)	1.790*** (18.44)	-6.908*** (-22.32)
Ind fe	Yes	Yes	Yes	Yes
Year fe	Yes	Yes	Yes	Yes
N	8443	8443	8443	8443
r2_a			0.056	0.236
r2_p	0.098	0.299		

注：*$p<0.1$，**$p<0.05$，***$p<0.01$，括号内为t值，标准误经过异方差调整。

表 5-7　中央与地方共有产业政策与企业跨区域投资

变量	OsubNum1		OsubNum2	
	(1)	(2)	(3)	(4)
IP_com	-0.486***	-0.362***	-0.189***	-0.138***
	(-4.87)	(-4.98)	(-4.48)	(-3.81)
Size		0.620***		0.418***
		(30.40)		(34.23)
Lev		0.284**		0.207***
		(2.43)		(3.48)
ROA		0.377		-0.064
		(1.04)		(-0.35)
MB		0.017		0.037***
		(1.32)		(5.42)
Age		-0.165***		0.014
		(-2.61)		(0.41)
SOE		-0.129***		-0.142***
		(-3.48)		(-6.68)
Top5		0.017		-0.237***
		(0.14)		(-3.33)
Dual		-0.069*		0.023
		(-1.88)		(1.11)
LnDir		-0.359***		-0.089
		(-3.07)		(-1.40)
IndDir		-0.619*		-0.273
		(-1.78)		(-1.37)
_cons	2.921***	-8.967***	1.959***	-6.686***
	(16.94)	(-18.57)	(18.45)	(-21.30)
Ind fe	Yes	Yes	Yes	Yes
Year fe	Yes	Yes	Yes	Yes
N	8443	8443	8443	8443
r2_a			0.058	0.236
r2_p	0.104	0.300		

注：*p<0.1，**p<0.05，***p<0.01，括号内为 t 值，标准误经过异方差调整。

表5-6展示了针对地方特有产业政策的回归结果。同样地，表5-6列中（1）和列（3）未加入控制变量，列（2）和列（4）加入了控制变量。结果显示，各列中IP_pro的回归系数均为负，且均在1%水平上通过了显著性检验，即IP_pro与企业跨区域投资行为显著负相关。这表明，当上市公司所在行业受到地方特有产业政策支持时，其跨区域投资力度降低，异地子公司投资数量会减少，也就是说，由于地方政府往往将重要土地、政府补助和贷款等关键性资源向地方支持的产业倾斜，同时该类产业也提供了广阔的市场空间，因此，处于地方特有产业支持的上市公司能够在本地获得更多更优惠的资金和拓宽市场的机会，从而降低了他们通过跨区域投资获得发展资源或者市场的动力。控制变量方面，与前面研究结果一致，公司规模（Size）、资产负债率（Lev）、成长性（MB）和公司性质（SOE）仍然对企业跨区域投资具有显著影响，而其他控制变量未表现出稳定的显著性。

表5-7展示了针对中央政府和地方政府共有的产业政策的回归结果。如前所述，表5-7中列（1）和列（3）未加入控制变量，列（2）和列（4）加入了控制变量。结果显示，各列中IP_com的回归系数均在1%水平上显著为负，说明IP_com与企业跨区域投资行为显著负相关。这表明，地方政府在引导重点资源配置上对中央和地方共有产业政策仍然是比较看重的，由此，当上市公司处于中央与地方共有产业政策支持时，其在本地获得资源发展具有可行性，而无须舍近求远到异地寻求资源实现发展，因而其异地子公司的投资数量和比例也会降低。同样，控制变量方面与前面研究结果一致，公司规模（Size）、资产负债率（Lev）、成长性（MB）和公司性质（SOE）仍然对企业跨区域投资行为具有显著影响，而其他控制变量未表现出稳定的显著性。

综上所述，中央特有产业政策对企业跨区域投资具有显著的促进作用，地方特有产业政策显著抑制了辖区企业的跨区域投资，中央和地方共有产业政策显著抑制了辖区企业的跨区域投资，基础回归结果验证了本章假设H5-1。

5.5.2 央地政策差异与企业跨区域投资：稳健性检验

本部分针对以上基本回归结果进一步进行稳健性检验，具体地，本书从替换关键变量衡量方法、增加控制变量、改变回归方法以及剔除样本偏误对回归结果造成的干扰这四个方面进行稳健性检验。

（1）替换变量。

为了避免变量衡量误差对回归结果带来的干扰，本书参考曹春方等（2019，2020）的研究，首先，采用比例形式的指标对企业跨区域投资进行衡量，具体而言，采用上市公司异地子公司个数占全部子公司的比例（OsubRate）进行稳健性检验。其次，为了缓解企业历史跨区域投资行为（即历史子公司）对检验结果的影响，本书对企业跨区域投资进一步采用增量形式的指标进行衡量。具体地，本书统计了上市公司当年新增的子公司，即当年拥有的而上一年不存在的子公司，并据此构造新增跨区域投资指标。针对2007年的数据，本章进一步获取了上市公司2006年度子公司情况并进行指标计算，得到上市公司当年新增的异地子公司数量（OsubNum1_xz，当年新增的异地子公司个数）及其对数形式（OsubNum2_xz，上市公司当年新增的异地子公司个数加1后取自然对数）对原假设进行检验，进行稳健性检验。同样地，针对连续型指标OsubRate和OsubNum2_xz采用最小二乘回归（OLS），针对计数型指标OsubNum1_xz采用泊松回归（poisson）。

检验结果如表5-8所示，IP_cen对OsubRate、OsubNum1_xz和OsubNum2_xz的回归系数分别是0.055、0.341和0.096，且均在1%水平上显著；IP_pro对OsubRate、OsubNum1_xz和OsubNum2_xz的回归系数分别为-0.058、-0.272和-0.085，分别在10%、1%和5%的水平上显著；IP_com对OsubRate、OsubNum1_xz和OsubNum2_xz的回归系数分别为-0.055、-0.325和-0.087，且均在1%水平上显著。上述稳健性结果表明，总体上看，中央特有产业政策对辖区企业跨区域投资具有显著的促进作用，地方特有产业政策对辖区企业的跨区域投资行为具有负向影响，而中央与地方产业政策对辖区企业跨区域投资具有显著的抑制作用，上述结果与基本回归结果一致，表明基本回归结果是稳健的。

表 5-8　稳健性检验——替换变量

变量	OsubRate			OsubNum1_xz			OsubNum2_xz		
	(1)	(2)	(3)	(4)	(5)	(6)	(7)	(8)	(9)
IP_cen	0.055*** (3.72)			0.341*** (3.43)			0.096*** (3.63)		
IP_pro		-0.058*** (-2.82)			-0.272* (-1.66)			-0.085** (-2.26)	
IP_com			-0.055*** (-3.78)			-0.325*** (-3.26)			-0.087*** (-3.35)
Size	0.040*** (8.62)	0.041*** (8.76)	0.040*** (8.61)	0.650*** (21.28)	0.659*** (20.96)	0.650*** (21.28)	0.227*** (23.45)	0.229*** (23.50)	0.227*** (23.45)
Lev	0.006 (0.24)	0.005 (0.19)	0.006 (0.24)	0.858*** (4.36)	0.846*** (4.28)	0.858*** (4.36)	0.172*** (4.40)	0.170*** (4.35)	0.172*** (4.39)
ROA	-0.197** (-2.49)	-0.193** (-2.46)	-0.197** (-2.50)	1.946*** (3.54)	2.005*** (3.64)	1.945*** (3.54)	0.326*** (2.87)	0.331*** (2.92)	0.325*** (2.87)
MB	0.019*** (6.52)	0.019*** (6.62)	0.019*** (6.51)	0.051*** (2.74)	0.054*** (2.84)	0.051*** (2.75)	0.034*** (7.38)	0.034*** (7.45)	0.034*** (7.38)
Age	-0.010 (-0.69)	-0.008 (-0.55)	-0.009 (-0.67)	-0.784*** (-6.63)	-0.773*** (-6.56)	-0.783*** (-6.62)	-0.212*** (-7.77)	-0.208*** (-7.66)	-0.211*** (-7.74)

续表

变量	OsubRate			OsubNum1_xz			OsubNum2_xz		
	(1)	(2)	(3)	(4)	(5)	(6)	(7)	(8)	(9)
SOE	-0.031***	-0.032***	-0.031***	-0.329***	-0.339***	-0.330***	-0.108***	-0.109***	-0.108***
	(-3.62)	(-3.72)	(-3.62)	(-5.01)	(-5.21)	(-5.01)	(-7.17)	(-7.27)	(-7.17)
Top5	0.038	0.037	0.038	0.092	0.068	0.092	0.011	0.011	0.012
	(1.40)	(1.39)	(1.41)	(0.46)	(0.34)	(0.46)	(0.22)	(0.21)	(0.23)
Dual	0.015*	0.015*	0.015*	-0.133**	-0.145**	-0.134**	-0.044***	-0.044***	-0.044***
	(1.76)	(1.73)	(1.75)	(-2.08)	(-2.23)	(-2.09)	(-2.78)	(-2.80)	(-2.79)
LnDir	-0.047*	-0.043*	-0.046*	-0.493***	-0.493***	-0.493***	-0.112**	-0.107**	-0.111**
	(-1.91)	(-1.76)	(-1.90)	(-2.60)	(-2.58)	(-2.60)	(-2.38)	(-2.26)	(-2.36)
IndDir	-0.289***	-0.276***	-0.289***	-0.855	-0.745	-0.852	-0.235	-0.215	-0.235
	(-3.81)	(-3.61)	(-3.81)	(-1.28)	(-1.10)	(-1.27)	(-1.60)	(-1.46)	(-1.60)
_cons	-0.238**	-0.266**	-0.185	-9.195***	-9.375***	-8.876***	-3.087***	-3.131***	-3.004***
	(-2.04)	(-2.27)	(-1.56)	(-11.75)	(-11.86)	(-11.38)	(-13.13)	(-13.31)	(-12.69)
Ind fe	Yes	Yes	Yes	Yes	Yes	Yes	Yes	Yes	Yes
Year fe	Yes	Yes	Yes	Yes	Yes	Yes	Yes	Yes	Yes
N	8443	8443	8443	8443	8443	8443	8443	8443	8443
r2_a	0.054	0.053	0.054	0.214	0.212		0.154	0.153	0.154
r2_p						0.213			

注：* $p<0.1$，** $p<0.05$，*** $p<0.01$，括号内为 t 值，标准误经过异方差调整。

（2）增加控制变量。

根据曹春方等（2019）、马光荣等（2020）的研究结论，企业异地跨省投资行为还受到诸多省级层面因素，如经济发展状况、教育水平以及交通基础设施水平等的影响。由此，本章进一步将这些因素加入了回归模型进行控制，由此检验基本回归结果的稳健性。具体地，本部分增加了上市公司所在省份的 GDP 水平（LnGDP，上市公司所在省份当年 GDP 的自然对数）、交通状况（Transpt，上市公司所在省份单位 GDP 的铁路运营里程数）、工资水平（AveWage，上市公司所在省份在岗职工平均工资取对数）和教育水平（Education，上市公司所在省份当年高校授予学位数取对数）。同时，根据本书第 4 章的研究结果，地方政府纵向财政不平衡也是影响当地企业跨区域投资行为的重要因素，根据第 6 章的研究，地方官员的异地交流可能也会影响企业异地投资，因此本章我们继续在模型中加入了纵向财政不平衡程度（FisImb）和官员异地交流（Rotation）两个因素，以排除它们对检验结果带来的干扰。计算以上变量所需的基础数据来源于 Wind 或中经网数据库，官员交流数据来源于国家领导人数据库并经手工处理。

表 5-9 显示了增加控制变量后的稳健性检验结果：IP_cen 对 OsubNum1、OsubNum2 的回归系数分别为 0.16 和 0.07，且分别在 1% 和 5% 水平上显著；IP_pro 对 OsubNum1、OsubNum2 的回归系数分别为 -0.37 和 -0.149，且均在 1% 水平上显著；IP_com 对 OsubNum1、OsubNum2 的回归系数分别为 -0.151、-0.068，且分别在 5% 和 10% 水平上显著。上述稳健性结果表明，在继续排除一系列省级层面的影响因素后，中央特有产业政策显著促进了辖区企业的跨区域投资，地方特有产业政策显著抑制了辖区企业跨区域投资，而中央与地方共有产业政策对企业跨区域投资也具有显著负向影响，上述结果与原回归结果基本一致，说明基本回归结果是较为稳健的。

（3）变更回归方法。

由于原回归样本存在部分无异地子公司的公司，因此本书的因变量包含一部分以正概率取值为 0 的观测值，为受限因变量，由此采用 OLS 回归可能会有估计不准确的技术问题。为了消除这一困扰，保障回归结果的可靠性，本章进一步采用 Tobit 回归方法对原模型进行回归分析，据此对基本回归结果进行稳健性检验。

表 5-9　　稳健性检验——增加控制变量

变量	OsubNum1			OsubNum2		
	(1)	(2)	(3)	(4)	(5)	(6)
IP_cen	0.160*** (2.72)			0.070* (1.93)		
IP_pro		-0.370*** (-3.60)			-0.194*** (-3.15)	
IP_com			-0.151** (-2.58)			-0.068* (-1.91)
Size	0.576*** (30.34)	0.583*** (30.41)	0.576*** (30.34)	0.411*** (34.38)	0.412*** (34.61)	0.411*** (34.38)
Lev	0.325*** (2.88)	0.316*** (2.80)	0.325*** (2.88)	0.233*** (3.94)	0.231*** (3.92)	0.233*** (3.94)
ROA	0.579 (1.61)	0.657* (1.83)	0.580 (1.61)	0.019 (0.10)	0.036 (0.19)	0.019 (0.10)
MB	0.009 (0.74)	0.012 (0.94)	0.009 (0.75)	0.033*** (4.82)	0.033*** (4.86)	0.033*** (4.82)
Age	-0.061 (-1.07)	-0.053 (-0.92)	-0.061 (-1.06)	0.011 (0.33)	0.012 (0.36)	0.012 (0.34)
SOE	-0.199*** (-5.71)	-0.213*** (-6.18)	-0.200*** (-5.72)	-0.176*** (-8.28)	-0.180*** (-8.45)	-0.177*** (-8.28)
Top5	-0.042 (-0.35)	-0.068 (-0.58)	-0.042 (-0.35)	-0.281*** (-3.96)	-0.284*** (-4.01)	-0.280*** (-3.95)
Dual	-0.073** (-2.12)	-0.077** (-2.17)	-0.073** (-2.13)	-0.023 (-1.13)	-0.024 (-1.18)	-0.024 (-1.13)
LnDir	-0.302*** (-2.82)	-0.287*** (-2.65)	-0.302*** (-2.81)	-0.082 (-1.30)	-0.071 (-1.12)	-0.081 (-1.29)
IndDir	-0.449 (-1.42)	-0.328 (-1.02)	-0.447 (-1.42)	-0.253 (-1.30)	-0.218 (-1.12)	-0.253 (-1.31)
LnGDP	-0.533*** (-6.83)	-0.538*** (-6.91)	-0.534*** (-6.84)	-0.287*** (-6.48)	-0.291*** (-6.60)	-0.287*** (-6.49)

续表

变量	OsubNum1			OsubNum2		
	(1)	(2)	(3)	(4)	(5)	(6)
Transpt	-0.585*** (-3.10)	-0.699*** (-3.70)	-0.586*** (-3.11)	-0.175 (-1.41)	-0.211* (-1.71)	-0.176 (-1.42)
AveWage	0.630*** (3.73)	0.640*** (3.81)	0.633*** (3.75)	0.403*** (3.96)	0.403*** (4.01)	0.404*** (3.97)
Education	0.393*** (6.12)	0.372*** (5.81)	0.393*** (6.13)	0.144*** (3.49)	0.140*** (3.42)	0.144*** (3.50)
FisImb	-0.306 (-1.12)	-0.258 (-0.95)	-0.305 (-1.12)	-0.291* (-1.84)	-0.277* (-1.77)	-0.290* (-1.84)
Rotation	0.091** (2.22)	0.094** (2.28)	0.091** (2.22)	0.079*** (3.25)	0.081*** (3.31)	0.079*** (3.24)
_cons	-14.362*** (-6.55)	-14.387*** (-6.61)	-14.243*** (-6.48)	-9.504*** (-7.25)	-9.484*** (-7.30)	-9.446*** (-7.18)
Ind fe	Yes	Yes	Yes	Yes	Yes	Yes
Year fe	Yes	Yes	Yes	Yes	Yes	Yes
N	8443	8443	8443	8443	8443	8443
r2_a				0.254	0.255	0.254
r2_p	0.325	0.325	0.325			

注：* $p<0.1$，** $p<0.05$，*** $p<0.01$，括号内为t值，标准误经过异方差调整。

结果如表5-10所示，IP_cen对OsubNum1和OsubNum2的回归系数分别为2.352和0.16，且均在1%水平上显著；IP_pro对OsubNum1和OsubNum2的回归系数分别为-2.976和-0.305，且均在1%水平上显著；IP_com对OsubNum1、OsubNum2的回归系数分别为-2.324和-0.157，同样也在1%置信水平上显著。这一稳健性结果表明，在考虑数据结构特殊性，即，采用适当回归方法调整后，央地产业政策差异与企业跨区域投资的关系仍然是：中央特有产业政策显著促进了辖区企业的跨区域投资，地方特有产业政策显著抑制了辖区企业跨区域投资，而中央与地方共有产业政策对企业跨区域投资也具有显著负向影响，这与基础检验结果保持一致，由此说明基础检验结果具备稳健性。

表 5-10   稳健性检验——Tobit 回归

变量	OsubNum1			OsubNum2		
	(1)	(2)	(3)	(4)	(5)	(6)
IP_cen	2.352*** (5.61)			0.160*** (3.36)		
IP_pro		-2.976*** (-4.50)			-0.305*** (-4.09)	
IP_com			-2.324*** (-5.62)			-0.157*** (-3.36)
Size	4.434*** (32.88)	4.472*** (33.10)	4.435*** (32.88)	0.496*** (32.33)	0.499*** (32.51)	0.496*** (32.33)
Lev	1.464** (2.24)	1.409** (2.15)	1.457** (2.22)	0.240*** (3.23)	0.236*** (3.17)	0.240*** (3.22)
ROA	-0.990 (-0.48)	-0.670 (-0.33)	-0.995 (-0.48)	-0.018 (-0.08)	0.011 (0.05)	-0.018 (-0.08)
MB	0.382*** (5.13)	0.391*** (5.24)	0.381*** (5.12)	0.048*** (5.73)	0.049*** (5.80)	0.048*** (5.73)
Age	-1.137*** (-2.91)	-1.054*** (-2.70)	-1.128*** (-2.89)	0.011 (0.24)	0.015 (0.35)	0.011 (0.25)
SOE	-0.856*** (-3.44)	-0.914*** (-3.67)	-0.857*** (-3.45)	-0.174*** (-6.18)	-0.179*** (-6.36)	-0.175*** (-6.19)
Top5	-1.410* (-1.77)	-1.452* (-1.82)	-1.400* (-1.76)	-0.404*** (-4.46)	-0.409*** (-4.52)	-0.403*** (-4.46)
Dual	-0.327 (-1.35)	-0.338 (-1.39)	-0.330 (-1.36)	-0.007 (-0.26)	-0.008 (-0.30)	-0.007 (-0.27)
LnDir	-1.785** (-2.51)	-1.585** (-2.22)	-1.776** (-2.49)	-0.090 (-1.11)	-0.071 (-0.87)	-0.089 (-1.10)
IndDir	-0.871 (-0.39)	-0.182 (-0.08)	-0.881 (-0.40)	-0.338 (-1.34)	-0.275 (-1.09)	-0.338 (-1.34)
_cons	-72.722*** (-21.98)	-74.188*** (-22.36)	-70.467*** (-21.06)	-8.503*** (-22.57)	-8.627*** (-22.87)	-8.350*** (-21.92)
Ind fe	Yes	Yes	Yes	Yes	Yes	Yes
Year fe	Yes	Yes	Yes	Yes	Yes	Yes
N	8443	8443	8443	8443	8443	8443
r2_p	0.043	0.043	0.043	0.083	0.083	0.083

注：*p<0.1，**p<0.05，***p<0.01，括号内为t值，标准误经过异方差调整。

(4) 子样本回归。

为排除特殊样本对回归结果造成的干扰,本部分进一步以剔除样本的方式对原回归结果进行稳健性检验。首先,由于原回归样本存在部分无异地子公司的观测值,虽然在稳健性检验第三部分采用 Tobit 回归的方法进行了技术层面的抗干扰检验,但并未完全排除这部分特殊样本对结果的影响,因此,本书进一步剔除了无异地子公司的样本,仅保留存在异地子公司的样本进行回归检验,得到 6446 个观测值,以此检验完全排除无异地子公司样本之后基础回归结果是否还是稳健的。表 5 – 11 为剔除无异地子公司的样本后回归结果,IP_cen 对 OsubNum1 和 OsubNum2 的回归系数分别为 0.366 和 0.147,且均在 1% 水平上显著;IP_com 对 OsubNum1 和 OsubNum2 的回归系数分别为 – 0.356 和 – 0.138,且均在 1% 水平上显著,IP_pro 对 OsubNum1 的回归系数是 – 0.37 且在 1% 水平上显著,对 OsubNum2 的回归系数虽然不显著但仍然为负。上述结果与原回归结果基本一致,表明本章基本回归结果是比较稳健的。

表 5 – 11   稳健性检验——删掉无异地子公司的样本

变量	OsubNum1			OsubNum2		
	(1)	(2)	(3)	(4)	(5)	(6)
IP_cen	0.366 *** (4.96)			0.147 *** (4.37)		
IP_pro		– 0.370 *** (– 3.50)			– 0.066 (– 1.07)	
IP_com			– 0.356 *** (– 4.82)			– 0.138 *** (– 4.15)
Size	0.511 *** (25.83)	0.523 *** (25.07)	0.511 *** (25.82)	0.334 *** (28.27)	0.336 *** (28.31)	0.335 *** (28.27)
Lev	0.261 ** (2.31)	0.261 ** (2.31)	0.261 ** (2.32)	0.249 *** (4.42)	0.250 *** (4.44)	0.249 *** (4.41)
ROA	0.193 (0.58)	0.319 (0.95)	0.193 (0.58)	– 0.285 * (– 1.72)	– 0.268 (– 1.61)	– 0.284 * (– 1.71)
MB	0.005 (0.46)	0.010 (0.83)	0.005 (0.46)	0.019 *** (3.06)	0.020 *** (3.15)	0.019 *** (3.06)

续表

变量	OsubNum1			OsubNum2		
	(1)	(2)	(3)	(4)	(5)	(6)
Age	-0.139** (-2.25)	-0.126** (-2.05)	-0.139** (-2.25)	0.026 (0.78)	0.033 (0.98)	0.027 (0.80)
SOE	-0.062* (-1.82)	-0.081** (-2.40)	-0.063* (-1.83)	-0.095*** (-4.82)	-0.099*** (-5.02)	-0.095*** (-4.84)
Top5	0.215* (1.91)	0.188* (1.66)	0.216* (1.91)	0.101 (1.55)	0.102 (1.57)	0.101 (1.56)
Dual	-0.086** (-2.50)	-0.098*** (-2.62)	-0.087** (-2.51)	-0.058*** (-2.96)	-0.058*** (-2.96)	-0.058*** (-2.96)
LnDir	-0.344*** (-3.06)	-0.330*** (-2.82)	-0.344*** (-3.05)	-0.121** (-2.07)	-0.114* (-1.95)	-0.120** (-2.06)
IndDir	-0.507 (-1.54)	-0.333 (-0.97)	-0.505 (-1.53)	-0.241 (-1.29)	-0.215 (-1.14)	-0.241 (-1.29)
_cons	-7.000*** (-15.39)	-7.311*** (-15.82)	-6.651*** (-14.30)	-4.752*** (-16.20)	-4.820*** (-16.42)	-4.621*** (-15.62)
Ind fe	Yes	Yes	Yes	Yes	Yes	Yes
Year fe	Yes	Yes	Yes	Yes	Yes	Yes
N	6446	6446	6446	6446	6446	6446
r2_a				0.265	0.263	0.265
r2_p	0.296	0.293	0.296			

注：*$p<0.1$，**$p<0.05$，***$p<0.01$，括号内为t值，标准误经过异方差调整。

其次，本书还剔除了中央国有企业样本，因为这类公司主要属于垄断行业，而且经营的地域范围也十分广，在一定程度上很难将其归为哪一个区域（Fan et al.，2013；潘红波和余明桂，2011），且中央国有企业主要受国务院国资委管辖，其投资决策受地方政府的影响可能并不直接，因此本书将其剔除后进行回归检验。表5-12为剔除中央国有企业样本后的回归结果，表5-12中列（1）和列（4）中IP_cen的回归系数仍然为正且均在1%水平上显著，列（2）和列（5）中IP_pro的回归系数均显著为负，列（3）和列（6）中IP_com的回归系数仍然为负且均在1%水平上显著，表明原结果是稳健的。

表 5-12　　　　稳健性检验——删掉中央企业样本

变量	OsubNum1			OsubNum2		
	(1)	(2)	(3)	(4)	(5)	(6)
IP_cen	0.360***			0.129***		
	(4.31)			(3.24)		
IP_pro		-0.285***			-0.149**	
		(-2.67)			(-2.37)	
IP_com			-0.350***			-0.125***
			(-4.16)			(-3.18)
Size	0.604***	0.613***	0.604***	0.405***	0.406***	0.405***
	(26.56)	(25.10)	(26.53)	(29.64)	(29.74)	(29.64)
Lev	0.446***	0.446***	0.446***	0.306***	0.306***	0.306***
	(3.56)	(3.55)	(3.56)	(4.83)	(4.84)	(4.82)
ROA	0.033	0.100	0.030	0.018	0.026	0.017
	(0.09)	(0.28)	(0.08)	(0.09)	(0.13)	(0.09)
MB	0.008	0.012	0.008	0.028***	0.028***	0.027***
	(0.60)	(0.88)	(0.60)	(3.76)	(3.81)	(3.76)
Age	-0.036	-0.028	-0.035	0.047	0.050	0.047
	(-0.55)	(-0.42)	(-0.54)	(1.26)	(1.35)	(1.27)
SOE	-0.334***	-0.342***	-0.334***	-0.262***	-0.265***	-0.262***
	(-8.23)	(-8.38)	(-8.24)	(-10.95)	(-11.08)	(-10.96)
Top5	0.303**	0.285**	0.304**	-0.154**	-0.153**	-0.153**
	(2.28)	(2.15)	(2.28)	(-2.00)	(-1.99)	(-1.99)
Dual	-0.113***	-0.127***	-0.114***	-0.038*	-0.040*	-0.039*
	(-3.03)	(-3.17)	(-3.04)	(-1.77)	(-1.84)	(-1.79)
LnDir	-0.322**	-0.320**	-0.322**	-0.081	-0.070	-0.081
	(-2.39)	(-2.26)	(-2.38)	(-1.16)	(-1.00)	(-1.15)
IndDir	-0.759**	-0.659*	-0.759**	-0.509**	-0.484**	-0.510**
	(-2.01)	(-1.71)	(-2.01)	(-2.41)	(-2.28)	(-2.41)
_cons	-9.508***	-9.702***	-9.163***	-6.591***	-6.661***	-6.470***
	(-18.50)	(-18.49)	(-17.61)	(-19.18)	(-19.43)	(-18.58)
Ind fe	Yes	Yes	Yes	Yes	Yes	Yes
Year fe	Yes	Yes	Yes	Yes	Yes	Yes
N	7119	7119	7119	7119	7119	7119
r2_a				0.240	0.239	0.240
r2_p	0.306	0.303	0.305			

注：$*p<0.1$，$**p<0.05$，$***p<0.01$，括号内为 t 值，标准误经过异方差调整。

最后，考虑到西藏、新疆等地与其他地区情况不同，在大多数情况下是不可比的，由此可能造成偏误，因此本书进一步剔除注册地在上述两地的上市公司样本，以排除地域特殊性带来的影响。表5-13展示了在剔除注册地位于西藏和新疆地区的样本公司之后的回归结果，观测样本为8285个。其中，IP_cen的回归系数仍显著为正，IP_pro的系数显著为负，IP_com的回归系数仍显著为负。以上结果与基本回归结果一致，说明本章的基本回归结果是比较稳健的。

表5-13　稳健性检验——删除新疆和西藏地区的样本

变量	OsubNum1			OsubNum2		
	(1)	(2)	(3)	(4)	(5)	(6)
IP_cen	0.353*** (5.13)			0.149*** (3.98)		
IP_pro		-0.489*** (-4.57)			-0.219*** (-3.39)	
IP_com			-0.343*** (-4.98)			-0.144*** (-3.93)
Size	0.619*** (30.86)	0.630*** (30.09)	0.619*** (30.85)	0.423*** (34.31)	0.425*** (34.49)	0.423*** (34.29)
Lev	0.317*** (2.74)	0.305*** (2.63)	0.317*** (2.74)	0.223*** (3.71)	0.219*** (3.66)	0.222*** (3.70)
ROA	0.404 (1.10)	0.494 (1.35)	0.402 (1.10)	0.043 (0.23)	0.058 (0.31)	0.042 (0.23)
MB	0.015 (1.17)	0.020 (1.57)	0.015 (1.18)	0.034*** (4.88)	0.034*** (4.98)	0.034*** (4.88)
Age	-0.181*** (-2.90)	-0.164*** (-2.62)	-0.181*** (-2.89)	-0.003 (-0.08)	0.002 (0.05)	-0.002 (-0.06)
SOE	-0.089** (-2.37)	-0.100*** (-2.70)	-0.089** (-2.37)	-0.132*** (-6.16)	-0.134*** (-6.29)	-0.132*** (-6.17)
Top5	-0.062 (-0.51)	-0.089 (-0.74)	-0.061 (-0.50)	-0.274*** (-3.81)	-0.276*** (-3.85)	-0.273*** (-3.80)
Dual	-0.056 (-1.57)	-0.065* (-1.71)	-0.057 (-1.58)	-0.024 (-1.15)	-0.024 (-1.17)	-0.024 (-1.16)

续表

变量	OsubNum1			OsubNum2		
	(1)	(2)	(3)	(4)	(5)	(6)
LnDir	-0.304***	-0.281**	-0.304***	-0.075	-0.060	-0.074
	(-2.66)	(-2.38)	(-2.66)	(-1.17)	(-0.94)	(-1.15)
IndDir	-0.485	-0.262	-0.482	-0.286	-0.236	-0.287
	(-1.39)	(-0.73)	(-1.38)	(-1.42)	(-1.16)	(-1.42)
_cons	-9.308***	-9.663***	-8.971***	-6.814***	-6.911***	-6.674***
	(-19.89)	(-20.31)	(-18.86)	(-21.71)	(-22.07)	(-21.00)
Ind fe	Yes	Yes	Yes	Yes	Yes	Yes
Year fe	Yes	Yes	Yes	Yes	Yes	Yes
N	8285	8285	8285	8285	8285	8285
r2_a				0.242	0.242	0.242
r2_p	0.311	0.310	0.311			

注：* $p<0.1$，** $p<0.05$，*** $p<0.01$，括号内为 t 值，标准误经过异方差调整。

5.5.3 央地政策差异与企业跨区域投资：异质性检验与分析

在检验了中央与地方差异性产业政策对企业跨区域投资行为的影响之后，本书进一步分析和考察两者之间关系可能存在的异质性。根据本书的基本逻辑，不同类型产业政策因受到地方政府态度差异，会影响到企业在当地获取资源的难易程度，进而影响企业是否进行跨区域投资选择。由此，本部分从资源配置过程的角度，探讨影响这一过程的几个因素。具体来讲，本书从引导产业资源配置的主体（地方政府）的动机、资源禀赋条件、资源竞争程度、市场化获取资源的难易程度以及资源配置对象（企业性质）这几个角度，分析异质性产业政策对企业跨区域投资行为影响的差异性。为了节省篇幅，简化显示结果，本部分仅展示针对 OsubNum1 的检验结果。

（1）考察地方政府动机。

已有研究表明，地方官员的个人特征对其任期内的政府行为决策存在着较大影响（张军和高远，2007；王贤彬和徐现祥，2008；耿曙等，2016）。其中，任期是影响官员策略性行为的重要因素（钱先航等，2011；卢盛峰等，2017），任期年限越短的官员，其晋升空间越大，因此他们为了在较短期限内实现晋升而干预资源配置和企业行为的动机也越强。同时，年龄因素也是影响官员晋升的重要方面，同等级别官员的年龄越大，官员晋升前景越暗淡，由此对实现辖区经济增长和彰显政绩的激励相对更小，为在短期内提升政绩而干预资源配置和企业行为的动机越弱；反之，越年轻的官员，其晋升空间更大，晋升激励也相对更大，上述动机更强。由此，本书预期各类产业政策对企业跨区域投资的影响效果会因主政官员的晋升激励程度呈现差异性。

据此，本书根据省（直辖市、自治区）委书记的相对任期长短进行分组检验。基于此，本书同时关注领导人年龄和任期两个因素，采用省（直辖市、自治区）委书记的任期×年龄来衡量领导人晋升激励程度，并以此进行分组检验。具体地，官员任期以官员在辖区的上任年份至统计年份的间隔年限衡量，由于中国大部分省（直辖市、自治区）委书记是通过本地晋升的方式上任的，于是参照已有文献的处理方法（徐现祥和王贤彬，2010；钱先航等，2011；曹春方等，2014），在计算书记任期时，本书将其担任书记的年限与其在本辖区内担任省长（直辖市市长、自治区主席）的年限合并计算。在此基础上，计算出任期×年龄并根据其年度样本中位数进行分组，大于中位数的为晋升激励程度较小组，小于或等于中位数的为晋升激励程度较大组。

表5-14的统计结果显示，IP_cen的回归系数在列（1）中为0.54且在1%水平上显著，在列（2）中不显著，这表明中央特有产业政策对企业跨区域投资的促进作用在领导人晋升激励程度较大组更突出；IP_pro的回归系数在列（3）中为-0.674且在1%水平上显著，在列（4）中不显著，这表明地方特有产业政策对企业跨区域投资的抑制作用在领导人晋升激励程度较大组更明显；IP_com的回归系数在列（5）中为-0.54且在1%水平上显著，在列（6）中不显著，这表明中央与地方共有产业政策对企业跨区域投资的抑制作用同样在领导人晋升激励程度较大组更明显。

以上回归结果均表明，当省（直辖市、自治区）委书记的晋升激励更大时，地方政府通过影响产业资源配置来实现本地经济增长的动力更大，进而对辖区内企业资源获取难易程度和跨区域投资动力的影响更大，上述影响在三类产业政策中均存在。具体来讲,对于中央特有产业政策而言,由于地方很少甚至没有准备相应的配置资源(土地、信贷和补助),在地方领导人更大的晋升激励空间要求其在短期内尽可能地提升本地经济增长的情况下,更不会将资源过多浪费在自身不主动发展的产业上,因此处于这类产业政策的企业在本地获得资源的机会大大降低,更需要通过在辖区外的地方投资以获得发展,由此导致中央特有产业政策对企业跨区域投资的促进作用在领导人晋升激励程度更大的情况下更突出。对于地方特有产业政策而言,地方政府有固定的配套资金支持其特色产业的发展,因此在地方领导人晋升空间更大的情况下,他们更需要通过打造和提高自身比较优势的特色产业,从而在全国性产业竞争中脱颖而出,由此便会引导资源更多地配置到符合该类产业的企业,从而推动其在本地增加特色产业的投资,进一步减弱了这些企业跨区域发展动力。最后,对于中央和地方共有的产业政策而言,由于地方具有比较丰富的产业配套资金,更大的晋升激励使官员具有更强烈的动机去引导这类资源配置,由此更加显著地降低了处于该类产业政策支持的企业的跨区域投资力度。

表 5-14　　　　　　　　异质性分析——考察地方政府动机

变量	(1) 激励较大	(2) 激励较小	(3) 激励较大	(4) 激励较小	(5) 激励较大	(6) 激励较小
IP_cen	0.540*** (5.65)	0.048 (0.58)				
IP_pro			-0.674*** (-4.59)	0.067 (0.46)		
IP_com					-0.540*** (-5.65)	-0.030 (-0.37)
Size	0.689*** (25.52)	0.498*** (20.98)	0.721*** (24.16)	0.497*** (20.93)	0.689*** (25.52)	0.498*** (20.98)
Lev	0.382** (2.33)	0.337** (2.15)	0.318* (1.95)	0.341** (2.19)	0.382** (2.33)	0.338** (2.16)
ROA	1.434** (2.54)	0.001 (0.00)	1.531*** (2.69)	0.012 (0.03)	1.433** (2.54)	0.005 (0.01)

续表

变量	(1) 激励较大	(2) 激励较小	(3) 激励较大	(4) 激励较小	(5) 激励较大	(6) 激励较小
MB	0.004 (0.19)	0.031** (2.00)	0.014 (0.75)	0.031** (2.04)	0.004 (0.19)	0.031** (2.01)
Age	-0.258*** (-2.93)	-0.010 (-0.15)	-0.245*** (-2.72)	-0.007 (-0.10)	-0.258*** (-2.93)	-0.009 (-0.13)
SOE	0.003 (0.06)	-0.274*** (-5.78)	-0.036 (-0.70)	-0.272*** (-5.75)	0.003 (0.06)	-0.274*** (-5.77)
Top5	-0.116 (-0.66)	0.079 (0.50)	-0.240 (-1.29)	0.084 (0.54)	-0.116 (-0.66)	0.080 (0.51)
Dual	-0.147*** (-2.62)	-0.039 (-0.93)	-0.191*** (-2.93)	-0.042 (-0.98)	-0.147*** (-2.62)	-0.040 (-0.95)
LnDir	-0.600*** (-3.72)	-0.052 (-0.32)	-0.631*** (-3.58)	-0.052 (-0.31)	-0.600*** (-3.72)	-0.051 (-0.31)
IndDir	-0.993* (-1.95)	-0.142 (-0.33)	-0.849 (-1.55)	-0.128 (-0.30)	-0.993* (-1.95)	-0.134 (-0.31)
_cons	-9.878*** (-14.82)	-7.994*** (-13.11)	-10.369*** (-15.11)	-7.994*** (-13.06)	-9.339*** (-13.83)	-7.970*** (-13.03)
Ind fe	Yes	Yes	Yes	Yes	Yes	Yes
Year fe	Yes	Yes	Yes	Yes	Yes	Yes
N	3976	4467	3976	4467	3976	4467
r2_p	0.386	0.238	0.382	0.238	0.386	0.238

注：*$p<0.1$，**$p<0.05$，***$p<0.01$，括号内为 t 值，标准误经过异方差调整。

（2）考察资源禀赋。

如前所述，不同类型的产业政策对企业跨区域投资行为存在不同影响主要源于地方政府不同支持态度下对资源分配的差异性。然而，地方官员对其辖区内经济增长的影响受到当地资源禀赋的显著约束（杨海生等，2010）。可见，地方政府拥有或能利用的资源是其影响企业跨区域投资行为的基础前提。据此可以推断，地方的资源禀赋条件也是产业政策对企业跨区域投资行为影响差异性来源的关键因素之一。基于以上分析，本部分进一步从资源禀赋的角度对本章基础假设进行异质性检验。

关于地区资源禀赋的衡量，部分文献以东、中、西部的地理区域进行简单划分（步丹璐和狄灵瑜，2018）。这种方式比较粗糙，无法衡量省内不同地区的资源差异。本书认为城市行政级别是一个较好的度量标准。因为在中国的政治体制下，基本上所有的重要资源，如信贷、资本市场资金、政府补助、人力资本、基础设施投资等，都是从中央到地方、从上级城市到下级城市逐次分配（李侃如，2014），具有更高行政级别的城市在争取中央政府的政策便利和资源倾斜方面也更具有优势（江艇等，2017；江艇等，2018）。因此，级别较高的城市能够获取更多优质价廉的资源，而级别较低的城市的资源获取能力则十分有限。基于此，本章将上市公司注册地的地理位置定位到城市层级，以公司所在城市是否为副省级城市或直辖市城市①对样本分为两组：公司设立在副省级或直辖市城市组为资源丰富组，否则为资源欠丰富组。据此检验不同类型产业政策与企业跨区域投资的关系在不同资源禀赋条件下是否存在差异。

表5-15展示了分组检验结果，IP_cen的回归系数在表5-15列（1）中为0.272，且在1%水平上显著，在列（2）中不显著，这表明中央特有产业政策对企业跨区域投资的促进作用在资源禀赋较好的样本组更为突出；IP_pro的回归系数在列（3）中为-1.196，在列（4）中为0.293，且均在1%水平上显著，这表明地方特有产业政策对企业跨区域投资的抑制作用仅体现在资源禀赋较好的样本组中，而当地方资源禀赋较差的情况下，即便企业处于当地特有产业政策支持，但较差的资源禀赋也限制了其在本地获得发展资源的可能，因此企业会更多选择跨区域投资以获得发展空间；IP_com的回归系数在列（5）中为-0.273，且在1%水平上显著，在列（6）中不显著，这表明中央与地方共有产业政策对企业跨区域投资的抑制作用同样在资源禀赋较好的样本组更明显。以上结果表明，中央特有产业政策对辖区企业跨区域投资的促进作用、地方特有产业政策对辖区企业跨区域发展的抑制作用以及中央和地方共有产业政策对辖区企业跨区域发展的抑制作用主要体现在资源禀赋较好，即资源较丰富的副省级和直辖市城市的企业中，而对处于

---

① 中国目前的副省级城市包括广州、武汉、哈尔滨、沈阳、成都、南京、西安、长春、济南、杭州、大连、青岛、深圳、厦门、宁波，直辖市包括北京、天津、上海和重庆。

资源禀赋较差的企业相对来讲上述影响并不明显。这说明，地方政府的资源禀赋是产业政策影响微观企业行为的物质前提。城市级别高的地方政府能够凭借自身优势获得丰富的资源，如信贷配额、政府补助、土地、上市指标等，进而有条件地去引导辖区内资源流向哪里，从而进一步影响企业跨区域投资行为。

表 5-15　异质性分析——考察资源禀赋差异

变量	(1) 禀赋较好	(2) 禀赋较差	(3) 禀赋较好	(4) 禀赋较差	(5) 禀赋较好	(6) 禀赋较差
IP_cen	0.272*** (3.16)	0.095 (1.56)				
IP_pro			-1.196*** (-5.63)	0.293*** (2.95)		
IP_com					-0.273*** (-3.17)	-0.078 (-1.27)
Size	0.639*** (24.76)	0.590*** (19.81)	0.664*** (24.46)	0.591*** (19.86)	0.639*** (24.76)	0.590*** (19.81)
Lev	0.213 (1.42)	0.198 (1.18)	0.265* (1.71)	0.214 (1.27)	0.213 (1.42)	0.198 (1.18)
ROA	1.844*** (2.72)	0.072 (0.18)	2.027*** (2.94)	0.070 (0.17)	1.844*** (2.72)	0.071 (0.17)
MB	0.002 (0.13)	0.034** (2.13)	0.009 (0.46)	0.036** (2.23)	0.002 (0.12)	0.034** (2.13)
Age	-0.497*** (-5.50)	0.068 (0.87)	-0.447*** (-5.23)	0.075 (0.97)	-0.497*** (-5.50)	0.068 (0.88)
SOE	0.012 (0.20)	-0.185*** (-4.03)	-0.051 (-0.93)	-0.185*** (-4.03)	0.012 (0.20)	-0.185*** (-4.03)
Top5	-0.925*** (-5.32)	0.186 (1.45)	-0.968*** (-5.73)	0.192 (1.50)	-0.925*** (-5.32)	0.185 (1.44)
Dual	0.048 (0.97)	-0.010 (-0.22)	0.051 (1.01)	-0.011 (-0.24)	0.048 (0.97)	-0.010 (-0.22)
LnDir	-0.234 (-1.49)	-0.577*** (-3.48)	-0.168 (-1.04)	-0.601*** (-3.62)	-0.234 (-1.49)	-0.578*** (-3.48)

续表

变量	(1) 禀赋较好	(2) 禀赋较差	(3) 禀赋较好	(4) 禀赋较差	(5) 禀赋较好	(6) 禀赋较差
lndDir	-0.175 (-0.37)	-1.669*** (-4.22)	-0.109 (-0.22)	-1.702*** (-4.33)	-0.175 (-0.37)	-1.664*** (-4.21)
_cons	-8.233*** (-12.25)	-8.953*** (-13.44)	-8.980*** (-13.71)	-8.946*** (-13.43)	-7.959*** (-11.59)	-8.878*** (-13.28)
Ind fe	Yes	Yes	Yes	Yes	Yes	Yes
Year fe	Yes	Yes	Yes	Yes	Yes	Yes
N	2777	5666	2777	5666	2777	5666
r2_p	0.447	0.247	0.452	0.247	0.447	0.246

注：* $p<0.1$，** $p<0.05$，*** $p<0.01$，括号内为 t 值，标准误经过异方差调整。

(3) 考察资源竞争程度。

前面我们分析了资源禀赋条件引起的产业政策对企业跨区域投资行为的差异性，但除了资源禀赋外，资源的争夺激烈程度也是影响企业投资行为的关键。因此，分析不同的资源竞争情况下，不同产业政策影响企业跨区域投资行为也十分重要。对于如何衡量省区内资源竞争的情况，本书认为采用省内地级市个数来衡量本地企业的资源竞争程度比较合理，这是因为：其一，在中国现有行政体制下，同级政府之间存在着竞相竞争关系（周黎安，2004，2007），对于处于同一省区市的地方政府而言，地级市数量越多表明市级政府间的资源竞争越激烈；其二，在中国，不同辖区企业之间的竞争关系已经嵌入地方政府的官场竞争之中（周黎安，2018），因此，地方政府间的竞争能够充分体现企业间的竞争情况——包括对资源的竞争关系。

本书基于上市公司所在省份下辖地级市个数的中位数进行分组，大于中位数组为省内资源竞争程度较大组，小于等于中位数组为省内资源竞争关系较小组。分组检验结果如表 5-16 所示，IP_cen 的回归系数在表 5-16 列（1）中为 0.164，且在 1% 水平上显著，在列（2）中不显著，这表明中央特有产业政策对企业跨区域投资的促进作用在资源竞争更激励的样本组更突出；IP_pro 的回归系数在列（3）中为 -0.46，且在 1% 水平上显著，在列（4）中不显著，这表明地方特有产业政策对企业跨区域投资的抑制作用在资源竞争更激励的样本组更明显；IP_com 的回归系数在列（5）中为 -0.17，且在1%水平上显著,在列(6)中不显著,这表明中央与地方共有产业政策对企业跨区域投资的抑制作用同样在资源竞争更激励的样本组更明显。

以上结果表明,不论何种类型的产业政策,其对企业跨区域投资行为的影响均在省内资源竞争较大的情况下显著,而在资源竞争关系较弱的情况下不显著。对上述回归结果的解释是,在地级市数量相对较多的省份,地方政府乃至企业之间对资源的竞争更加激烈,导致地方资源配置过程更加复杂,企业对资源竞争也更加激烈,从而使企业的投资区位选择行为对资源竞争更激励的情况更加敏感,最终强化了企业跨区域投资对产业政策的反映。相比之下,当省区市内地级市政府较少时,地方政府和企业对资源的使用会更宽松,那么企业投资受到的资源约束减少,地方政府通过资源配置影响企业跨区域投资行为的效果会减弱,最终表现为产业政策对企业跨区域投资的影响不明显。

表 5-16　　异质性分析——考察资源竞争差异

变量	(1) 竞争较大	(2) 竞争较小	(3) 竞争较大	(4) 竞争较小	(5) 竞争较大	(6) 竞争较小
IP_cen	0.164*** (4.36)	0.022 (0.47)				
IP_pro			-0.460*** (-4.95)	0.041 (0.54)		
IP_com					-0.170*** (-4.54)	-0.002 (-0.05)
Size	0.341*** (30.27)	0.298*** (19.33)	0.346*** (30.58)	0.298*** (19.20)	0.341*** (30.26)	0.298*** (19.32)
Lev	0.117* (1.70)	0.261*** (3.26)	0.118* (1.71)	0.265*** (3.30)	0.117* (1.70)	0.262*** (3.27)
ROA	0.448* (1.83)	-0.481** (-2.09)	0.495** (2.04)	-0.481** (-2.08)	0.447* (1.83)	-0.479** (-2.07)
MB	0.034*** (4.03)	0.016* (1.79)	0.037*** (4.39)	0.016* (1.79)	0.034*** (4.02)	0.016* (1.78)
Age	0.037 (0.95)	-0.044 (-0.97)	0.050 (1.31)	-0.043 (-0.95)	0.037 (0.95)	-0.044 (-0.97)

续表

变量	(1) 竞争较大	(2) 竞争较小	(3) 竞争较大	(4) 竞争较小	(5) 竞争较大	(6) 竞争较小
SOE	-0.053** (-2.17)	-0.180*** (-6.19)	-0.057** (-2.31)	-0.181*** (-6.22)	-0.053** (-2.17)	-0.181*** (-6.21)
Top5	-0.038 (-0.49)	-0.440*** (-4.86)	-0.044 (-0.57)	-0.440*** (-4.86)	-0.038 (-0.49)	-0.440*** (-4.87)
Dual	-0.091*** (-3.69)	0.052* (1.91)	-0.092*** (-3.75)	0.052* (1.92)	-0.091*** (-3.69)	0.052* (1.91)
LnDir	-0.024 (-0.36)	-0.078 (-1.04)	-0.036 (-0.54)	-0.081 (-1.08)	-0.023 (-0.35)	-0.077 (-1.02)
IndDir	-0.084 (-0.42)	-0.836*** (-3.20)	-0.009 (-0.04)	-0.845*** (-3.23)	-0.084 (-0.42)	-0.833*** (-3.19)
_cons	-6.916*** (-22.54)	-5.034*** (-14.40)	-7.045*** (-23.06)	-5.016*** (-14.26)	-6.747*** (-21.71)	-5.035*** (-14.20)
Ind fe	Yes	Yes	Yes	Yes	Yes	Yes
Year fe	Yes	Yes	Yes	Yes	Yes	Yes
N	4634	3809	4634	3809	4634	3809
r2_p	0.084	0.055	0.085	0.055	0.085	0.055

注：*$p<0.1$，**$p<0.05$，***$p<0.01$，括号内为 t 值，标准误经过异方差调整。

(4) 考察要素市场发展程度。

上述分析主要是基于产业政策下，政府如何引导资源配置从而影响企业跨区域投资行为的逻辑。然而，产业政策的出台还会引导和撬动诸如风投资金、社会战略投资资金等社会性资源（李莉等，2015；卢盛峰和陈思霞，2016）。于是，在检验了领导人特征、资源禀赋、资源竞争程度之后，本书进一步分析资源的市场配置途径是否是不同产业政策影响企业跨区域投资行为的差异性来源之一。本书采用王小鲁等编制的《中国分省份市场化指数报告（2018）》中的要素市场发育程度评分这一指标来衡量企业通过市场途径获得发展资源的便利程度。具体地，本书根据各省区市要素市场发育程度评分全样本中位数进行分组，大于中位数为要素市场发展较好组，否则为要素市场发展较差组，据此对央地不同产业政策与企业跨区域投资的关系做分组检验。

结果如表 5-17 所示，IP_cen 回归系数是 0.471，在 1% 水平上显著为正，IP_cen 的系数不显著，这表明中央特有产业政策仅在要素市场发展较好的情况下对企业跨区域投资行为存在显著促进作用。对上述统计结果一个可能的解释是，由于中央特有产业政策不是地方政府主要发展的方向，因此受该类产业政策支持的企业较难获得地方性资金的支持，他们更需要通过市场化手段获得中央资金的支持。如果当地要素市场发展越好，那么其能通过市场途径获得资源的可能性和便利性就越高，从而增加跨区域投资力度；反之，如果当地要素市场发展越差，也越难从市场获得资源在异地扩张发展。

表 5-17　　　　异质性分析——考察要素市场发展差异

变量	(1) 发展较好	(2) 发展较差	(3) 发展较好	(4) 发展较差	(5) 发展较好	(6) 发展较差
IP_cen	0.471*** (5.40)	0.072 (1.02)				
IP_pro			-0.310* (-1.90)	-0.360** (-2.26)		
IP_com					-0.461*** (-5.31)	-0.058 (-0.81)
Size	0.623*** (25.24)	0.550*** (16.80)	0.637*** (23.97)	0.554*** (16.91)	0.623*** (25.23)	0.550*** (16.80)
Lev	0.301* (1.94)	0.257 (1.47)	0.315** (2.01)	0.255 (1.47)	0.301* (1.94)	0.257 (1.47)
ROA	1.040* (1.93)	0.190 (0.43)	1.157** (2.12)	0.252 (0.57)	1.041* (1.93)	0.189 (0.42)
MB	0.002 (0.13)	0.037* (1.73)	0.009 (0.57)	0.037* (1.74)	0.002 (0.14)	0.037* (1.73)
Age	-0.278*** (-3.62)	0.137 (1.44)	-0.258*** (-3.32)	0.137 (1.45)	-0.277*** (-3.62)	0.138 (1.45)
SOE	0.023 (0.44)	-0.330*** (-6.35)	0.014 (0.28)	-0.332*** (-6.38)	0.023 (0.44)	-0.331*** (-6.35)
Top5	-0.214 (-1.32)	0.200 (1.16)	-0.228 (-1.41)	0.203 (1.18)	-0.214 (-1.32)	0.200 (1.16)

续表

变量	(1) 发展较好	(2) 发展较差	(3) 发展较好	(4) 发展较差	(5) 发展较好	(6) 发展较差
Dual	-0.076 (-1.62)	0.015 (0.30)	-0.098** (-2.00)	0.014 (0.28)	-0.077 (-1.63)	0.015 (0.30)
LnDir	-0.246 (-1.64)	-0.471** (-2.57)	-0.249 (-1.57)	-0.452** (-2.44)	-0.246 (-1.64)	-0.472** (-2.57)
IndDir	-0.326 (-0.72)	-1.023** (-2.32)	-0.149 (-0.31)	-0.944** (-2.13)	-0.322 (-0.71)	-1.022** (-2.32)
_cons	-9.218*** (-14.89)	-8.560*** (-12.05)	-9.481*** (-14.93)	-8.711*** (-11.94)	-8.762*** (-13.97)	-8.504*** (-11.93)
Ind fe	Yes	Yes	Yes	Yes	Yes	Yes
Year fe	Yes	Yes	Yes	Yes	Yes	Yes
N	4410	4033	4410	4033	4410	4033
r2_p	0.366	0.239	0.361	0.240	0.366	0.239

注：* $p<0.1$，** $p<0.05$，*** $p<0.01$，括号内为 t 值，标准误经过异方差调整。

IP_pro 的回归系数是 -0.31 且在 10% 水平上显著，IP_pro 的系数是 -0.36 且在 5% 水平上显著。这表明不论要素市场发展情况好坏，地方特有产业政策对企业跨区域投资行为都体现为抑制作用，但上述抑制作用在要素市场发展较差的情况下显著性更强。对此的解释是，由于地方特色产业政策一般没有中央资源的支持，因此地方政府对该类产业资源的配置起着更大的自主权。在要素市场发展较差的情况下，地方政府对资源的控制力度更大，地方特有产业资源可能更多地依靠非市场手段进行配置，大部分企业通过市场获得资源的可能性和便利性更低，他们更需要通过与政府建立某种双赢机制，即默认更多地进行本地投资才能获取地方资源，由此，其跨区域投资行为会受到显著抑制；相反，如果要素市场发展较好，受此类产业政策支持的企业能够通过市场化的渠道获得一定的发展资源，其跨区域投资力度因资源受限而下降的程度更小。

IP_com 的回归系数是 -0.461，在 1% 水平上显著，IP_com 的系数不显著，这表明中央与地方共有产业政策对企业跨区域投资行为的抑制作用仅在要素市场发展较好的情况下显著。对上述统计结果的解释是，由于中央和地方共有产业政策本身具有更多优势资源,因此该类产业资源的配置除了部分受地方政府影响外,还有部分来自中央的资源能够通过市场化配置手段进行的。当在要素市场发展较好时,上市公司不仅能获得地方政府资源倾斜,还能从市场获得更多资源满足自身的本地投资机会,其跨区域投资动机更弱,投资力度更低;反之,当要素市场发展较差时,处于该类产业支持下的企业可能更多地需要依靠非市场手段去获得资源,资源获取便利性的降低会促使企业试图从其他地区获得发展资源,因而其跨区域投资并不会显著降低。

(5) 考察资源配置对象。

在检验了领导人特征、资源禀赋、资源竞争程度以及市场化获取资源的难易程度之后,资源的配置对象也是产业政策对企业跨区域投资异质性因素的重要方面。大量研究表明,不同性质的产权背后体现了政府干预企业的动机和能力,因而对企业行为具有尤其重要的影响(方军雄,2008;夏立军等,2011)。相对非国有企业而言,国有企业由于其主要出资人为国家,因而政府对企业具有天然的影响力和控制力,同时,国有企业也承担着特定的战略性和政策性功能(林毅夫和李志赟,2004;林毅夫,2012),这种天然的"产权约束"和"功能约束"使国有企业本质上成为政府执政的一种延伸组织(Xin et al.,2019),更可能成为地方政府实现经济增长目标的执政工具(Lin et al.,1998;潘红波和余明桂,2011),由此也导致地方政府对辖区内不同产权性质的资源倾斜度的差异性,地方政府在引导资源配置上往往对国有企业更加偏爱,而非国有企业往往是受歧视的。基于此,本章进一步从资源配置对象的产权性质差异方面进行异质性检验。

检验结果如表 5-18 所示,IP_cen 在国有企业样本组的回归系数是 0.052 但不显著,在非国有企业样本组的回归系数是 0.547 且在 1% 水平上通过了显著性检验。这表明,中央特有产业政策(IP_cen)对企业跨区域投资的促进作用主要体现在非国有企业中。对此结果的解释是,地方政府虽然总体上对中央特有产业政策是不倾斜的,但是可能基于对本地国有企业的特殊关联,处于该类产业政策下的国有企业仍然能够获得一定的资金和资源,从而跨区域投资的动力不大;相比而言,非国有企业可能就不那么幸运,它们能够获得当地资源的概率很小,只有依靠跨区域投资才能维持企业发展。

表5-18　　　　　　异质性分析——考察资源配置对象

变量	(1) 国有企业	(2) 非国有企业	(3) 国有企业	(4) 非国有企业	(5) 国有企业	(6) 非国有企业
IP_cen	0.052 (0.68)	0.547*** (6.45)				
IP_pro			-1.330*** (-9.99)	0.595*** (4.38)		
IP_com					-0.054 (-0.70)	-0.535*** (-6.31)
Size	0.620*** (22.20)	0.527*** (21.34)	0.645*** (23.36)	0.547*** (18.62)	0.620*** (22.20)	0.528*** (21.32)
Lev	-0.324* (-1.70)	0.871*** (6.40)	-0.333* (-1.80)	0.924*** (6.72)	-0.324* (-1.70)	0.873*** (6.41)
ROA	-0.439 (-0.69)	0.779** (2.03)	-0.053 (-0.08)	0.951** (2.39)	-0.439 (-0.69)	0.773** (2.02)
MB	0.024 (0.98)	0.015 (1.05)	0.049** (2.16)	0.029* (1.90)	0.024 (0.98)	0.015 (1.05)
Age	-0.089 (-0.90)	-0.100 (-1.42)	-0.052 (-0.52)	-0.094 (-1.29)	-0.089 (-0.90)	-0.101 (-1.44)
Top5	0.395** (2.01)	-0.238* (-1.74)	0.350* (1.89)	-0.240* (-1.67)	0.395** (2.01)	-0.237* (-1.74)
Dual	-0.081 (-1.25)	-0.043 (-1.05)	-0.054 (-0.84)	-0.081* (-1.76)	-0.081 (-1.25)	-0.045 (-1.07)
LnDir	0.044 (0.30)	-0.659*** (-4.60)	0.043 (0.31)	-0.707*** (-4.58)	0.044 (0.31)	-0.658*** (-4.59)
IndDir	0.406 (0.85)	-1.334*** (-2.78)	0.767 (1.59)	-1.351*** (-2.70)	0.406 (0.85)	-1.340*** (-2.79)
_cons	-11.853*** (-17.54)	-6.643*** (-10.95)	-12.716*** (-18.33)	-6.919*** (-10.92)	-11.799*** (-17.51)	-6.119*** (-10.04)
Ind fe	Yes	Yes	Yes	Yes	Yes	Yes
Year fe	Yes	Yes	Yes	Yes	Yes	Yes
N	3368	5075	3368	5075	3368	5075
r2_p	0.335	0.320	0.350	0.314	0.335	0.320

注：*$p<0.1$，**$p<0.05$，***$p<0.01$，括号内为t值，标准误经过异方差调整。

IP_pro 在国有企业样本组的回归系数是 -1.33，且在 1% 置信水平上显著；在非国有企业样本组的回归系数是 0.595，且在 1% 水平上显著。这表明，地方特有产业政策（IP_cen）对辖区内国有企业跨区域投资产生了显著的抑制作用，而对辖区非国有企业跨区域投资产生了显著的促进作用。对此结果的解释是，由于地方特有产业政策没有中央政策支持，只能依靠地方性资源进行发展，因此，地方政府在引导相对更有限的资源配置时，对处于该类产业的企业存在明显的产权性质偏爱。为了支持和打造本地特色产业，地方政府往往更加优先支持国有企业的本地投资，推动国有企业对特色产业的打造和建设，因此，国有企业将获得该类产业为数不多的配套资源中的绝大部分，其跨区域投资的动力被削弱，而非国有企业则相反未能获得足够的发展资金，跨区域投资发展的动力依然很强烈。

IP_com 在国有企业样本组的回归系数是 -0.054 但并不显著；在非国有企业样本中的回归系数是 -0.535，且在 1% 水平上显著。这表明，中央和地方共有的产业政策（IP_com）对辖区国有企业跨区域投资未产生显著影响，但是对辖区内非国有企业跨区域投资产生了显著的抑制作用。对此结果的解释是，由于中央和地方共有产业政策在中央层面和地方层面都有一定的配套资源，相对其他两类产业政策来讲，发展资源是比较丰沛的，因此，地方政府在引导资源配置的过程中除了优先考虑国有企业投资以外，非国有企业也或多或少能够获得一定的当地资源。在此情况下，国有企业不仅能够将充分的资源用于本地投资，还可以将部分资源用以跨区域规模扩张使用，尽管这种情况并未显著促进其跨区域投资行为，但至少没有显著阻碍和抑制其跨区域扩张行为；而对于非国有企业来讲，处于该类产业政策支持下的企业由于获得了难得的本地资源，他们的投资区位选择也会严重受到地方政府的影响，为了增加本地投资和发展本地经济而更多地减少或放弃对外扩张机会，由此表现为跨区域投资力度的显著下降。

5.6 拓展研究：央地政策差异与企业跨区域投资的经济后果

延续第 4 章对企业跨区域投资经济后果的研究，本部分继续关注央地政策差异在企业跨区域投资对创新影响中的调节作用。同样,参考祝继高等(2020)的研究,本部分在模型(5-1)的基础上构建模型(5-2)进行检验:

$$\text{Patent} = \lambda_0 + \lambda_1 \text{Osubinv} + \lambda_2 \text{IP} + \lambda_3 \text{Osubinv} \times \text{IP}$$
$$+ \sum \lambda \times \text{CVs} + \varepsilon \quad (5-2)$$

其中,Osubinv 代表企业跨区域投资,为节省篇幅且便于与表 4-16 的结果进行对比,本部分同样采用企业异地子公司个数加 1 后取对数形式(OsubNum2)进行衡量。IP 为产业政策指标,参考本章模型(5-1),分别取 IP_cen、IP_pro 和 IP_com,具体定义参见表 5-1。Patent 代表企业创新产出,与第 4 章模型(4-4)一致,分别取企业专利申请总量(Patent_all,企业专利申请总数加 1 后取自然对数)和企业发明专利申请总量(Patent_inv,企业发明专利申请总数加 1 后取自然对数)进行衡量。CVs 为一系列控制变量,包括本章模型(5-1)中的控制变量(参见表 5-1)。

模型(5-2)用于检验异质性产业政策对企业跨区域投资与创新关系的调节作用,因此,Osubinv × IP 是本书关心的变量。另外,企业跨区域投资对创新的影响参见第 4 章表 4-16 中的列(1)和列(4)。

表 5-19、表 5-20 和表 5-21 展示了模型(5-2)的检验结果。表 5-19 报告了针对中央特有产业政策对跨区域投资与创新关系的调节作用回归结果。首先,OsubNum2 对 Patent_all 和 Patent_inv 的回归系数分别是 0.189 和 0.185,且均在 1% 水平上显著,这与表 4-16 中的列(1)和列(4)的结果一致,表明从单独影响来看,跨区域投资能够显著促进企业创新,跨区域投资所产生的"竞争提升效应"大于"资源挤占效应",跨区域投资给企业带来更多的竞争压力,从而促使企业通过提升内在核心竞争力,通过实质性创新实现高质量发展。

表 5-19 中央特有产业政策、跨区域投资与企业创新

变量	Patent_all		Patent_inv	
	(1)	(2)	(3)	(4)
OsubNum2	0.189 ***	0.189 ***	0.185 ***	0.184 ***
	(12.03)	(11.44)	(11.39)	(10.70)
OsubNum2 × IP_cen		-0.000		0.013
		(-0.01)		(0.31)

续表

变量	Patent_all		Patent_inv	
	(1)	(2)	(3)	(4)
IP_cen	-0.003 (-0.07)	-0.003 (-0.04)	0.030 (0.60)	0.014 (0.20)
Size	0.536*** (28.16)	0.536*** (28.03)	0.574*** (29.48)	0.574*** (29.36)
Lev	-0.147* (-1.73)	-0.147* (-1.73)	-0.192** (-2.16)	-0.193** (-2.17)
ROA	1.991*** (7.08)	1.991*** (7.08)	1.827*** (6.45)	1.827*** (6.45)
MB	0.023** (2.37)	0.023** (2.36)	0.053*** (5.44)	0.053*** (5.41)
Age	-0.081* (-1.69)	-0.081* (-1.69)	-0.122** (-2.42)	-0.122** (-2.41)
SOE	0.046 (1.51)	0.046 (1.51)	0.141*** (4.43)	0.141*** (4.44)
Top5	-0.185* (-1.91)	-0.185* (-1.91)	-0.292*** (-2.80)	-0.291*** (-2.79)
Dual	-0.113*** (-3.88)	-0.113*** (-3.88)	-0.090*** (-2.91)	-0.090*** (-2.91)
LnDir	0.283*** (3.05)	0.283*** (3.05)	0.464*** (4.89)	0.465*** (4.90)
IndDir	0.525* (1.88)	0.525* (1.88)	0.573* (1.95)	0.569* (1.93)
_cons	-10.504*** (-23.53)	-10.504*** (-23.42)	-12.332*** (-26.70)	-12.323*** (-26.58)
Ind fe	Yes	Yes	Yes	Yes
Year fe	Yes	Yes	Yes	Yes
N	7144	7144	7144	7144
r2_a	0.393	0.393	0.359	0.359

注：*p<0.1，**p<0.05，***p<0.01，括号内为t值，标准误经过异方差调整。

表5-20　地方特有产业政策、跨区域投资与企业创新

变量	Patent_all		Patent_inv	
	(1)	(2)	(3)	(4)
OsubNum2	0.188***	0.194***	0.185***	0.195***
	(12.00)	(11.87)	(11.40)	(11.53)
OsubNum2×IP_pro		-0.082		-0.126**
		(-1.60)		(-2.48)
IP_pro	-0.192**	-0.113	-0.150*	-0.030
	(-2.31)	(-1.22)	(-1.77)	(-0.31)
Size	0.537***	0.536***	0.575***	0.573***
	(28.32)	(28.22)	(29.56)	(29.46)
Lev	-0.147*	-0.147*	-0.192**	-0.192**
	(-1.73)	(-1.73)	(-2.17)	(-2.17)
ROA	2.014***	2.019***	1.849***	1.855***
	(7.16)	(7.17)	(6.52)	(6.54)
MB	0.023**	0.023**	0.053***	0.053***
	(2.36)	(2.34)	(5.44)	(5.40)
Age	-0.082*	-0.082*	-0.122**	-0.123**
	(-1.70)	(-1.72)	(-2.41)	(-2.43)
SOE	0.043	0.041	0.138***	0.136***
	(1.40)	(1.35)	(4.35)	(4.28)
Top5	-0.190*	-0.187*	-0.295***	-0.290***
	(-1.96)	(-1.93)	(-2.84)	(-2.79)
Dual	-0.114***	-0.112***	-0.091***	-0.089***
	(-3.92)	(-3.87)	(-2.94)	(-2.86)
LnDir	0.292***	0.297***	0.471***	0.478***
	(3.15)	(3.20)	(4.96)	(5.04)
IndDir	0.557**	0.565**	0.601**	0.614**
	(1.99)	(2.02)	(2.04)	(2.09)
_cons	-10.552***	-10.555***	-12.373***	-12.376***
	(-23.75)	(-23.77)	(-26.84)	(-26.86)
Ind fe	Yes	Yes	Yes	Yes
Year fe	Yes	Yes	Yes	Yes
N	7144	7144	7144	7144
r2_a	0.394	0.394	0.359	0.359

注：*p<0.1，**p<0.05，***p<0.01，括号内为t值，标准误经过异方差调整。

表5-21　中央与地方共有产业政策、跨区域投资与企业创新

变量	Patent_all		Patent_inv	
	(1)	(2)	(3)	(4)
OsubNum2	0.189***	0.136***	0.185***	0.123***
	(12.04)	(5.94)	(11.38)	(5.30)
OsubNum2×IP_com		0.102***		0.119***
		(3.61)		(4.10)
IP_com	0.013	-0.111*	-0.034	-0.180***
	(0.27)	(-1.85)	(-0.68)	(-2.98)
Size	0.536***	0.538***	0.574***	0.576***
	(28.16)	(28.34)	(29.47)	(29.70)
Lev	-0.147*	-0.136	-0.191**	-0.178**
	(-1.73)	(-1.59)	(-2.16)	(-2.00)
ROA	1.992***	1.981***	1.827***	1.815***
	(7.08)	(7.05)	(6.45)	(6.40)
MB	0.023**	0.023**	0.053***	0.053***
	(2.37)	(2.36)	(5.44)	(5.42)
Age	-0.081*	-0.081*	-0.122**	-0.123**
	(-1.68)	(-1.69)	(-2.42)	(-2.44)
SOE	0.046	0.043	0.141***	0.137***
	(1.51)	(1.41)	(4.43)	(4.31)
Top5	-0.185*	-0.180*	-0.292***	-0.285***
	(-1.91)	(-1.86)	(-2.80)	(-2.75)
Dual	-0.113***	-0.112***	-0.090***	-0.089***
	(-3.88)	(-3.85)	(-2.91)	(-2.88)
LnDir	0.283***	0.291***	0.464***	0.473***
	(3.05)	(3.15)	(4.89)	(5.01)
IndDir	0.526*	0.534*	0.573*	0.583**
	(1.88)	(1.92)	(1.94)	(1.99)
_cons	-10.518***	-10.537***	-12.298***	-12.320***
	(-23.38)	(-23.51)	(-26.43)	(-26.57)
Ind fe	Yes	Yes	Yes	Yes
Year fe	Yes	Yes	Yes	Yes
N	7144	7144	7144	7144
r2_a	0.393	0.394	0.359	0.360

注：*$p<0.1$，**$p<0.05$，***$p<0.01$，括号内为t值，标准误经过异方差调整。

其次，交互项 OsubNum2 × IP_cen 的回归系数均未通过显著性检验，这说明中央特有产业政策在企业跨区域投资与创新的关系中并未起到显著的调节作用。对此结果可能的解释是，从投资机会来看，由于中央特有产业政策本身不被本地政府支持，发展空间受限制，因此处于该类产业的企业在本地的投资机会很小，其跨区域发展更多的是基于生存空间的考量，而提升创新能力显然不是第一初衷；另外，从资源条件来看，相对其他两类产业政策，中央特有产业政策在本地并不具备更好的资源配备优势，企业在异地设立子公司进行投资可能更多的是为了获取异地发展资源以维持正常的生产经营和实现规模扩张的被迫选择，因此对创新投入的关注不足，也很难实现创新产出。综上所述，在投资机会和资源约束的共同作用下，中央特有产业政策对企业跨区域投资与创新积极效应的调节作用并不显著。

表 5-20 报告了地方特有产业政策对跨区域投资与创新关系的调节作用的回归结果。首先，OsubNum2 对 Patent_all 和 Patent_inv 的回归系数分别是 0.188 和 0.185，且均在 1% 水平上显著，仍然支持表 4-16 中列（1）和列（4）的结果，也就是说，从单独影响来看，跨区域投资能够显著促进企业创新，跨区域投资所产生的"竞争提升效应"大于"资源挤占效应"，跨区域投资给企业带来更多的竞争压力，从而促使企业通过提升内在核心竞争力，通过实质性创新实现高质量发展。

其次，交互项 OsubNum2 × IP_pro 的回归系数在表 5-20 列（2）中是 -0.082，但未通过显著性检验；在列（4）中为 -0.126，且在 1% 水平上显著。这表明，地方特有产业政策对企业跨区域投资与总体创新的关系并未起到调节作用，但地方特有产业政策对企业跨区域投资与发明创新的关系起到了负向调节作用。上述结果并不矛盾，因为经检验，地方特色产业政策（IP_pro）对企业跨区域投资与策略性创新（外观设计创新和实用新型创新）关系具有正向调节作用，也即地方特色产业政策更多地正向调节了企业跨区域投资对非发明类创新的促进作用。对此结果可能的解释是，地方特色产业资源的大量倾斜能够为企业创新提供足够的资金支持，他们具有很大的发展空间和资金优势，并仍然承担着为"特色"而创新的任务，然而，这些"地方特色"相对而言面临更少的全国性市场竞争，因此企业无须花费大力气通过实质性的发明创新就可以在市场中获得，由此通过一些策略性创新就可以脱颖而出。

表 5-21 报告了中央与地方共有产业政策对跨区域投资与创新关系的调节作用的回归结果。首先，OsubNum2 对 Patent_all 和 Patent_inv 的回归系数分别是 0.189 和 0.185，且在 1% 水平上显著，仍然与表 4-16 中列（1）和列（4）的结果一致。同样说明从单独影响来看，跨区域投资能够显著促进企业创新，跨区域投资所产生的"竞争提升效应"大于"资源挤占效应"，跨区域投资给企业带来更多的竞争压力，从而促使企业通过提升内在核心竞争力，通过实质性创新实现高质量发展。

其次，交互项 Osubinv × IP_com 对 Patent_all 的系数为 0.102，且在 1% 水平上显著；对 Patent_inv 的系数为 0.119，且同样在 1% 水平上显著。这说明，中央和地方共有产业政策在企业跨区域投资与总体创新和发明创新的关系中均起到显著的正向调节作用。对此结果可能的解释是，由于中央与地方共有的产业政策使辖区内企业具有更充沛的发展资源储备，更多地鼓励了企业在本地增加投资，但本地投资的增加并不会挤出创新投资，反而有可能促进企业在本地规模扩张的同时也更多关注创新投入。一是因为市场投资空间和资源条件允许企业具备创新动机和创新可能性；二是因为该类产业所面临的市场竞争程度使企业具备创新必要性。据本书统计和以往研究表明，中央与地方共有产业政策往往是"中央舞剑，地方跟风"的结果，处于中央与地方共有产业政策下企业不仅面临本地竞争，还面临其他地区同类型产业的竞争，范围更广强度更大的市场竞争和资源竞争促使企业必须通过创新尤其是实质性发明创新才能取胜市场。因此，中央与地方共有产业政策虽然对企业跨区域投资具有抑制作用，但对企业跨区域投资与创新的关系具有显著的正向调节作用。

5.7　本章小结

本章从异质性产业政策视角探讨了央地政策关系如何影响企业跨区域投资行为。利用 2007~2015 年中国 A 股制造业上市公司数据，以不同产业政策类型作为中央政府与地方政府关系的一种分析角度，具体检验了中央特有产业政策、地方特有产业政策以及中央和地方共有产业政策对企业跨区域投资行为的影响，在此基础上对上述影响存在的异质性进行检验，最终从创新视角对央地政策差异影响企业跨区域投资的经济后果进行了检验。

本章的研究结论主要包括以下几个方面：

第一，从总体看，中央特有产业政策显著促进了辖区企业的跨区域投资，地方特有产业政策显著抑制了辖区企业的跨区域投资，中央与地方共有产业政策也显著抑制了辖区企业跨区域投资。第二，从影响资源配置过程的因素来看，上述关系因引导资源配置的主体（地方政府）动机、资源禀赋条件、资源竞争程度、市场化获取资源难易程度以及资源配置对象而存在显著差异。具体而言，上述三类产业政策对企业跨区域投资的作用在地方政府动机更强（领导人晋升竞争更激励）、地区资源禀赋更好、资源竞争更大的情况下更加显著；中央特色产业政策、中央与地方共有产业政策对企业跨区域投资的影响在市场化获取资源更容易（要素市场发展较好）的情况下更显著，地方特色产业政策对企业跨区域投资的作用在市场化获取资源更难（要素市场发展较差）的情况下更加显著；中央特有产业政策显著促进了非国有企业的跨区域投资，地方特有产业政策显著抑制了国有企业的跨区域投资，中央与地方共有产业政策显著抑制了非国有企业的跨区域投资。第三，拓展研究表明，企业跨区域投资能显著促进创新产出，中央特有产业政策对上述关系并未起到调节作用，地方特有产业政策对上述关系起负向调节作用，中央与地方共有产业政策对上述关系起正向调节作用。

此外，本章对于基本结论进行了更换关键变量衡量方式、增加控制变量、变换回归方法以及采用子样本回归等方式的稳健性检验，检验结果均表现稳健。

第6章
央地官员流动与企业跨区域投资

6.1 引　　言

改革开放以来，随着中央政府财权、税收权、企业管理权限的逐步下放，地方政府围绕"GDP锦标赛"和"税收竞争"的双重压力而展开激烈的竞争（周黎安，2004），由此引发了地方政府的保护主义行为，导致地区间严重的市场分割局面（银温泉和才婉茹，2001；郑毓盛和李崇高，2003）。市场分割在短期来讲有助于促进地方经济增长，但是长期来看却阻碍了地区间的资源流动，不利于规模经济的形成和市场竞争机制的运行，更有碍于国内统一市场的建设（陆铭和陈钊，2009）。市场分割问题的存在也成为微观企业跨区域投资的重要障碍（方军雄，2008；宋渊洋和黄礼伟，2014；曹春方等，2015）。受地方保护主义影响，企业的异地投资相比本地投资而言会面临更多的政府干预和监管，由此会增加更多的交易成本，异地投资行为受到较大的限制（潘红波和余明桂，2011）。对于如何破除前述问题，学者们从构建政治和社会关系（夏立军等，2011；潘红波和余明桂，2011；曹春方和贾凡胜，2020）、增加交通设施（马光荣等，2020）等角度提出了解决之法，但是，鲜有文献从官员人事管理的视角进行探讨。本书尝试从中央对地方的隐性治理——人事调整的角度，探讨官员异地交流对流入地企业跨区域投资的影响，以期为降低市场分割、促进资源跨区域流动和建设全国性统一市场提供一个新视角。

在中国富有特色的政治制度中，干部人事治理制度具有举足轻重的地位，其中，官员交流制度是极具重要的一种人事安排。由于官员人事调动，尤其是省级党政"一把手"的任免绝对权力在中央，因此对省级官员的人事交流安排充分体现了中央与地方关系调整。官员交流机制是中央促进地区经济平衡发展的重要工具，同时也是中央打破地方势力和净化政治生态的意志体现，更是加强中央与地方信息畅通的有效手段。由此可见，从某种角度来讲，官员交流制度是中央政府统筹区域协调发展、落实区域发展战略意图的一个重要安排。

从相关文献来看，现有关于官员交流的经济后果，大多数学者集中于从宏观角度探讨了官员交流对流入地经济发展和社会治理的影响（徐现祥等，2007；张军和高远，2007；陈刚和李树，2012；田彬彬和范子英，2016），也有从中观层面探讨官员异地交流对地区资源流动的影响（史卫和杨海生，2010；钱先航和曹廷求，2017），少数从微观层面关注了官员交流对企业行为的影响（金智，2013；步丹璐和狄灵瑜，2018；狄灵瑜和步丹璐，2019；Shi et al.，2020）。总的来讲，现有对官员异地交流的微观效应的研究相对较少，同时更多关注到官员异地交流对官员流入地的资源流入的影响（史卫和杨海生，2010；钱先航和曹廷求，2017；王贤彬和徐现祥，2017），较少有官员交流对流入地资源流出的研究。相对于将外部资源和企业"引进来"，交流官员是否具有动力让辖区企业"走出去"以及如何让他们"走出去"也是一个值得研究和实证检验的问题。

基于此，本书以2007~2019年A股制造业上市公司为样本，尝试从央地关系——中央对地方人事治理的视角，探讨官员异地交流对官员流入地企业跨区域投资的影响及其机制途径。研究发现：（1）省（直辖市、自治区）委书记的异地交流能够显著促进流入地企业的跨区域投资，上述结果在一系列稳健性检验下仍然成立。（2）机制检验表明，中央交流官员促进了流入地企业参与区域一体化建设，缓解了地方保护程度，从而推动了流入地国有企业的跨区域投资；外省交流官员提高了流入地的外商直接投资规模和流入地企业出口规模，从而促进了流入地非国有企业的跨区域投资。（3）异质性检验发现，中央交流官员对流入地国有企业跨区域投资的推动作用仅在官员年龄更大、出生地和任职地非同一省份、地区市场化程度更差的样本组成立，但不因官员任期长短而存在差异；外省交流官员对辖区非国有企业跨区域投资的促进作用仅在官员年龄更轻、任期更短、出生地与任职地非同一省份、地区市场化程度更好的情况下显著。(4) 拓展研究结果显示，中央交流官员在国有企业跨区域投资与创新关系中起到了负向调节作用，外省交流官员在非国有企业跨区域投资与创新的关系中起到了正向调节作用。

本章的边际贡献体现在：(1) 从央地关系——中央对地方吏治的视角拓展了有关企业跨区域投资的研究。具体而言，现有研究关注政治关联、地区信任、社会网络、建设基础设施等因素对企业跨区域投资的影响，本章研究得出，通过中央对地方主政官员的治理——省委书记的异地交流也能促进企业跨区域投资，由此为促进企业跨区域投资提供了一个途径。(2) 本章丰富了官员交流制度影响地区资源流动的认识。现有文献主要关注了官员异地交流对辖区资源流入的影响，本章从官员流入地资源流出这一角度证实了官员交流也能促进辖区资源流出，由此丰富了官员异地交流作用的认识。(3) 本章进一步厘清官员异地交流对流入地企业跨区域投资的影响机制和作用对象，为深入理解和有效发挥官员交流制度对地区经济协调发展的影响提供了经验证据。

本章余下结构安排如下：第二部分对中国官员交流制度做简要介绍，分析官员交流所体现的中央与地方关系；第三部分进行理论阐述并提出研究假设；第四部分介绍实证设计；第五部分是实证检验结果及分析；第六部分拓展研究了官员异地交流对企业跨区域投资经济后果；第七部分是本章小结。

6.2 制度背景分析

6.2.1 中国官员交流制度简介

中国历来重视官员交流工作，它是中央政府实行吏治的一个重要组成部分。早在1942年，中央军委就提出了《关于干部交流的建议》。改革开放初期，邓小平同志便提出并倡导了建立干部异地交流制度的意见，中央政府充分采取了一系列措施来推行官员交流制度。1990年7月，中共中央颁布了

《中共中央关于实行党和国家机关领导干部交流制度的决定》，官员异地交流被正式作为制度而加以执行。根据该决定，党中央和国家机关各部委，各省、自治区和直辖市的省部级领导干部，不仅可以在中央与地方之间进行交流，也可以在不同地区之间进行交流，还可以在中央各部门之间进行交流，尤其要注意从经济比较发达的地区交流一部分领导干部到经济相对落后的地区任职。1994年，党的十四届四中全会进一步强调，要认真推行领导干部交流制度，加大省级干部交流的力度，继续推进地市县级干部交流。1999年，中共中央办公厅印发了《党政领导干部交流工作暂行规定》；2006年8月，中共中央办公厅又颁布了《党政领导干部交流工作规定》，此前的《暂行规定》同时废止。2009年，中共十七届四中全会通过了《中共中央关于加强和改进新形势下党的建设若干重大问题的决定》，确立了一个很重要的规范，要求从多个层面加大干部交流力度，完善干部交流制度。

6.2.2 官员异地交流与央地关系的体现：中央对地方的隐性治理

根据Huang（2002）的研究，中国的中央政府对地方官员的治理通常包含着"显性治理"和"隐性治理"两个方面。其中，中央政府的"显性治理"往往是通过可以度量的经济性指标（如地方GDP增长率、地方财政收入、地方引资规模等）来考核地方官员的政绩，而预防和阻止地方官员腐败这类难以量化和监控的事项更多的是依赖一些"隐性治理"手段。对于地方高级官员，如省（直辖市、自治区）委书记或省（直辖市、自治区）长的治理上，中央政府则更多地依赖隐性手段，包括中央政府直接任命地方官员、地方官员兼任中央政治局委员、地方官员的任期控制以及官员异地交流等。由此可见，官员异地交流本质上是中央对地方官员的人事调整和安排。中央拥有绝对的权威并继续任命地方的官员，有能力奖励和惩罚地方官员的行为（Blanchard and Shleifer，2001），因此地方官员交流，尤其是省级党政"一把手"的异地交流（不论中央交流还是外省交流）充分体现了中央的目标安排。从改革开放以来的一系列官员交流制度规定来看，其最终目的是实现中国社会经济的良性发展，具体表现在：

第一，官员流动会带动资源和经验的转移，是实现中央对于地方经济协调发展这一目标的重要手段。例如,"尤其要注意从经济比较发达的地区交流一部分领导干部到经济相对落后的地区任职"便是官员交流制度中明确的具体内容,近些年,地方人事变动的一条明线便是"从沿海发达地区到内地、东北等后发达省份任一把手"(杨海生等,2010),其背后是中央希望沿海发达地区有经验有能力的官员到相对不发达的地区搞活经济,将沿海地区的资金、技术、管理经验传递到欠发达的地区,从而拉动这些地区的经济发展。

第二,官员异地交流是净化地方政治生态、提高政府执政效率的重要安排。中央通过对地方重要官员的调任交流安排,有助于破除地方官员因长时间在同一地区或部门任职而形成的人情网和关系网(陈绪群和赵立群,1996),有助于克服地方官员的惰性,减少官员腐败行为(陈刚和李树,2012),改善政策和政府的效率和净化政治生态,与此同时,也无疑强化了中央对官员的任免决定权。

第三,官员交流也是中央试图降低与地方之间信息不对称的重要途径。中央政府与地方政府之间本质上存在着一种委托—代理关系,中央作为委托人将具体事务交由地方管理和执行,并对其进行考核评价。但是,在很多情况下,中央与地方的目标和利益不完全一致,地方很可能向中央隐瞒消息,这会使得中央处于被动地位,不利于政令执行和中央战略的落实。由此,中央通过人事调整和安排,畅通央地信息机制,减少地方道德风险行为对中央意图的侵蚀。

6.3 理论分析与研究假设

6.3.1 官员异地交流与企业跨区域投资

官员的交流和调整历来都很受人们关注,正如一个公司中领导人对公司的发展起着至关重要的作用一样,在地方经济发展中,地方官员也扮演着同样重要的角色,如在推动经济体制改革、招商引资、发展民营经济、区域经济合作等方面。这与中国政府官员激励方式有关,"晋升锦标赛"将关心仕途的地方政府官员置于强力的激励之下（周黎安，2007），从而"为增长而竞争"也就成为地方官员的必然选择。从中央政府角度来看，实施官员交流制度虽然并非完全出自经济管理等方面的考虑，但不可否认，官员交流确实是中央政府统筹区域协调发展、落实区域发展战略意图的一个重要举措。

具体到微观层面，企业的跨区域投资是企业资本、人力、物资等要素资源在不同地区配置的过程，也是促进区域经济协调发展和建设全国性统一市场的微观基础。本书认为，官员的异地交流对流入地企业的跨区域投资行为可能具有促进作用，这是因为：

一方面，官员异地交流能够推动中央意图在地方的贯彻落实，从而推动官员流入地企业的跨区域投资，即"贯彻中央意图效应"。具体来讲，（1）在中央大力提倡区域协调发展，畅通国内经济循环，构建全国统一市场的背景下，交流官员能够更好地把握中央这一宏观导向，站在中央角度出发考虑辖区内的经济事务，对于资源流动和企业发展不仅要"引进来"更是要"走出去"，这样才能打通资源的国内循环，由此对辖区企业的跨区域投资行为起到推动作用。（2）净化政治生态、打破地方保护是中央政府"吏治"建设的一个重要目的，官员异地交流是"吏治"的一种有效手段，有助于打破地方保护主义，降低企业跨区域发展的行政性干扰，从而促进企业跨区域投资行为。地方政府出于地区 GDP 竞争而通过行政手段阻碍本地资源流出（银温泉和才婉茹，2001；方军雄，2008），这种地方保护行为对企业异地投资形成了严重障碍（曹春方等，2015）。官员异地交流也有助于破除地方官员因长期任职而形成的关系网（陈绪群和赵立群，1996），促进地方政府职能转变（步丹璐和狄灵瑜，2018），从而减少地方保护下的行政性干预行为给企业跨区域投资带来的约束，促进企业跨区域投资。

另一方面，官员异地交流能够对流入地带来更激烈的市场竞争和资源竞争，市场竞争的加剧使辖区企业拓宽发展视野，投资布局不仅局限在行政辖区内，而是参与到全国性竞争当中；资源竞争的加剧则迫使企业需要从辖区外获得更多企业发展所需资源，由此促进官员流入地企业的跨区域投资，即"竞争效应"。具体来讲，官员异地交流能够促进流入地企业的经济增长（张军和高远，2007；徐现祥等，2007；王贤彬和徐现祥，2008），具体表现在招商引资规模的增加（史卫和杨海生，2010；王贤彬和徐现祥，2017），以及更多的贸易流出（牛婧和魏修建，2020）。在地区市场资源有限的情况下，引资规模和增加不可避免地给辖区本地企业带来了更多的资源竞争和市场竞争，资源和市场的争夺在一定程度上迫使本地企业选择向辖区外扩张。同时，更多的贸易流出也促使本地企业向外向型经济发展。以上两种力量都会增强官员流入地的企业选择跨区域投资动机和投资力度。

6.3.2 中央交流官员与企业跨区域投资

官员的来源地不同，其经验结构、能力水平以及社会关系也存在一定差异，这可能对其影响流入地企业跨区域投资行为的机制存在差异。本书将官员交流分为中央交流（官员来自中央）和外省交流（官员来自其他省份）两类，进一步探讨中央交流官员与外省交流官员对流入地企业跨区域投资产生的机制差异。

相比外省交流官员而言，中央交流官员可能更加积极推动流入地企业参与区域一体化，缓解流入地的地方保护程度，从而推动流入地企业的跨区域投资，本书称其为"贯彻中央意志效应"。这是因为：第一，中央交流官员与中央的关系往往更加紧密，他们的任职经历使其更加熟悉中央的意图（杨海生等，2010；步丹璐和狄灵瑜，2018），因此在施政过程中也更多地站在中央角度去考虑，会鼓励辖区企业"走出去"，参与到区域性乃至全国性经济中。同时，中央交流官员的立场和站位也使其在破除地方保护主义上更具独立性，由此降低因行政性干预导致的企业跨区域投资和资源流出障碍，促进辖区企业跨区域发展。第二，中央交流官员很多情况是出于经济增长之外的因素被考虑的，因此相对而言，他们受到GDP"晋升锦标赛"竞争影响不大（杨海生等，2020）。这便降低了中央交流官员对辖区内GDP增长的迫切需求，从而缓解地方GDP竞争带来的地方保护和市场分割问题。第三，中央交流官员往往有更大的概率重新回到中央（杨海生等，2010），这使其不急于通过GDP、就业等政绩指标展示自己的能力，而更重要的是，"大概率回归中央"能降低其向上隐瞒的动机，更有利于中央战略意图在地方的落实。以上三点对于外省交流官员来讲，可能并不能得以体现，因为外省交流是从一个地区（省份）交流到另一个地区（省份），交流官员仍然处于强大的 GDP 晋升竞争激励中，在地方和个人利益与中央利益上可能不一致，地方保护不会被弱化，中央意志的体现并不明显。

6.3.3 外省交流官员与企业跨区域投资

相比中央交流官员而言，外省交流官员可能引入更多外商投资并更加鼓励本地企业出口，引资和出口提升所产生的竞争机制使得企业更倾向于外向型发展，从而推动其跨区域投资，本书称其为"竞争效应"。这是因为，相比中央交流官员而言，外省交流官员具备以下优势：第一，外省交流官员具有更强烈的动机发展流入地经济和实现政绩，由此通过从外地引资给流入地企业带来的竞争效应更大。从一个地区（省份）交流到另一个地区（省份）的流动不会降低反而可能加剧交流官员的 GDP 竞争激励，因此对交流官员的引资动机得以强化。第二，外省交流官员更具有丰富的地方经济管理经验和能力（Huang，2002；杨海生等，2020），他们的交流带动了经验和能力的复制转移，从而成功地促进流入地的外商投资规模扩张（吕朝凤和陈霄，2015；王贤彬和徐现祥，2017）。第三，外省交流官员具有更广更深的社会网络关系，这使他们的交流对带动资源、技术转移到其任职地成为可能，从而使得其任职地能获得更多外部投资，由此给本地企业带来更大的竞争效应。已有研究发现，平行交流的官员对当地的外商直接投资（FDI）流入有正面效应，而中央下派的官员对当地的 FDI 流入则有负面效应（史卫和杨海生，2010）。外省交流官员促进了资源从其出生地和来源地向任职地区流动（钱先航和曹廷求，2017），由此给官员流入地带来更多外部投资，对流入地企业带来更多竞争效应。同时，外省官员交流丰富的社会网络关系也促进了流入地的贸易流出（牛婧和魏修建，2020），从而促进本地企业向外发展。

综合上述三方面的分析，本书构建了官员异地交流对流入地企业跨区域投资影响的分析框架图（见图 6-1），并据此提出假设：

假设 H6-1：其他条件一定的情况下，官员异地交流（无论中央交流还是外省交流）能够促进官员流入地企业的跨区域投资。

第6章 央地官员流动与企业跨区域投资

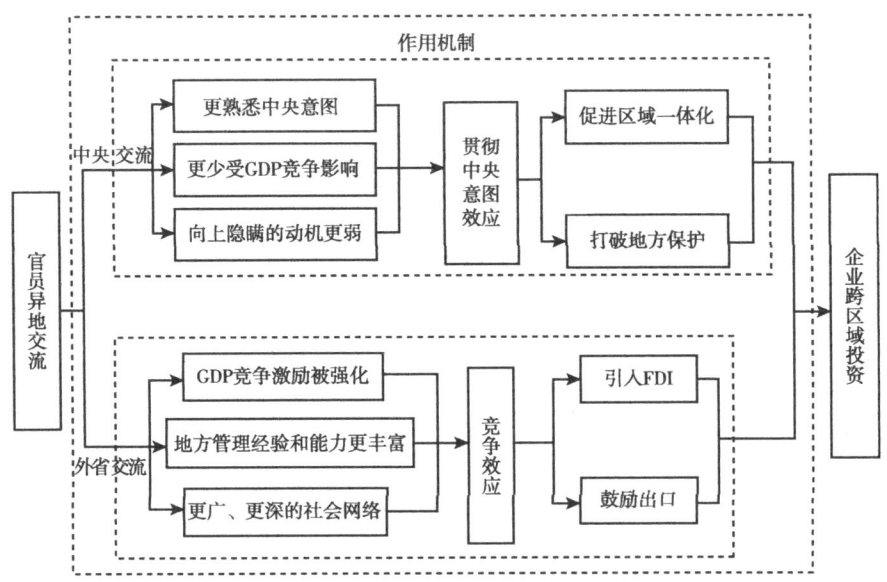

图6-1 官员异地交流对企业跨区域投资的影响机制分析

6.4 研究设计

6.4.1 模型设计与变量定义

为了验证假设H6-1，本章参考王贤彬和徐现祥（2017）等研究，构建多元回归模型（6-1）进行检验：

$$Osubinv = \alpha_0 + \alpha_1 Rotation + \alpha_2 CVs + \varepsilon \qquad (6-1)$$

其中，核心被解释变量Osubinv为企业跨区域投资指标。本书借鉴曹春方等（2020，2019）和马光荣等（2020）的研究，采用企业（集团）的异地子公司数量作为企业跨地区发展的度量方式。具体而言，采用上市公司是否存在异地子公司（OsubYN）、上市公司异地子公司数量（OsubNum）来衡量[1]，本

---

[1] 为了节省篇幅，本章省略了以个数形式来衡量的异地子公司指标，仅保留了对数形式，两种衡量方式的回归结果基本一致。

书对于"异地"的界定为上市公司注册省份以外且在中国境内的地区。上述指标具体定义方式见表6-1。

表6-1　　　　　　　　　　变量定义

变量名称	变量定义
OsubYN	是否存在异地子公司，上市公司在注册省外设立了子公司取1，否则取0
OsubNum	异地子公司数量，上市公司在注册省外设立的子公司个数加1后取自然对数
Rotation_sec	书记交流，具体定义详见正文
Rotation_cen	中央交流，具体定义详见正文
Rotation_pro	外省交流，具体定义详见正文
Size	公司规模，上市公司年末资产总额取自然对数
Lev	资产负债率，上市公司年末负债总额除以资产总额
ROA	盈利能力，上市公司年末净利润与资产总额之比
MB	成长能力，上市公司年末总市值与账面价值之比
Age	上市年龄，上市公司自上市年份起至当年的间隔年份加1的自然对数
SOE	公司性质，国有企业取1，否则取0
Top5	股权集中度，上市公司前五大股东持股比例
Dual	两职兼任，上市公司董事长兼任总经理取1，否则取0
LnDir	董事会规模，上市公司董事会总人数取自然对数
IndDir	独董比例，上市公司独立董事人数与董事总人数之比
LnGDP	GDP规模，上市公司所在省份当年GDP取对数
GDP_gro	GDP增长率，上市公司所在省份当年GDP增长率
MarInd	市场化程度，取自王小鲁等《中国分省份市场化指数报告（2018）》中的市场化总指数
Transpt	交通水平，上市公司所在省份当年单位GDP铁路运营里程数
AveWage	工资水平，上市公司所在省份当年在岗职工平均工资取对数
Education	教育水平，上市公司所在省份当年高校授予学位数取对数
Rotation_gov	省长交流，具体定义详见正文
Year	年度虚拟变量
Ind	行业虚拟变量

核心解释变量 Rotation 为官员异地交流指标，用于衡量中央对地方的人事安排。本书参照了徐现祥等（2007）、张军和高远（2007）的处理方法，

按照官员来源类型来定义是否为异地交流官员。具体地，根据官员来源地——本地晋升或外部调入（其中外部调入包括中央和其他省份），将外部调入（非本地晋升）的官员定义为异地交流官员。在此基础上按以下方法构建官员交流变量：在每一年，如果上任的省（直辖市、自治区）委书记是外部调入的官员，那么在他接下来的任期内，Rotation_sec 取值为 1；如果上任的省（直辖市、自治区）委书记是从本地晋升的官员，那么在他接下来的任期内，Rotation_sce 就取值 0。进一步地，如果上任的省（直辖市、自治区）委书记来源于中央，那么在他的任期内 Rotation_cen 就取值 1，否则取值为 0；如果上任的省（直辖市、自治区）委书记来源于其他省（直辖市、自治区），那么在他的任期内 Rotation_pro 就取值 1，否则取值为 0。根据本章假设，本书预期模型（6-1）中系数 α_1 显著为正。

本章主要关注的是省级官员交流对流入地企业跨区域投资的影响，因此需要考虑的是官员异地交流是否具有内生性问题。中国的省级地方官员是由中央任命的，因此各级地方政府并不能直接影响省级主政官员交流，同时，中央任命和安排地方官员往往从全国的社会和经济发展等多维度进行通盘考虑，而地方投资可能仅是其中的一个方面。由此，官员流入地企业的跨区域投资较少地影响中央对地方的人事安排决策。因此本书将省级主政官员异地交流看成是一个近似外生的事件，即官员异地交流的发生不会受到流入地企业跨区域投资的显著影响。

除了核心变量以外，CVs 代表一系列公司层面因素和省级层面因素的控制变量，包括公司规模（Size）、资产负债率（Lev）、公司盈利能力（ROA）、成长能力（MB）、公司上市年龄（Age）、公司性质（SOE）、股权集中度（Top5）、两职兼任情况（Dual）、董事会规模（LnDir）、独立董事比例（IndDir）、GDP 水平（LnGDP）、GDP 增长率（GDP_gro）、市场化程度（MarInd）、交通水平（Transpt）、工资水平（AveWage）、教育水平（Education），以及年度（Year）和行业（Ind）虚拟变量，具体衡量方式见表 6-1。同时，考虑到省（直辖市、自治区）长交流可能存在的影响，本章在模型中加入了省（直辖市、自治区）长交流（Rotation_gov），对于该指标的定义和衡量方式也参照 Rotation_sec，也即在每一年，如果上任的省（直辖市、自治区）长是外部调入的官员，那么在他接下来的任期内，Rotation_gov 取值为 1；如果上任的省（直辖市、自治区）长是从本地晋升的官员，那么在他的任期内 Rotation_gov 就取值 0。

6.4.2 研究样本与数据来源

数据来源方面，上市公司异地子公司数据来源于 Wind（万得）数据库，并对上市公司的子公司数据做了如下处理：首先，根据上市公司子公司名称获得地区信息，如子公司名称为"某某省（市、县）某某公司"，本书根据名称中的地区追溯到省份层面，对于名称中没有包含地理信息的，本书通过互联网（百度、企查查、天眼查等网站）搜索整理而得，如果名称简略到通过互联网搜索也无法获得地理信息的，本书进一步通过手工查询上市公司年报等方式获取。官员交流的信息主要来自中国研究数据服务平台（CNRD），并结合中国经济网的中国地方党政领导人物库[1]和人民网的地方领导人资料库[2]的相关资料进行手工整理获得。省级层面控制变量计算所需的基础数据来源于中经网统计数据库和 Wind 数据库，其他上市公司特征数据来源于 CSMAR 数据库。

样本选择方面，由于中国新会计准则于 2007 年开始实施，为使得会计数据在统计上更具有可比性，本书选取了 2007～2019 年中国 A 股上市公司作为初始样本，在此基础上进行了如下筛选：(1) 删除金融保险类样本和其他非制造业样本公司，原因在于金融保险类公司财务指标具有特殊性，而其他非制造业公司并不一定需要在投资地进行大量固定投资，由此，本书主要研究制造业上市公司，即行业分类为 C 的样本（根据中国证监会《上市公司行业分类指引（2012 修订版）》）；(2) 剔除了样本期间上市公司母公司所在地发生变更的样本；(3) 剔除了上市公司的子公司注册地在境外以及中国香港、中国澳门和中国台湾的样本；(4) 剔除了 ST 类、PT 类上市公司，以及原始数据和相关指标变量缺失的样本。通过以上整理，本书共获得 16394 个"公司—年度"样本观测值。为了减轻潜在异常值对回归所产生的影响，本

---

[1] 详见 http://district.ce.cn/zt/rwk/index.shtml。
[2] 详见 http://cpc.people.com.cn/GB/64162/394696/index.html。

书对所有连续变量在1%和99%的水平上进行了极值缩尾（winsorize）处理。本书采用Excel和Stata15进行数据处理和统计分析。

6.4.3 描述性统计

（1）变量描述性统计。

如表6-2所示，OsubYN均值为0.802，表明样本公司中约有80.2%的上市公司存在异地投资子公司行为。OsubNum最小值为0，最大值为4.71，标准差为1.1，表明样本上市公司的异地子公司投资行为存在较大差异。Rotation_sec均值为0.618，表明全样本中约有61.8%的上市公司所在省（直辖市、自治区）委书记是异地交流官员，而剩余约39%的上市公司所在地的省（直辖市、自治区）委书记是本地上任的官员；Rotation_cen的均值为0.204，表明全样本中约有20.4%的上市公司所在省（直辖市、自治区）委书记是中央交流官员；Rotation_pro的均值为0.415，表明全样本中约有41.5%的上市公司所在省（直辖市、自治区）委书记是外省交流官员。由此可见，中国各省（直辖市、自治区）委书记交流现象比较普遍，一半以上的"一把手"（书记）都是外调官员。

表6-2　　　　　　　　　变量描述性统计

variable	N	mean	p50	sd	min	p25	p75	max
OsubYN	16394	0.802	1	0.399	0	1	1	1
OsubNum	16394	1.326	1.099	0.990	0	0.693	1.946	4.710
Rotation_sec	16394	0.618	1	0.486	0	0	1	1
Rotation_cen	16394	0.204	0	0.403	0	0	0	1
Rotation_pro	16394	0.415	0	0.493	0	0	1	1
Size	16394	21.886	21.739	1.160	19.87	21.040	22.556	25.800
Lev	16394	0.412	0.4	0.205	0.067	0.248	0.558	0.967
ROA	16394	0.039	0.039	0.065	-0.285	0.014	0.071	0.192
MB	16394	2.293	1.749	1.862	0.205	1.015	2.927	9.289
Age	16394	2.581	2.639	0.571	0.693	2.303	3.091	3.434
SOE	16394	0.34	0	0.474	0	0	1	1

续表

variable	N	mean	p50	sd	min	p25	p75	max
Top5	16394	0.535	0.536	0.147	0.203	0.427	0.646	0.874
Dual	16394	0.707	1	0.455	0	0	1	1
LnDir	16394	2.247	2.303	0.17	1.792	2.079	2.303	2.773
IndDir	16394	0.373	0.333	0.052	0.333	0.333	0.429	0.571
LnGDP	16394	10.337	10.434	0.82	7.742	9.839	10.968	11.587
GDP_gro	16394	0.110	0.110	0.005	0.094	0.106	0.114	0.12
Transpt	16394	0.145	0.077	0.161	0.013	0.048	0.179	0.854
MarInd	16394	8.109	8.230	1.905	3.380	6.810	9.770	10.960
AveWage	16394	11.011	11.060	0.433	9.820	10.732	11.309	12.062
Education	16394	11.771	11.880	0.625	8.949	11.535	12.249	12.488
Rotation_gov	16394	0.414	0	0.493	0	0	1	1

控制变量方面，公司规模（Size）的均值为21.89，中位数是21.74；资产负债率（Lev）的均值为0.412，中位数是0.4；盈利能力（ROA）的均值和中位数都是0.039；成长能力（MB）的均值是2.293，中位数是1.749；上市年龄（Age）的均值是2.518，中位数是2.639；是否国有企业（SOE）的均值是0.34，中位数是0；股权集中度（Top5）的均值是0.535，中位数是0.536；两职兼任（Dual）的均值是0.707，中位数是1；董事会规模（LnDir）的均值是2.247，中位数是2.303；独立董事比例（IndDir）的均值为0.373，中位数是0.333。GDP规模（LnGDP）的均值是10.337，中位数是10.434；GDP增长率（GDP_gro）的均值是0.11，中位数也是0.11；交通水平（Transpt）的均值是0.145，中位数是0.077；市场化程度（MarInd）的均值是8.109，中位数是8.23；工资水平（AveWage）的均值是11.011，中位数是11.06、教育水平（Education）的均值是11.771，中位数是11.88。另外，Rotation_gov均值为0.415，表明全样本中约41.4%的上市公司所在地的省（直辖市、自治区）长是异地交流官员。相比书记而言，省（直辖市、自治区）长外调比例并不高，多数是从本省（直辖市、自治区）晋升上任的。对比以往的研究可知，本书样本数据大多都分布在较为合理的区间内。

（2）相关系数检验。

表6-3呈现了变量相关系数检验结果，Rotation_sec 和 Rotation_cen 与 OsubYN 的相关系数不显著，与 OsubNum 的相关系数显著为负；Rotation_pro 与 OsubYN 和 OsubNum 的相关系数均不显著，这一初步检验结果与本章假设不相符，可能是由于没有排除其他因素的影响，需要通过多元回归做进一步检验才能获得可靠的结论。另外，大部分其他控制变量与解释变量的相关关系较为显著，说明本章模型和变量选择在一定程度上具有代表性。

表6-3　　　　　　　　　　　　相关系数

Panel A

	OsubYN	OsubNum	Rotation_sec	Rotation_cen	Rotation_pro	Size	Lev	ROA
OsubYN	1							
OsubNum	0.665***	1						
Rotation_sec	-0.002	-0.019**	1					
Rotation_cen	-0.01	-0.018**	0.398***	1				
Rotation_pro	0.006	-0.004	0.661***	-0.426***	1			
Size	0.216***	0.439***	0	-0.003	0.002	1		
Lev	0.094***	0.202***	0.028***	0.024***	0.008	0.407***	1	
ROA	-0.016**	-0.041***	0.002	0.01	-0.006	0.013	-0.418***	1
MB	-0.079***	-0.194***	-0.039***	-0.032***	-0.012	-0.490***	-0.391***	0.251***
Age	0.040***	0.093***	0.012	0.086***	-0.059***	0.279***	0.394***	-0.210***
SOE	-0.015**	0.011	0.008	0.051***	-0.034***	0.307***	0.285***	-0.093***
Top5	-0.068***	-0.053***	-0.012	-0.028***	0.011	0.054***	-0.193***	0.243***
Dual	0.012	0.019**	0.006	0.054***	-0.038***	0.147***	0.153***	-0.062***
LnDir	0.015*	0.033***	0.005	0.076***	-0.058***	0.227***	0.150***	0.014*
IndDir	0.012	0.025***	0.016**	-0.056***	0.062***	0.003	-0.028***	-0.016**
LnGDP	0.017**	0.012	0.115***	-0.050***	0.155***	0.018**	-0.165***	0.086***
Transpt	-0.021***	-0.021***	0.030***	-0.008	0.036***	0.023**	0.167***	-0.105***
Education	0.001	-0.007	0.067***	-0.009	0.073***	0.022**	-0.129***	0.065***
Rotation_gov	0.007	0.031***	-0.110***	0.084***	-0.177***	0.057***	0.018**	-0.029***

续表

Panel B

	MB	Age	SOE	Top5	Dual	LnDir	IndDir	LnGDP
MB	1							
Age	-0.224***	1						
SOE	-0.190***	0.469***	1					
Top5	0.116***	-0.373***	-0.074***	1				
Dual	-0.112***	0.272***	0.283***	-0.079***	1			
LnDir	-0.143***	0.205***	0.253***	-0.040***	0.175***	1		
IndDir	0.040***	-0.068***	-0.065***	0.060***	-0.098***	-0.508***	1	
LnGDP	0.01	-0.404***	-0.268***	0.093***	-0.166***	-0.173***	0.061***	1
Transpt	-0.032***	0.275***	0.168***	-0.106***	0.142***	0.117***	-0.035***	-0.749***
Education	0.005	-0.301***	-0.178***	0.057***	-0.112***	-0.134***	0.040***	0.890***
Rotation_gov	-0.054***	-0.016**	0.051***	-0.043***	0.050***	0.006	-0.016**	0.009

Panel C

	Transpt	Education	Rotation_gov
Transpt	1		
Education	-0.690***	1	
Rotation_gov	0.041***	0.184***	1

注：* $p<0.1$，** $p<0.05$，*** $p<0.01$。

6.5 实证结果与分析

6.5.1 官员异地交流与企业跨区域投资：主检验

（1）官员异地交流与企业跨区域投资：总体检验。

本书对官员异地交流影响上市公司跨区域投资的模型（6-1）进行了回归检验，表6-4为检验结果。其中，表6-4中列（1）和列（2）为逻辑（logit）回归结果，列（3）和列（4）为普通最小二乘回归（OLS）结果。列（1）和列（3）是从总体上考察省（直辖市、自治区）委书记交流对辖区企业跨区域投资影响的结果。Rotation_sec的回归系数分别为0.139和

第6章 央地官员流动与企业跨区域投资

0.041，且均在1%的水平上通过了显著性检验，这表明上市公司所在地省（直辖市、自治区）委书记的异地交流能够显著促进该地企业的跨区域投资倾向和投资力度。

表6-4中列（2）和列（4）是将书记交流类型进行区分，并同时加入模型进行考察的回归结果。其中，Rotation_cen对企业跨区域投资倾向（OsubYN）和跨区域投资力度（OsubNum）的回归系数分别为0.156和0.048，两者均在5%置信水平上显著。这表明，在控制了其他可能影响企业跨区域投资的因素后，省（直辖市、自治区）委书记的中央交流经历能够显著促进辖区内企业的跨区域投资行为。Rotation_pro对企业跨区域投资倾向（OsubYN）和跨区域投资力度（OsubNum）的回归系数分别为0.128和0.037，两者同样均在5%置信水平上显著。这表明，在控制了其他可能影响企业跨区域投资的因素后，省（直辖市、自治区）委书记的外省交流经历对辖区内企业的跨区域投资行为也具有显著促进作用。以上回归结果支持了本章假设H6-1。

表6-4　　　官员异地交流与企业异地投资——主检验

变量	OsubYN		OsubNum	
	(1)	(2)	(3)	(4)
Rotation_sec	0.139*** (2.78)		0.041*** (2.77)	
Rotation_cen		0.156** (2.51)		0.048** (2.53)
Rotation_pro		0.128** (2.32)		0.037** (2.26)
Size	0.774*** (24.30)	0.774*** (24.28)	0.443*** (49.86)	0.443*** (49.84)
Lev	0.361*** (2.69)	0.361*** (2.69)	0.258*** (6.07)	0.258*** (6.08)
ROA	-0.588 (-1.53)	-0.588 (-1.53)	-0.617*** (-4.98)	-0.616*** (-4.98)
MB	0.092*** (5.85)	0.092*** (5.84)	0.027*** (5.50)	0.027*** (5.50)
Age	0.041 (0.70)	0.041 (0.70)	0.051*** (2.94)	0.051*** (2.94)

续表

变量	OsubYN		OsubNum	
	(1)	(2)	(3)	(4)
SOE	-0.525***	-0.525***	-0.275***	-0.275***
	(-9.80)	(-9.81)	(-16.53)	(-16.53)
Top5	-1.588***	-1.587***	-0.406***	-0.406***
	(-9.16)	(-9.15)	(-7.71)	(-7.70)
Dual	0.019	0.018	-0.035**	-0.035**
	(0.39)	(0.38)	(-2.35)	(-2.36)
LnDir	-0.138	-0.138	-0.126***	-0.126***
	(-0.87)	(-0.87)	(-2.60)	(-2.60)
IndDir	-0.262	-0.252	-0.210	-0.207
	(-0.55)	(-0.53)	(-1.39)	(-1.37)
LnGDP	-0.474***	-0.468***	-0.278***	-0.277***
	(-4.78)	(-4.68)	(-9.35)	(-9.26)
GDP_gro	0.768	-0.127	-9.035**	-9.347**
	(0.06)	(-0.01)	(-2.18)	(-2.24)
Transpt	-0.514*	-0.485*	-0.178*	-0.166*
	(-1.82)	(-1.68)	(-1.85)	(-1.70)
MarInd	0.075**	0.075**	0.042***	0.043***
	(2.12)	(2.14)	(3.96)	(3.99)
AveWage	0.392*	0.414**	0.436***	0.443***
	(1.94)	(1.98)	(7.03)	(7.03)
Education	0.083	0.084	0.135***	0.136***
	(0.85)	(0.86)	(4.26)	(4.27)
Rotation_gov	0.007	0.004	0.027*	0.025
	(0.13)	(0.09)	(1.71)	(1.63)
_cons	-14.934***	-15.147***	-9.952***	-10.009***
	(-7.15)	(-7.07)	(-15.00)	(-14.90)
Ind fe	Yes	Yes	Yes	Yes
Year fe	Yes	Yes	Yes	Yes
N	16394	16394	16394	16394
r2_p	0.101	0.101		
r2_a			0.304	0.304

注：*$p<0.1$，**$p<0.05$，***$p<0.01$，括号内为t值，标准误经过异方差调整。

控制变量方面，从公司层面来讲，Size 系数显著为正，说明规模越大的公司越有可能进行异地投资；Lev 回归系数显著为正，说明异地子公司投资与公司的负债率成正比，公司可能通过更激进的负债策略进行融资以满足其异地投资需求；MB 的系数显著为正，表明成长性越好的企业异地投资越积极；SOE 系数显著为负，说明国有企业的异地子公司投资行为相比非国有企业更为保守，这与夏立军（2011）、潘红波和余明桂（2011）的研究结果一致；TOP5 的系数显著为负，表明更高的股权集中度阻碍了上市公司的异地子公司投资行为；剩余其他公司特征（盈利能力、上市年限）和治理因素（兼任情况、董事会规模和独立董事比例）以及省级对企业异地投资的影响并不稳定。从省级层面因素来看，LnGDP 回归系数显著为负，说明当地经济发展规模越大，企业异地子公司投资越少，这可能是因为企业在本地有足够大的市场规模；MarInd 回归系数显著为正，表明当地市场化程度越高，企业到辖区外投资的倾向和力度越低；Transpt 的系数显著为正，表明交通水平可以促进企业异地子公司投资行为，这一结果与马光荣等（2020）研究结论一致，因为良好的交通可以减少企业投资障碍；AveWage 的回归系数显著为正，表明当地平均工资水平越高，企业异地子公司投资倾向越大，投资数量也越多，这符合企业的成本控制逻辑，尤其对于制造业企业而言，劳动力成本是影响其规模优势的重要因素，因而企业会尽可能选择到劳动力成本低的地区投资。除此之外，教育因素（Education）并未表现出稳定的影响。

特别说明的是，本书在模型中控制了地方省（直辖市、自治区）长交流的影响，结果显示，Rotation_gov 的回归系数在表 6-4 列（3）中显著，但其他各组均不显著。这表明，上市公司所在省（直辖市、自治区）长的异地交流对辖区企业的跨区域投资行为并没有显著影响。这一结果从侧面说明了官员交流对企业异地子公司投资行为的促进作用主要集中体现在省（直辖市、自治区）委书记的异地交流上，基本符合我国地方政府历来是"一把手"负责的制度逻辑，即在中国条块管理模式下，领导决策体制强调"一元化"领导，地方政府的权力集中于地方党委，而地方党委权力又集中于常委会和党委书记（周黎安，2008）。因此，省（直辖市、自治区）委书记而非省（直辖市、自治区）长的异地交流对企业异地投资行为起主导作用。

(2) 官员异地交流与企业跨区域投资：区分企业性质。

进一步地，本章继续考察省（直辖市、自治区）委书记异地交流对不同产权性质的企业的影响有何不同，在区分不同交流类型基础上进一步细分企业性质，回归结果如表6-5所示，其中，表6-5中列（1）和列（3）为针对国有企业样本的回归结果，而列（2）和列（4）为针对非国有企业样本的回归结果。Rotation_cen 对跨区域投资倾向（OsubYN）和跨区域投资力度（OsubNum）的回归系数在国有企业样本组中分别为0.23和0.082，且均在5%置信水平上显著；而在非国有企业样本组中均不显著。这表明中央交流书记主要促进了辖区中国有企业的跨区域投资，而对辖区非国有企业跨区域投资行为无显著影响。Rotation_pro 对跨区域投资倾向（OsubYN）和跨区域投资力度（OsubNum）的回归系数在非国有企业样本组中分别为0.167和0.096，且均在5%置信水平上显著；而在国有企业样本组中均不显著。这表明外省交流书记主要促进了辖区中非国有企业的跨区域投资，而对辖区国有企业跨区域投资行为无显著影响。上述结果表明，不同交流类型的省（直辖市、自治区）委书记在影响辖区企业跨区域投资的影响具有一定的对象性。

表6-5　　官员异地交流与企业跨区域投资：区分产权性质

变量	OsubYN		OsubNum	
	(1) 国有企业	(2) 非国有企业	(3) 国有企业	(4) 非国有企业
Rotation_cen	0.230** (2.20)	0.054 (0.67)	0.082** (2.56)	0.019 (0.80)
Rotation_pro	0.114 (1.25)	0.167** (2.30)	-0.028 (-0.99)	0.096*** (4.79)
Size	0.721*** (14.56)	0.848*** (18.77)	0.416*** (29.46)	0.445*** (38.58)
Lev	-0.709*** (-3.11)	1.007*** (5.59)	-0.034 (-0.45)	0.469*** (9.15)
ROA	-1.744** (-2.53)	0.342 (0.71)	-0.859*** (-3.70)	-0.407*** (-2.82)
MB	0.108*** (3.76)	0.079*** (4.06)	0.032*** (3.25)	0.023*** (4.16)

续表

变量	OsubYN		OsubNum	
	（1）	（2）	（3）	（4）
	国有企业	非国有企业	国有企业	非国有企业
Age	-0.153	0.200***	-0.069*	0.099***
	(-1.31)	(2.59)	(-1.91)	(4.79)
Top5	-1.620***	-1.397***	-0.363***	-0.386***
	(-5.56)	(-6.19)	(-3.84)	(-6.16)
Dual	-0.224*	0.048	-0.093***	-0.027*
	(-1.94)	(0.86)	(-2.71)	(-1.67)
LnDir	0.085	-0.508**	0.026	-0.260***
	(0.32)	(-2.39)	(0.31)	(-4.34)
IndDir	0.754	-1.291**	0.265	-0.546***
	(0.99)	(-2.02)	(1.11)	(-2.80)
LnGDP	-1.004***	0.109	-0.398***	-0.126***
	(-6.38)	(0.77)	(-8.46)	(-3.27)
GDP_gro	68.518***	-34.277*	12.799*	-28.497***
	(3.17)	(-1.77)	(1.91)	(-5.31)
Transpt	-1.022**	-0.455	-0.174	-0.397***
	(-2.34)	(-1.01)	(-1.16)	(-3.13)
MarInd	0.064	0.030	0.016	0.051***
	(1.13)	(0.63)	(0.90)	(3.86)
AveWage	-0.545	0.878***	0.363***	0.427***
	(-1.60)	(3.13)	(3.49)	(5.53)
Education	0.654***	-0.692***	0.371***	-0.137***
	(4.38)	(-4.60)	(7.61)	(-3.33)
Rotation_gov	0.260***	-0.023	0.090***	0.017
	(3.12)	(-0.34)	(3.42)	(0.87)
_cons	-12.642***	-13.558***	-12.663***	-5.999***
	(-3.72)	(-4.35)	(-12.15)	(-6.93)
Ind fe	Yes	Yes	Yes	Yes
Year fe	Yes	Yes	Yes	Yes
N	5518	10828	5566	10828
r2_p	0.117	0.128		
r2_a			0.330	0.329

注：*p<0.1，**p<0.05，***p<0.01，括号内为t值，标准误经过异方差调整。

对此结果的一个可能的解释是,中央交流官员为了落实中央战略意图,对辖区企业跨区域投资行为的影响更多的是主动推动,而国有企业作为政府执政的一种延伸组织(Xin et al.,2019),诚然应当充当"领路人"角色做出表率。相对非国有企业而言,由于国有企业控制权在政府且国有企业承担着特定的战略性和政策性功能(林毅夫和李志赟,2004;林毅夫,2012),这种天然的"产权约束"和"功能约束"使得国有企业更可能成为地方官员落实政治目标的主要承担者。因此,国有企业成为中央交流官员影响辖区企业跨区域投资的施展空间。另外,外省交流官员因经验和社会网络优势带来的竞争效应却主要体现在辖区非国有企业中,这也是因为相比国有企业而言,非国有企业由于很少或不具备政府产权关联,也非政府政策性或战略性目标的主要承担者,他们的生存状态更暴露在市场竞争中,由此对市场竞争、资源竞争的感知力更强,在受到辖区外投资者对本地市场挤压和资源争夺中,他们更有可能向外拓展生存空间,由此跨区域投资动力更强。

6.5.2 官员异地交流与企业跨区域投资:机制分析

本书的基本逻辑认为中央交流官员能够更准确地把握和贯彻落实中央政治意图,而外省交流官员在促进资源流动和引入竞争上更具优势,因此两者对企业跨区域投资的影响机制存在差异。对此,本书进一步检验上述逻辑机制是否成立,参考温忠麟和叶宝娟(2014)、权小锋等(2015)的研究,采用依次检验法与Sobel检验法相结合对中介效应进行检验。本部分在模型(6-2)的基础上进一步构建了模型(6-3)和模型(6-4):

$$Osubinv = \alpha_0 + \alpha_1 Rotation + \alpha_2 CVs + \varepsilon \quad (6-2)$$

$$Intermediate = \beta_0 + \beta_1 Rotation + \sum \beta CVs + \varepsilon \quad (6-3)$$

$$Osubinv = \gamma_0 + \gamma_1 Rotation + \gamma_2 Intermediate + \sum \gamma CVs + \varepsilon \quad (6-4)$$

在模型(6-4)中,被解释变量Osubinv为企业跨区域投资指标,为了节约篇幅,主要取模型(6-2)中的OsubNum,即企业异地子公司个数加1后取自然对数进行检验和展示。Rotation即为本章模型(6-2)中的官员异地交流代理变量,此处不再赘述。CVs为一系列控制变量,包括本章模型

(6-2)中的控制变量(见表6-1),同时,在考虑中央交流对国有企业跨区域投资的影响机制时还控制了外省交流官员的作用,在考虑外省交流对非国有企业跨区域投资的影响机制时还控制了中央交流官员的作用。

模型(6-3)和模型(6-4)中的Intermediate为中介变量,本章主要从贯彻中央政府意志的效应以及竞争效应两个方面去检验官员异地交流影响辖区内企业的具体渠道。在贯彻中央意志效应上,本章主要从参与区域一体化积极性以及缓解地方保护程度两个角度去检验。首先,我国近年来大力推进区域一体化建设并形成了几个全国性的区域经济圈,如"京津冀经济圈""长三角经济圈""成渝经济圈"以及"粤港澳大湾区"①,积极参与圈内经济是中央对地方经济相互融合的总体期待,由此,本书采用上市公司参与区域一体化建设的程度(EcoZone)作为一个中介变量用以衡量地方经济发展是否体现了中央政府对于区域一体化这一意志。具体而言,EcoZone等于上市公司及其跨区投资的子公司属于同一经济圈②的数量加1后取对数。其次,对于地方保护中介效应的检验,本章以上市公司所在省份国有企业资产总量占GDP的比重衡量地方保护程度(Protect)。最后,对于竞争效应的考察上,本书采用上市公司所在省份的外商投资金额占GDP的比重(FDI_Rate)和出口占GDP的比重(Export)来衡量。

值得说明的是,本部分的检验是在表6-5回归得出的结果之上的延续,即在区分企业产权性质的情况下,分别针对中央交流官员如何影响辖区国有企业以及外省交流官员如何影响辖区非国有企业跨区域投资进行的检验。因此,对于模型(6-2)、模型(6-3)和模型(6-4)的含义和检验结果,本章都需要分产权进行论述。

对于国有企业样本组,模型(6-2)主要检验的是中央交流官员对辖区企业跨区域投资的影响,这部分检验结果见表6-5中列(1)和列(3),该模型是不加入中介变量的基准模型,其作用是在检验中介效应时用于考察中央交流官员对辖区国有企业跨区域投资的整体影响程度。模型(6-3)会

---

① "京津冀"包括北京、天津和河北;"长三角"包括上海、江苏、浙江和安徽;"成渝"含四川和重庆;"粤港澳"包括广东、香港和澳门。
② 由于本书对注册在中国香港和澳门的上市公司或上市公司的异地子公司做了剔除,因此这里不包括"粤港澳经济圈"。

分别考察中央交流官员对辖区经济参与区域一体化的程度、破除地方保护、招商引资以及出口的影响，该模型中的回归系数 β_1 是判断中介传导效应的一个重要考量因素。模型（6-4）相较于模型（6-2）增加了中介变量，同时分析了中介变量和中央交流官员对国有企业跨区域投资的影响，以此检验贯彻中央意志效应以及竞争效应的中介作用。

对于非国有企业样本组，模型（6-2）主要检验的是外省交流官员对辖区企业跨区域投资的影响，这部分检验结果见表6-5中列（2）和列（4），该模型是不加入中介变量的基准模型，其作用是在检验中介效应时用于考察外省交流官员对辖区非国有企业跨区域投资的整体影响程度。模型（6-3）会分别考察外省交流官员对辖区经济参与区域一体化的程度、破除地方保护、招商引资以及出口的影响，该模型中的回归系数 β_1 是判断中介传导效应的一个重要考量因素。模型（6-4）相较于模型（6-2）增加了中介变量，同时分析了中介变量和外省交流官员对非国有企业跨区域投资的影响，以此检验贯彻中央意志效应以及竞争效应的中介作用。

具体而言，通过比较模型（6-2）和模型（6-4）的拟合优度和回归系数 α_1 与 γ_1 的显著性变化来检验中介效应。如果拟合优度提高，且模型（6-2）中 α_1 与模型（6-4）中 γ_1 都显著，但 γ_1 显著性下降（即 $|\gamma_1| < |\alpha_1|$），同时模型（6-4）中 Intermediate 的回归系数 γ_2 显著，且 $\beta_1 \times \gamma_2$ 与 γ_1 同号，Sobel Z 值显著，则表明相应的中介因素在官员异地交流影响企业跨区域投资中存在部分中介作用；若 $\beta_1 \times \gamma_2$ 与 γ_1 异号，则说明相应的中介因素在官员异地交流影响企业跨区域投资中存在遮掩效应。如果拟合优度提高，且模型（6-4）中 γ_1 的数值相较于模型（6-2）中 α_1 有所下降（即 $|\gamma_1| < |\alpha_1|$）但不显著，同时模型（6-4）中 Intermediate 的回归系数 γ_2 显著，且 $\beta_1 \times \gamma_2$ 与 γ_1 同号，Sobel Z 值显著，则表明相应的中介因素在官员异地交流影响企业跨区域投资的过程中起到了完全中介作用，但是这种情况在现实中很少存在（Baron and Kenny，1986）。

基于以上基本分析方法的考察，检验结果的分析和解释如下。

（1）中央交流官员对流入地国有企业跨区域投资的影响机制。

表6-6展示了中央交流官员影响辖区国有企业跨区域投资的中介效应的检验结果。表6-6中列（1）至列（4）是贯彻中央意志效应的中介作用

检验，其中，列（1）和列（2）是对是否参与区域一体化中介作用的检验，列（2）中 Rotation_cen 的回归系数是 0.062 且在 5% 水平上显著，且相较于表 6-5 列（3）中 Rotation_cen 系数是下降的（|0.062| < |0.082|），且 $\beta_1 \times \gamma_2$（0.043×0.455）与 γ_1（0.062）同号，Sobel Z 值为 -1.858，在 10% 水平上显著，这说明参与区域一体化在中央交流官员影响辖区内国有企业跨区域发展中存在部分中介作用，即中央交流官员会促进辖区内国有企业参与区域经济一体化，进而推动其跨区域投资。表 6-6 中列（3）和列（4）是对地方保护中介作用的检验，列（4）中 Rotation_cen 对地方保护程度（Protect）的回归系数为 -0.075，且在 5% 水平上显著，相较于表 6-5 列（3）中 Rotation_cen 系数是下降的（|0.075| < |0.082|），且 $\beta_1 \times \gamma_2$（-0.018×-0.372）与 γ_1（0.075）同号，Sobel Z 值为 4.074，在 1% 水平上显著，这说明降低地方保护在中央交流官员影响辖区内国有企业跨区域发展中存在部分中介作用，也即中央交流官员会通过降低地方保护程度，进而推动辖区国有企业跨区域投资。

表 6-6　中央交流官员对流入地国有企业跨区域投资的影响机制

变量	贯彻中央意志效应				竞争效应			
	参与区域一体化		打破地方保护		引资效应		出口效应	
	(1) EcoZone	(2) OsubNum	(3) Protect	(4) OsubNum	(5) FDI_Rate	(6) OsubNum	(7) Export	(8) OsubNum
Rotation_cen	0.043 (1.40)	0.062** (2.17)	-0.018*** (-5.53)	0.075** (2.36)	-0.006*** (-4.97)	0.081** (2.51)	-0.009*** (-23.09)	0.071** (2.17)
EcoZone		0.455*** (41.06)						
Protect				-0.372*** (-2.90)				
FDI_Rate						-0.268 (-0.74)		
Export								-1.177 (-1.52)
Size	0.214*** (13.99)	0.319*** (24.06)	-0.002 (-1.35)	0.416*** (29.38)	0.000 (0.88)	0.417*** (29.49)	-0.000 (-1.44)	0.416*** (29.46)

续表

变量	贯彻中央意志效应				竞争效应			
	参与区域一体化		打破地方保护		引资效应		出口效应	
	（1）EcoZone	（2）OsubNum	（3）Protect	（4）OsubNum	（5）FDI_Rate	（6）OsubNum	（7）Export	（8）OsubNum
Lev	-0.119 (-1.61)	0.020 (0.30)	0.007 (0.76)	-0.032 (-0.42)	0.000 (0.04)	-0.034 (-0.45)	-0.006*** (-5.12)	-0.042 (-0.54)
ROA	-0.637*** (-3.02)	-0.570*** (-2.77)	0.019 (0.74)	-0.852*** (-3.67)	-0.006 (-0.59)	-0.861*** (-3.70)	-0.002 (-0.64)	-0.862*** (-3.71)
MB	-0.003 (-0.32)	0.034*** (3.78)	-0.001 (-1.36)	0.032*** (3.20)	0.000 (0.49)	0.032*** (3.26)	-0.001*** (-2.96)	0.032*** (3.18)
Age	-0.034 (-0.88)	-0.054* (-1.66)	0.009** (1.96)	-0.066* (-1.83)	0.010*** (6.57)	-0.066* (-1.84)	0.004*** (6.03)	-0.065* (-1.78)
Top5	-0.105 (-1.32)	-0.315*** (-3.56)	-0.007 (-0.74)	-0.366*** (-3.87)	0.012*** (3.36)	-0.360*** (-3.81)	0.005*** (3.09)	-0.357*** (-3.77)
Dual	0.014 (0.41)	-0.100*** (-3.17)	0.002 (0.66)	-0.092*** (-2.70)	0.001 (0.34)	-0.093*** (-2.71)	0.000 (0.38)	-0.093*** (-2.71)
LnDir	-0.150* (-1.76)	0.094 (1.29)	0.042*** (4.76)	0.041 (0.50)	-0.012*** (-3.88)	0.023 (0.27)	-0.001 (-0.45)	0.025 (0.30)
IndDir	-0.709*** (-2.89)	0.588*** (2.59)	0.050* (1.90)	0.283 (1.19)	-0.021** (-2.18)	0.259 (1.09)	-0.006 (-1.40)	0.257 (1.08)
LnGDP	-0.303*** (-8.05)	-0.260*** (-5.90)	-0.162*** (-24.88)	-0.458*** (-8.89)	-0.001 (-0.53)	-0.398*** (-8.46)	0.032*** (35.50)	-0.361*** (-6.81)
GDP_gro	-25.136*** (-4.30)	24.238*** (3.91)	-16.158*** (-20.38)	6.784 (0.96)	0.184 (0.66)	12.848* (1.91)	-0.340*** (-2.65)	12.398* (1.84)
Transpt	-0.369*** (-3.65)	-0.007 (-0.05)	-0.387*** (-16.60)	-0.318** (-2.04)	-0.022** (-2.38)	-0.180 (-1.19)	-0.012*** (-3.88)	-0.189 (-1.25)
MarInd	0.118*** (7.58)	-0.037** (-2.24)	0.029*** (12.91)	0.027 (1.46)	0.020*** (30.01)	0.022 (1.11)	0.006*** (22.39)	0.024 (1.25)
AveWage	1.260*** (12.82)	-0.210** (-2.16)	0.354*** (23.47)	0.495*** (4.28)	0.086*** (14.48)	0.386*** (3.52)	0.021*** (10.73)	0.388*** (3.67)
Education	0.127*** (3.43)	0.313*** (6.81)	-0.014** (-1.99)	0.366*** (7.53)	-0.021*** (-7.30)	0.365*** (7.48)	-0.028*** (-31.45)	0.338*** (6.38)

续表

变量	贯彻中央意志效应				竞争效应			
	参与区域一体化		打破地方保护		引资效应		出口效应	
	（1）EcoZone	（2）OsubNum	（3）Protect	（4）OsubNum	（5）FDI_Rate	（6）OsubNum	（7）Export	（8）OsubNum
Rotation_gov	0.126*** (4.73)	0.032 (1.38)	-0.034*** (-12.20)	0.077*** (2.89)	-0.012*** (-13.23)	0.087*** (3.26)	-0.007*** (-20.26)	0.081*** (3.01)
Rotation_pro	-0.005 (-0.16)	-0.026 (-1.07)	0.028*** (7.80)	-0.018 (-0.61)	0.007*** (5.59)	-0.026 (-0.92)	0.006*** (11.94)	-0.021 (-0.74)
_cons	-13.268*** (-13.01)	-6.625*** (-6.77)	-0.383** (-2.40)	-12.806*** (-12.35)	-0.787*** (-10.79)	-12.874*** (-11.80)	-0.158*** (-8.24)	-12.849*** (-12.20)
Ind fe	Yes	Yes	Yes	Yes	Yes	Yes	Yes	Yes
Year fe	Yes	Yes	Yes	Yes	Yes	Yes	Yes	Yes
N	5566	5566	5566	5566	5566	5566	5566	5566
r2_a	0.289	0.458	0.700	0.331	0.758	0.330	0.767	0.330
Sobal Z		-1.858*		4.074***		-0.361		-1.20
P-value		0.0632		0.0000		0.7180		0.2300

注：*p<0.1，**p<0.05，***p<0.01，括号内为t值，标准误经过异方差调整。

表6-6中列（5）至列（8）是竞争效应的中介作用检验。其中，列（5）和列（6）是对引入外商投资的中介作用的检验，列（6）中FDI_Rate的回归系数不显著，且Sobel Z值是-0.361未通过显著性检验，由此表明，引入外商投资（FDI_Rate）并未在中央交流官员影响辖区国有企业跨区域投资中起到中介作用。同理，列（7）和列（8）是对出口中介作用的检验结果与对引入外商投资的结果基本相同。列（8）中Export的回归系数不显著，且Sobel Z值是-0.12未通过显著性检验，说明鼓励出口（Export）并非中央交流官员影响辖区国有企业跨区域投资的中介机制。综上所述，中央交流官员对辖区国有企业跨区域投资的推动作用主要体现为贯彻中央意图效应，即参与区域一体化、降低地方保护程度的中介途径实现的，而竞争效应（引资竞争或出口竞争）并非中央交流官员推动国有企业跨区域投资的中介途径。

（2）外省交流官员对流入地非国有企业跨区域投资的影响机制。

表6-7展示了外省交流官员影响辖区非国有企业跨区域投资的中介效

应的检验结果。表 6-7 中列（1）至列（4）是贯彻中央意志效应的中介作用检验，其中，列（1）和列（2）是对是否参与区域一体化中介作用的检验，列（2）中 Rotation_pro 的回归系数是 0.162 且在 1% 水平上显著，Eco-Zone 的回归系数是 0.427 且在 1% 水平上显著，但 $\beta_1 \times \gamma_2$（-0.155 × 0.427）与 γ_1（0.162）异号，Sobel Z 值为 5.383 且在 1% 水平上显著。这说明贯彻中央意志（参与区域一体化效应）在外省交流官员影响辖区内非国有企业跨区域发展中并未起到部分中介作用，而是存在遮掩效应，也就是说，外省交流官员降低了流入地非国有企业参与区域一体化的程度，从而进一步减弱了其跨区域投资力度。列（3）和列（4）是对地方保护中介作用的检验，列（3）中 Rotation_pro 对地方保护程度（Protect）的系数是 0.043，且在 1% 水平上显著，列（4）中 Rotation_pro 的回归系数是 0.107 且在 1% 水平上显著，且 $\beta_1 \times \gamma_2$（0.043 × -0.249）与 γ_1（0.107）异号，Sobel Z 值为 -3.149 且显著，同样说明贯彻中央意志（打破地方保护效应）在外省交流官员影响辖区内非国有企业跨区域发展中不存在部分中介作用，而是体现为遮掩效应，即外省交流官员提高了流入地的地方保护程度，进而对辖区内非国有企业跨区域投资产生抑制作用。对于上述两个方面的检验结果，印证了本章官员外省交流官员对流入地企业跨区域投资的逻辑假设，也即由于外省交流官员并非来自中央，从一个地区到另一个地区的调动并不会降低甚至可能增强其以 GDP 为中心的政治晋升动机，因此，在实现流入地经济增长和自身政绩诉求与中央在促进资源流动和企业跨区域发展的战略要求这两个方面更多地倾向于前者，由此对中央战略意志的体现相对于中央交流官员更薄弱，表现为更弱地推动非国有企业参与区域一体化以及提高了辖区地方保护程度（更强的市场分割），由此阻碍了流入地非国有企业的跨区域投资力度。

表 6-7 中列（5）至列（8）是竞争效应的中介作用检验。其中，列（5）和列（6）是对引入外商投资的中介作用的检验，列（6）中 Rotation_pro 的回归系数是 0.071，在 1% 水平上显著，且相较于表 6-5 列（4）中 Rotation_pro 系数是下降的（|0.071| < |0.096|），且 $\beta_1 \times \gamma_2$（0.027 × 0.928）与 γ_1（0.096）同号，Sobel Z 值是 3.518，在 1% 水平上通过显著性检验，由此表明，引入外商投资（FDI_Rate）带来的竞争效应在外省交流官员影响辖区非国有企业跨区域投资中起到部分中介作用。同理，列（7）和列（8）

是对出口中介作用的检验结果与对引入外商投资的结果基本相同。列（8）中 Rotation_pro 的回归系数是 0.058，在 1% 水平上显著，且相较于表 6-5 列（4）中 Rotation_pro 系数是下降的（|0.058| < |0.096|），且 $\beta_1 \times \gamma_2$（0.007×5.572）与 γ_1（0.096）同号，Sobel Z 值是 4.92，在 1% 水平上通过显著性检验，由此表明，说明鼓励出口（Export）带来的竞争效应在外省交流官员影响辖区非国有企业跨区域投资中存在部分中介作用，也即外省交流官员给流入地带来了更多的外商投资并鼓励流入地企业出口，这使流入地非国有企业面临更加激烈的市场化竞争，提高了其外向型发展动力，从而促进其跨区域投资。

表 6-7 外省交流官员对流入地非国有企业跨区域投资的影响机制

变量	贯彻中央意志效应				竞争效应			
	参与区域一体化		打破地方保护		引资效应		出口效应	
	(1) EcoZone	(2) OsubNum	(3) Protect	(4) OsubNum	(5) FDI_Rate	(6) OsubNum	(7) Export	(8) OsubNum
Rotation_pro	-0.155*** (-7.22)	0.162*** (9.17)	0.043*** (13.87)	0.107*** (5.19)	0.027*** (28.75)	0.071*** (3.44)	0.007*** (19.94)	0.058*** (2.84)
EcoZone		0.427*** (55.08)						
Protect				-0.249*** (-2.94)				
FDI_Rate						0.928*** (4.41)		
Export								5.572*** (8.99)
Size	0.242*** (18.53)	0.342*** (31.37)	0.001 (0.46)	0.445*** (38.57)	-0.001 (-1.58)	0.446*** (38.66)	-0.000** (-2.35)	0.447*** (38.89)
Lev	0.257*** (5.37)	0.359*** (7.72)	0.004 (0.70)	0.470*** (9.17)	0.006** (2.42)	0.464*** (9.03)	-0.002** (-2.43)	0.480*** (9.36)
ROA	-0.317** (-2.15)	-0.272** (-2.10)	-0.005 (-0.29)	-0.409*** (-2.82)	-0.015* (-1.68)	-0.393*** (-2.72)	-0.001 (-0.28)	-0.404*** (-2.79)
MB	0.011** (2.12)	0.019*** (3.70)	0.000 (0.40)	0.023*** (4.17)	-0.000 (-0.23)	0.023*** (4.17)	-0.000** (-2.32)	0.024*** (4.37)

续表

变量	贯彻中央意志效应				竞争效应			
	参与区域一体化		打破地方保护		引资效应		出口效应	
	(1) EcoZone	(2) OsubNum	(3) Protect	(4) OsubNum	(5) FDI_Rate	(6) OsubNum	(7) Export	(8) OsubNum
Age	0.063*** (3.11)	0.072*** (3.74)	0.004 (1.57)	0.100*** (4.85)	-0.000 (-0.29)	0.100*** (4.81)	0.003*** (8.81)	0.084*** (4.06)
Top5	-0.120** (-1.97)	-0.335*** (-5.83)	0.017** (2.36)	-0.382*** (-6.09)	-0.002 (-0.68)	-0.384*** (-6.13)	0.007*** (7.15)	-0.427*** (-6.84)
Dual	0.026 (1.62)	-0.039*** (-2.59)	-0.007*** (-3.59)	-0.029* (-1.76)	-0.003*** (-3.15)	-0.025 (-1.53)	-0.001*** (-5.53)	-0.020 (-1.20)
LnDir	-0.137** (-2.32)	-0.201*** (-3.66)	0.018*** (2.60)	-0.255*** (-4.26)	-0.009*** (-2.90)	-0.251*** (-4.20)	0.001 (0.78)	-0.264*** (-4.41)
IndDir	-1.188*** (-6.88)	-0.039 (-0.21)	-0.010 (-0.49)	-0.549*** (-2.82)	0.010 (0.93)	-0.555*** (-2.85)	0.007** (2.27)	-0.586*** (-3.02)
LnGDP	-0.088*** (-2.79)	-0.088** (-2.40)	-0.203*** (-29.78)	-0.177*** (-4.10)	-0.010*** (-3.92)	-0.116*** (-3.02)	0.035*** (43.34)	-0.318*** (-7.08)
GDP_gro	14.533*** (2.87)	-34.705*** (-6.86)	-16.534*** (-23.98)	-32.620*** (-5.97)	0.826*** (3.41)	-29.263*** (-5.47)	-1.518*** (-14.60)	-20.037*** (-3.71)
Transpt	-1.194*** (-12.66)	0.113 (0.90)	-0.275*** (-13.35)	-0.465*** (-3.57)	-0.066*** (-3.65)	-0.335*** (-2.66)	-0.019*** (-6.83)	-0.292** (-2.32)
MarInd	0.076*** (6.09)	0.018 (1.49)	0.029*** (15.21)	0.058*** (4.31)	0.011*** (15.19)	0.041*** (3.02)	0.008*** (31.38)	0.009 (0.63)
AveWage	0.501*** (5.96)	0.213*** (2.88)	0.481*** (33.31)	0.547*** (6.66)	0.120*** (13.30)	0.316*** (3.85)	0.023*** (15.95)	0.299*** (3.80)
Education	-0.248*** (-7.38)	-0.031 (-0.78)	0.057*** (8.19)	-0.123*** (-2.98)	-0.007 (-1.02)	-0.131*** (-3.19)	-0.031*** (-35.07)	0.038 (0.82)
Rotation_gov	0.087*** (4.20)	-0.020 (-1.17)	-0.017*** (-7.09)	0.013 (0.65)	-0.000 (-0.52)	0.017 (0.89)	-0.008*** (-25.41)	0.060*** (3.02)
Rotation_cen	-0.176*** (-7.56)	0.094*** (4.28)	0.013*** (4.85)	0.022 (0.94)	-0.006*** (-4.38)	0.024 (1.03)	-0.008*** (-25.93)	0.063*** (2.62)
_cons	-6.995*** (-7.50)	-3.011*** (-3.59)	-2.025*** (-13.93)	-6.504*** (-7.57)	-1.103*** (-7.52)	-4.976*** (-5.49)	-0.075*** (-4.44)	-5.579*** (-6.43)

续表

变量	贯彻中央意志效应				竞争效应			
	参与区域一体化		打破地方保护		引资效应		出口效应	
	(1) EcoZone	(2) OsubNum	(3) Protect	(4) OsubNum	(5) FDI_Rate	(6) OsubNum	(7) Export	(8) OsubNum
Ind fe	Yes	Yes	Yes	Yes	Yes	Yes	Yes	Yes
Year fe	Yes	Yes	Yes	Yes	Yes	Yes	Yes	Yes
N	10828	10828	10828	10828	10828	10828	10828	10828
r2_a	0.257	0.449	0.661	0.330	0.601	0.331	0.815	0.334
Sobal Z		-5.383***		-3.149***		3.518***		4.920***
P-value		0.0000		0.0016		0.0004		0.0000

注：* $p<0.1$，** $p<0.05$，*** $p<0.01$，括号内为 t 值，标准误经过异方差调整。

综上所述，外省交流官员对辖区非国有企业跨区域投资的影响主要是通过引入竞争，即外商投资的增加和鼓励出口来实现的，而贯彻中央意志效应并未在其中起到显著的中介作用，检验结果印证了本章的分析逻辑。

6.5.3 官员异地交流与企业跨区域投资：稳健性检验

根据基本回归结果，本部分对其进行稳健性考察。具体地，本书从替换关键变量衡量方法、增加控制变量、更改回归方法以及采用子样本回归这几个方面进行稳健性检验。

（1）更换变量衡量方法。

为了避免变量衡量误差对回归结果带来的干扰，本书参考曹春方等（2019，2020）的研究，对企业跨区域投资这一指标采用比例形式和增量形式进行衡量，增量形式的指标也能缓解历史跨区域投资行为（即历史子公司）对检验结果的影响。具体地，本书采用上市公司当年新增异地子公司比例（OsubRate，上市公司当年新增异地子公司个数与全部异地子公司数量之比）作为其中一个替换变量。同时，本书统计了上市公司当年新增的子公司，即当年拥有的而上一年不存在的子公司，并据此构造新增跨区域投资指标。针对2007年的数据，本章进一步获取了上市公司2006年度子公司情况并进行指标计算，最后得到上市公司当年是否存在新增异地子公司（Osub-

YN_xz，存在取值为1，否则为0)、上市公司当年新增子公司数量（OsubNum_xz，新增子公司个数加1的自然对数）再次对原假设进行检验。

结果如表6-8所示，Rotation_sec对上市公司异地子公司比例（OsubRate）、是否新增子公司（OsubYN_xz）和新增异地子公司数量（OsubNum_xz）的回归系数分别是0.018、0.069和0.02，且分别在1%、10%和10%水平上显著，表明省（直辖市、自治区）委书记的交流对辖区内企业跨区域投资具有显著的促进作用，与基础回归结果保持一致。Rotation_cen对上市公司异地子公司比例（OsubRate）和是否新增子公司（OsubYN_xz）的回归系数显著为正，但对新增异地子公司数量（OsubNum_xz）的系数为正不显著；Rotation_pro的回归系数为正但不显著，这与基础回归中的显著性上有所差异，但总体上看作用方向是相同的，表明无论是中央交流官员还是外省交流官员对辖区企业跨区域投资的作用都是正向的。

表6-8　　　　　　　　稳健性检验——替换变量

变量	OsubRate		OsubYN_xz		OsubNum_xz	
	(1)	(2)	(3)	(4)	(5)	(6)
Rotation_sec	0.018*** (3.26)		0.069* (1.80)		0.020* (1.74)	
Rotation_cen		0.034*** (4.72)		0.084* (1.70)		0.023 (1.51)
Rotation_pro		0.009 (1.48)		0.061 (1.45)		0.019 (1.49)
Size	0.048*** (15.50)	0.047*** (15.38)	0.607*** (25.63)	0.606*** (25.61)	0.241*** (32.62)	0.241*** (32.59)
Lev	0.003 (0.18)	0.004 (0.24)	0.427*** (3.88)	0.428*** (3.89)	0.202*** (6.55)	0.202*** (6.56)
ROA	-0.211*** (-4.66)	-0.211*** (-4.65)	0.716** (2.23)	0.717** (2.23)	0.131 (1.41)	0.131 (1.41)
MB	0.013*** (6.92)	0.013*** (6.90)	0.088*** (6.66)	0.088*** (6.66)	0.031*** (8.23)	0.031*** (8.23)
Age	0.001 (0.08)	0.001 (0.14)	-0.453*** (-9.92)	-0.453*** (-9.91)	-0.136*** (-9.44)	-0.135*** (-9.43)
SOE	-0.075*** (-12.05)	-0.075*** (-12.06)	-0.550*** (-12.17)	-0.550*** (-12.17)	-0.177*** (-13.89)	-0.177*** (-13.89)

续表

变量	OsubRate		OsubYN_xz		OsubNum_xz	
	(1)	(2)	(3)	(4)	(5)	(6)
Top5	0.015 (0.79)	0.016 (0.84)	-0.451*** (-3.34)	-0.450*** (-3.33)	-0.088** (-2.13)	-0.087** (-2.13)
Dual	-0.004 (-0.63)	-0.004 (-0.70)	-0.086** (-2.21)	-0.086** (-2.22)	-0.041*** (-3.43)	-0.041*** (-3.44)
LnDir	-0.049*** (-2.87)	-0.050*** (-2.93)	-0.119 (-0.96)	-0.120 (-0.96)	-0.124*** (-3.23)	-0.124*** (-3.24)
IndDir	-0.199*** (-3.79)	-0.192*** (-3.66)	-0.898** (-2.33)	-0.892** (-2.31)	-0.332*** (-2.85)	-0.331*** (-2.84)
LnGDP	-0.134*** (-11.70)	-0.130*** (-11.38)	-0.302*** (-3.88)	-0.299*** (-3.83)	-0.131*** (-5.73)	-0.130*** (-5.68)
GDP_gro	-0.193 (-0.12)	-0.867 (-0.56)	11.977 (1.14)	11.384 (1.08)	2.887 (0.93)	2.784 (0.89)
Transpt	0.118*** (3.20)	0.142*** (3.78)	-0.580** (-2.33)	-0.557** (-2.20)	-0.156** (-2.24)	-0.153** (-2.14)
MarInd	0.008** (2.07)	0.009** (2.29)	-0.031 (-1.12)	-0.031 (-1.09)	-0.001 (-0.08)	-0.001 (-0.07)
AveWage	0.159*** (6.96)	0.173*** (7.48)	0.335** (2.13)	0.347** (2.18)	0.149*** (3.04)	0.151*** (3.02)
Education	0.100*** (8.25)	0.101*** (8.32)	0.073 (0.91)	0.074 (0.92)	0.066*** (2.78)	0.066*** (2.79)
Rotation_gov	0.021*** (3.67)	0.019*** (3.22)	0.014 (0.34)	0.011 (0.28)	0.007 (0.61)	0.007 (0.58)
_cons	-1.966*** (-8.27)	-2.090*** (-8.70)	-12.817*** (-7.74)	-12.934*** (-7.73)	-4.757*** (-9.15)	-4.775*** (-9.06)
Ind fe	Yes	Yes	Yes	Yes	Yes	Yes
Year fe	Yes	Yes	Yes	Yes	Yes	Yes
N	16394	16394	16394	16394	16394	16394
r2_p			0.076	0.076		
r2_a	0.081	0.082			0.156	0.156

注：*$p<0.1$，**$p<0.05$，***$p<0.01$，括号内为t值，标准误经过异方差调整。

(2) 增加控制变量。

在前述分析中，本书考虑了官员异地交流对企业跨区域投资影响，但尚未控制官员个体特征可能带来的影响，由此可能带来遗漏变量偏误。本部分继续控制官员个体特征的一些因素，包括官员的性别（Gender_sec，上市公司注册省委书记为男性取值为1，女性取值为0）以及教育背景（Edu_sec，上市公司注册省委书记的学历为本科以下取1，本科取2，硕士取3，博士取4）。

增加上述官员特征因素后的回归结果如表6－9所示，Rotation_sec对上市公司是否存在异地子公司（OsubYN）和异地子公司数量（OsubNum）的回归系数分别是0.135和0.04，且均在1%的置信水平上显著，说明官员异地交流整体上对官员流入地企业的跨区域投资具有显著的促进作用；Rotation_cen对上市公司是否存在异地子公司（OsubYN）和异地子公司数量（OsubNum）的回归系数分别是0.135和0.04，且均在1%的置信水平上显著，说明官员异地交流整体上对官员流入地企业的跨区域投资具有显著的促进作用。同时，Rotation_cen和Rotation_pro的回归系数也均在5%的水平上显著为正，表明在控制了官员特征因素后，中央交流官员和外省交流官员对官员流入地企业跨区域投资仍然具有显著的正向影响，与基本回归结果一致。

表6－9　　　　　　　稳健性检验——增加控制变量

变量	OsubYN		OsubNum	
	(1)	(2)	(3)	(4)
Rotation_sec	0.135*** (2.70)		0.040*** (2.69)	
Rotation_cen		0.145** (2.31)		0.046** (2.39)
Rotation_pro		0.130** (2.33)		0.037** (2.27)
Size	0.776*** (24.33)	0.776*** (24.31)	0.444*** (49.91)	0.444*** (49.89)
Lev	0.362*** (2.69)	0.362*** (2.69)	0.257*** (6.04)	0.257*** (6.05)
ROA	－0.589 (－1.53)	－0.589 (－1.53)	－0.619*** (－5.00)	－0.619*** (－5.00)
MB	0.093*** (5.90)	0.093*** (5.90)	0.027*** (5.55)	0.027*** (5.54)
Age	0.042 (0.72)	0.042 (0.72)	0.051*** (2.97)	0.052*** (2.98)

续表

变量	OsubYN		OsubNum	
	(1)	(2)	(3)	(4)
SOE	-0.528***	-0.528***	-0.276***	-0.276***
	(-9.87)	(-9.87)	(-16.61)	(-16.61)
Top5	-1.593***	-1.593***	-0.409***	-0.408***
	(-9.19)	(-9.18)	(-7.76)	(-7.75)
Dual	0.016	0.016	-0.036**	-0.036**
	(0.34)	(0.33)	(-2.42)	(-2.42)
LnDir	-0.132	-0.132	-0.123**	-0.124**
	(-0.83)	(-0.83)	(-2.55)	(-2.55)
IndDir	-0.242	-0.238	-0.205	-0.202
	(-0.51)	(-0.50)	(-1.36)	(-1.34)
LnGDP	-0.438***	-0.435***	-0.263***	-0.262***
	(-4.40)	(-4.33)	(-8.76)	(-8.70)
GDP_gro	-3.159	-3.605	-10.561**	-10.781**
	(-0.23)	(-0.26)	(-2.51)	(-2.55)
Transpt	-0.394	-0.379	-0.135	-0.127
	(-1.38)	(-1.30)	(-1.39)	(-1.28)
MarInd	0.067*	0.068*	0.039***	0.040***
	(1.89)	(1.90)	(3.62)	(3.65)
AveWage	0.504**	0.514**	0.479***	0.483***
	(2.43)	(2.42)	(7.55)	(7.52)
Education	0.097	0.097	0.138***	0.139***
	(0.99)	(1.00)	(4.36)	(4.37)
Rotation_gov	0.019	0.018	0.033**	0.032**
	(0.38)	(0.35)	(2.10)	(2.03)
Gender_sec	-0.605**	-0.602**	-0.236***	-0.234***
	(-2.21)	(-2.19)	(-3.14)	(-3.12)
Edu_sec	-0.057	-0.057	-0.021*	-0.021*
	(-1.62)	(-1.60)	(-1.96)	(-1.95)
_cons	-15.428***	-15.535***	-10.111***	-10.152***
	(-7.36)	(-7.24)	(-15.21)	(-15.08)

续表

变量	OsubYN		OsubNum	
	(1)	(2)	(3)	(4)
Ind fe	Yes	Yes	Yes	Yes
Year fe	Yes	Yes	Yes	Yes
N	16394	16394	16394	16394
r2_p	0.102	0.102		
r2_a			0.304	0.304

注：*p<0.1，**p<0.05，***p<0.01，括号内为 t 值，标准误经过异方差调整。

官员个体特征因素方面，Gender_sec 回归系数均显著为负，表明相对女性领导人而言，男性领导人可能对以 GDP 为中心的晋升动力更为敏感，因而更倾向于保本地投资增长而对企业跨区域投资产生挤出作用；Edu_sec 回归系数均为负但显著性对不同被解释变量有差异，表明从总体上看，学历越高的官员对企业跨区域投资的负向作用越大。

(3) 变更回归方法。

由于原模型中的回归样本存在部分无异地子公司的公司，因此本书的因变量 OsubNum 包含一部分以正概率取值为 0 的观测值。为了保障回归结果的可靠性，本章进一步采用 Tobit 回归方法对原假设进行稳健性检验。结果如表 6-10 中列 (1) 和列 (2) 所示，Rotation_sec 和 Rotation_cen 的回归系数都在 1% 水平上显著为正，Rotation_pro 的回归系数在 5% 的水平上显著为正。这表明地方官员交流（无论中央交流还是省外交流）总体上能够促进企业跨区域投资，由此基础检验结论再次得到印证。

(4) 子样本回归。

为了排除特殊样本对回归结果造成的干扰，本书从以下方面进行了子样本回归检验。一是考虑到西藏、新疆等地与其他地区情况不同，在大多数情况下是不可比的，可能造成偏误，因此本书进一步剔除注册地在上述两地的上市公司样本，以排除地域特殊性带来的影响；二是参考相关研究（蒋德权等，2015）和一些相关文件规定，65 岁对于省部级正职领导来说可能是一个分水岭，当省委书记年龄大于 65 岁时其晋升机会可能较小，对企业进行干预的动机可能并不那么强烈，因此本书进一步剔除省委书记在 65 岁以上的观测样本重新进行检验。

表6-10 稳健性检验——Tobit回归与子样本回归

	Tobit回归		删掉书记年龄在65岁以上样本				删除注册地在西藏、新疆的样本			
	OsubNum		OsubYN		OsubNum		OsubYN		OsubNum	
变量	(1)	(2)	(3)	(4)	(5)	(6)	(7)	(8)	(9)	(10)
Rotation_sec	0.055*** (3.00)		0.196*** (3.68)		0.076*** (4.78)		0.139*** (2.74)		0.041*** (2.70)	
Rotation_cen		0.062*** (2.66)		0.198*** (3.01)		0.087*** (4.24)		0.152** (2.40)		0.046** (2.37)
Rotation_pro		0.051** (2.53)		0.195*** (3.33)		0.071*** (4.08)		0.132** (2.34)		0.038** (2.29)
Size	0.509*** (48.85)	0.509*** (48.81)	0.775*** (23.27)	0.775*** (23.26)	0.436*** (46.66)	0.436*** (46.63)	0.779*** (24.04)	0.779*** (24.02)	0.446*** (49.49)	0.446*** (49.46)
Lev	0.304*** (5.88)	0.304*** (5.88)	0.349** (2.48)	0.349** (2.48)	0.228*** (5.13)	0.228*** (5.14)	0.370*** (2.73)	0.370*** (2.73)	0.259*** (6.07)	0.260*** (6.08)
ROA	-0.667*** (-4.54)	-0.667*** (-4.54)	-0.511 (-1.29)	-0.511 (-1.29)	-0.696*** (-5.42)	-0.696*** (-5.41)	-0.415 (-1.07)	-0.415 (-1.07)	-0.560*** (-4.48)	-0.560*** (-4.48)
MB	0.033*** (5.47)	0.033*** (5.46)	0.083*** (5.03)	0.083*** (5.03)	0.026*** (5.13)	0.026*** (5.12)	0.085*** (5.34)	0.085*** (5.34)	0.024*** (4.89)	0.024*** (4.88)
Age	0.053** (2.48)	0.053** (2.48)	0.039 (0.66)	0.039 (0.66)	0.070*** (3.91)	0.070*** (3.92)	0.013 (0.22)	0.013 (0.23)	0.046*** (2.64)	0.046*** (2.65)

续表

变量	Tobit 回归		删掉书记年龄在65岁以上样本				删除注册地在西藏、新疆的样本			
	OsubNum		OsubYN		OsubNum		OsubYN		OsubNum	
	(1)	(2)	(3)	(4)	(5)	(6)	(7)	(8)	(9)	(10)
SOE	-0.325***	-0.325***	-0.566***	-0.566***	-0.305***	-0.305***	-0.485***	-0.485***	-0.266***	-0.266***
	(-15.61)	(-15.61)	(-10.08)	(-10.08)	(-17.35)	(-17.35)	(-8.90)	(-8.90)	(-15.85)	(-15.86)
Top5	-0.545***	-0.545***	-1.590***	-1.590***	-0.396***	-0.395***	-1.695***	-1.695***	-0.456***	-0.456***
	(-8.56)	(-8.55)	(-8.77)	(-8.77)	(-7.14)	(-7.13)	(-9.61)	(-9.60)	(-8.57)	(-8.56)
Dual	-0.031*	-0.031*	0.012	0.012	-0.032**	-0.032**	0.006	0.006	-0.039***	-0.039***
	(-1.66)	(-1.67)	(0.25)	(0.24)	(-2.06)	(-2.07)	(0.13)	(0.12)	(-2.60)	(-2.60)
LnDir	-0.138**	-0.139**	-0.082	-0.082	-0.115**	-0.116**	-0.161	-0.162	-0.115**	-0.115**
	(-2.35)	(-2.36)	(-0.49)	(-0.49)	(-2.26)	(-2.27)	(-1.01)	(-1.01)	(-2.34)	(-2.35)
IndDir	-0.258	-0.255	-0.388	-0.387	-0.319**	-0.314**	-0.396	-0.389	-0.246	-0.244
	(-1.43)	(-1.41)	(-0.78)	(-0.78)	(-2.01)	(-1.98)	(-0.83)	(-0.81)	(-1.61)	(-1.59)
LnGDP	-0.326***	-0.324***	-0.386***	-0.386***	-0.217***	-0.214***	-0.361***	-0.357***	-0.260***	-0.259***
	(-8.90)	(-8.82)	(-3.68)	(-3.63)	(-6.92)	(-6.81)	(-3.38)	(-3.32)	(-8.22)	(-8.17)
GDP_gro	-8.923*	-9.231*	-6.177	-6.280	-14.426***	-14.873***	-0.638	-1.308	-8.603**	-8.827**
	(-1.78)	(-1.83)	(-0.45)	(-0.45)	(-3.41)	(-3.49)	(-0.05)	(-0.09)	(-2.04)	(-2.08)
Transpt	-0.224**	-0.213*	-0.477	-0.474	-0.198**	-0.183*	-0.352	-0.331	-0.107	-0.099
	(-2.00)	(-1.86)	(-1.61)	(-1.57)	(-1.97)	(-1.79)	(-1.15)	(-1.06)	(-1.06)	(-0.97)

续表

变量	Tobit 回归		删掉书记年龄在65岁以上样本				删除注册地在西藏、新疆的样本			
	OsubNum		OsubYN		OsubNum		OsubYN		OsubNum	
	(1)	(2)	(3)	(4)	(5)	(6)	(7)	(8)	(9)	(10)
MarInd	0.051***	0.051***	0.116***	0.116***	0.061***	0.062***	0.050	0.051	0.041***	0.041***
	(3.88)	(3.90)	(3.09)	(3.09)	(5.39)	(5.44)	(1.36)	(1.38)	(3.70)	(3.72)
AveWage	0.456***	0.462***	-0.067	-0.065	0.237***	0.243***	0.501**	0.518**	0.444***	0.449***
	(6.16)	(6.16)	(-0.29)	(-0.28)	(3.29)	(3.35)	(2.40)	(2.40)	(6.98)	(6.95)
Education	0.142***	0.143***	-0.079	-0.079	0.030	0.030	-0.021	-0.020	0.124***	0.124***
	(3.80)	(3.81)	(-0.73)	(-0.72)	(0.86)	(0.85)	(-0.20)	(-0.19)	(3.68)	(3.69)
Rotation_gov	0.027	0.026	0.006	0.006	0.029*	0.027*	-0.003	-0.004	0.025	0.024
	(1.40)	(1.34)	(0.11)	(0.11)	(1.78)	(1.66)	(-0.05)	(-0.08)	(1.61)	(1.55)
_cons	-11.273***	-11.328***	-9.146***	-9.168***	-6.902***	-6.950***	-15.631***	-15.785***	-10.119***	-10.158***
	(-14.72)	(-14.63)	(-3.56)	(-3.54)	(-8.50)	(-8.52)	(-7.36)	(-7.25)	(-15.11)	(-14.97)
Ind fe	Yes	Yes	Yes	Yes	Yes	Yes	Yes	Yes	Yes	Yes
Year fe	Yes	Yes	Yes	Yes	Yes	Yes	Yes	Yes	Yes	Yes
N	16394	16394	14898	14898	14898	14898	16095	16095	16095	16095
r2_p	0.109	0.109	0.101	0.101			0.102	0.102		
r2_a					0.295	0.295			0.306	0.306

注：* $p<0.1$，** $p<0.05$，*** $p<0.01$，括号内为 t 值。

检验结果如表 6-10 中列（3）至列（10）所示，列（3）至列（6）为删掉书记年龄在 65 岁以上的观测样本，其中，Rotation_sec、Rotation_cen 和 Rotation_pro 的回归系数均在 1% 水平上显著为正，表明书记交流对省内企业跨区域投资具有显著的促进作用，这一结果与基本回归结果一致，表明基本回归结果是稳健的。列（7）至列（10）是剔除注册地在新疆和西藏两地的观测样本后的回归结果，Rotation_sec 的回归系数也均在 1% 水平上显著为正，而 Rotation_cen 和 Rotation_pro 的回归系数也均在 5% 水平上显著为正，检验结果同样说明省委书记的交流，无论是中央交流还是省外交流都会对辖区企业跨区域投资产生促进作用，结果再次支持了基本假设，说明基础回归结果是稳健的。

6.5.4 官员异地交流与企业跨区域投资：异质性检验与分析

前面分析了官员交流及其不同类型对企业跨区域投资行为的影响，接下来进一步分析上述影响在不同情况下的差异性，本部分主要从官员特征（官员年龄、任期和地区偏好）、市场情况（市场化程度）几个方面进行考虑。值得说明的是，本部分的检验是在前面研究结果，即中央交流官员对辖区国有企业跨区域投资具有显著影响，而外省交流官员对辖区内非国有企业跨区域投资具有显著影响基础之上进行的，因此仅对上述两组显著性关系进一步考察异质性问题，不再对官员交流总体影响做检验。

（1）考虑领导人年龄。

官员是异质性的，不同任期、年龄的官员在晋升激励、资源禀赋及影响力等方面均存在差异（王贤彬和徐现祥，2008；杨海生等，2010；钱先航和曹廷求，2017），而这种差异会影响官员的政策倾向。同时，企业也会对不同的官员具有不同的适应或预期（钱先航和徐业坤，2014），从而对资金流动和投资倾向产生不同的作用。从官员年龄来看，由于中国官员的离退，一向采用年龄划界（寇建文，2012），因此，地方官员个体的年龄特征对其任期内的政府行为决策存在着较大影响。那么，本书认为官员异地交流对辖区内企业跨区域投资行为的影响也因官员年龄不同而存在差异性。由此，本书进一步区分官员年龄对上述逻辑推断进行检验。值得说明的是，根据前述研究和相关文件规定，65 岁对于省部级正职领导来说可能是一个分水岭，因此这里删掉了官员年龄大于 65 岁的样本。在此基础上以官员年龄的全样本中位数为界进行分组，大于中位数的为年龄较长组，否则为年龄较轻组。

分组回归结果如表 6-11 所示，中央交流官员指标（Rotation_cen）在年龄较长组显著为正，而在年龄较轻组不显著。这表明年龄越大的中央交流官员可能更多地站在中央层面考虑问题，努力贯彻中央意志，通过促进区域一体化和降低地方保护等措施促进辖区内国有企业的跨区域投资；年龄较轻的中央交流官员可能还有进一步政治晋升需求，不可避免地需要通过本地经济增长和地区 GDP 竞争来展现自己的政治能力，需要国有企业更多地进行本地投资，因此对国有企业跨区域投资的正面作用并不明显。外省交流官员指标（Rotation_pro）在年龄较轻样本组显著为正，而在年龄较长样本组不显著。这表明相比年龄较长的外省交流官员，年龄较轻的外省交流官员晋升激励更大，会在更大程度上为提升辖区经济增长而进行招商引资和鼓励出口，由此对辖区非国有企业产生的竞争效应更大，对辖区非国有企业跨区域投资的促进作用更加显著。

表 6-11　　　　　　　　异质性检验 1——考虑领导人年龄

变量	国有企业		非国有企业	
	（1）年纪较轻	（2）年纪较长	（3）年纪较轻	（4）年纪较长
Rotation_cen	0.061 (1.21)	0.154 *** (3.89)		
Rotation_pro			0.119 *** (3.07)	0.015 (0.57)
Size	0.391 *** (16.44)	0.445 *** (22.40)	0.456 *** (23.61)	0.435 *** (28.57)
Lev	0.306 ** (2.53)	-0.381 *** (-3.47)	0.432 *** (5.04)	0.448 *** (6.57)
ROA	-0.648 * (-1.70)	-1.492 *** (-4.68)	-0.330 (-1.35)	-0.523 *** (-2.77)
MB	0.044 *** (2.74)	0.037 *** (2.61)	0.021 ** (2.30)	0.019 ** (2.56)

续表

变量	国有企业		非国有企业	
	（1）年纪较轻	（2）年纪较长	（3）年纪较轻	（4）年纪较长
Age	-0.022 (-0.38)	-0.049 (-0.98)	0.040 (1.10)	0.124*** (4.67)
Top5	-0.564*** (-3.74)	-0.203 (-1.46)	-0.490*** (-4.61)	-0.332*** (-4.04)
Dual	-0.024 (-0.40)	-0.074 (-1.59)	-0.038 (-1.37)	-0.020 (-0.91)
LnDir	0.101 (0.76)	-0.108 (-0.91)	-0.091 (-0.91)	-0.361*** (-4.42)
IndDir	-0.147 (-0.39)	-0.347 (-0.99)	0.112 (0.36)	-1.053*** (-4.00)
LnGDP	-0.294*** (-3.91)	-0.296*** (-4.36)	-0.055 (-0.77)	-0.247*** (-4.34)
GDP_gro	9.206 (0.86)	8.315 (0.87)	-44.396*** (-5.03)	-21.417*** (-2.99)
Transpt	-0.196 (-0.78)	-0.076 (-0.37)	-0.074 (-0.31)	-0.491*** (-2.77)
MarInd	0.105*** (2.99)	0.010 (0.43)	0.160*** (5.30)	0.036** (2.28)
AveWage	-0.318 (-1.61)	0.228 (1.43)	0.224 (1.34)	0.389*** (3.63)
Education	0.218*** (2.72)	0.255*** (3.55)	-0.322*** (-3.74)	-0.000 (-0.00)
Rotation_gov	0.087* (1.79)	0.114*** (3.05)	0.084** (2.09)	0.031 (1.22)
_cons	-5.961*** (-2.82)	-10.230*** (-6.21)	-2.605 (-1.19)	-6.007*** (-5.16)
Ind fe	Yes	Yes	Yes	Yes
Year fe	Yes	Yes	Yes	Yes
N	1934	2889	3673	6402
r2_a	0.307	0.324	0.351	0.332

注：* $p<0.1$，** $p<0.05$，*** $p<0.01$，括号内为 t 值，标准误经过异方差调整。

(2) 考虑领导人任期。

在中国，对于官员任期的管理规定有比较明确的规定，即党政领导干部每个任期为5年。然而在实践中，由于地方官员调动比较频繁，多数官员在一个岗位上都未能任满一个法定任期，由此中国的官员任期更多地表现为一种随时可能被调动的"弹性任期"模式（耿曙等，2016）。在"政治锦标赛"晋升逻辑下，任期已成为影响地方官员策略性晋升行为的重要因素。在任官员在上任初期便会竭尽全力地创造和积累政治绩效，以便在任期将满时谋求政治晋升的动机（Guo，2009；Smart and Strum，2013）。因此，本书预期官员异地交流对辖区内企业异地子公司投资行为的影响也会因官员任期不同而存在差异。基于以上分析，本书根据省（直辖市、自治区）委书记的任期长短对原假设进行分组回归。具体地，对于官员任期的计算，以官员在辖区的上任年份至观测值统计年份的间隔年限进行衡量。由于中国大部分省（直辖市、自治区）委书记是通过本地晋升的方式上任的，于是参照张军和高远（2007）、徐现祥和王贤彬（2010）、钱先航等（2011）的处理方法，在计算书记任期时，本书将其担任书记的年限与其在本辖区内担任省长（直辖市市长、自治区主席）的年限合并计算。在此基础上，根据书记任期的全样本中位数进行分组，大于中位数的为任期较长组，小于或等于中位数的为任期较短组。

分组检验结果如表6-12所示，从中央交流官员对辖区内国有企业跨区域投资的影响来看，中央官员交流指标（Rotation_cen）的回归系数在任期较短和任期较长两组均显著为正，说明中央官员交流对辖区国有企业跨区域行为的影响不受任期长短而体现明显差异性。对此解释可能是，对于中央交流官员而言，不论其任期长短，其中央任职经历都会让其对把握和理解中央政策意图带来惯性，因此在整个任期内都较好地站在中央角度督促和落实政策目标，通过参与和融入区域一体化建设并削弱地方保护促进辖区国有企业更多地进行跨区域发展。

从外省交流官员对辖区内非国有企业跨区域投资的影响来看，中央官员交流指标（Rotation_pro）的回归系数在官员任期较短样本组中显著为正，而在任期较长组中不显著，这表明，外省交流官员对辖区非国有企业跨区域行为的促进作用仅体现在其任期较短的情况。对此解释可能是，相对于任期较长的官员，任期较短的外省交流官员政治晋升空间更大，因此更可能促进辖区招商引资和鼓励出口来拉动本地经济增长，由此给辖区非国有企业带来了更大的竞争效应，使非国有企业在资源和市场竞争激励下更多地进行跨区域投资。

表6-12 异质性检验2——考虑领导人任期

变量	国有企业		非国有企业	
	（1）任期较长	（2）任期较短	（3）任期较长	（4）任期较短
Rotation_cen	0.157 *** (2.82)	0.115 *** (3.31)		
Rotation_pro			-0.005 (-0.12)	0.086 *** (3.66)
Size	0.405 *** (18.00)	0.423 *** (23.13)	0.454 *** (23.27)	0.440 *** (30.94)
Lev	0.086 (0.75)	-0.145 (-1.42)	0.591 *** (7.24)	0.398 *** (6.02)
ROA	-0.417 (-1.09)	-1.223 *** (-4.11)	-0.324 (-1.35)	-0.437 ** (-2.43)
MB	0.016 (1.03)	0.046 *** (3.36)	0.030 *** (3.18)	0.019 *** (2.77)
Age	-0.063 (-1.14)	-0.094 ** (-2.01)	0.103 *** (3.05)	0.091 *** (3.45)
Top5	-0.334 ** (-2.32)	-0.377 *** (-2.96)	-0.370 *** (-3.61)	-0.414 *** (-5.21)
Dual	-0.102 * (-1.92)	-0.052 (-1.14)	-0.039 (-1.47)	-0.016 (-0.78)
LnDir	0.018 (0.14)	0.043 (0.38)	-0.523 *** (-5.34)	-0.104 (-1.39)
IndDir	0.501 (1.37)	0.047 (0.15)	-1.193 *** (-3.86)	-0.196 (-0.79)
LnGDP	-0.590 *** (-7.38)	-0.263 *** (-4.24)	-0.233 *** (-3.62)	-0.083 * (-1.65)

续表

变量	国有企业		非国有企业	
	(1) 任期较长	(2) 任期较短	(3) 任期较长	(4) 任期较短
GDP_gro	20.836* (1.93)	-0.799 (-0.09)	-18.893* (-1.94)	-34.052*** (-5.05)
Transpt	-0.616*** (-2.71)	0.103 (0.50)	-0.551*** (-2.94)	-0.133 (-0.76)
MarInd	0.036 (1.22)	0.019 (0.79)	0.040* (1.72)	0.059*** (3.59)
AveWage	0.261* (1.72)	0.434*** (2.86)	0.237** (2.05)	0.631*** (5.40)
Education	0.375*** (5.09)	0.318*** (4.54)	-0.111* (-1.87)	-0.095 (-1.46)
Rotation_gov	0.108*** (2.69)	0.082** (2.19)	0.025 (0.72)	0.011 (0.39)
_cons	-10.200*** (-6.88)	-13.273*** (-8.28)	-3.627*** (-2.91)	-8.798*** (-6.25)
Ind fe	Yes	Yes	Yes	Yes
Year fe	Yes	Yes	Yes	Yes
N	2441	3125	4254	6574
r2_a	0.370	0.308	0.343	0.327

注：*$p<0.1$，**$p<0.05$，***$p<0.01$，括号内为 t 值，标准误经过异方差调整。

(3) 考虑官员地区偏好。

大量研究表明，中国地方官员具有明显的地区偏好现象。例如，钱先航和曹廷求（2017）考察了官员关联地区是否会跟随官员流动，结果显示，相比非任职年份，官员任职期间存在显著的"钱随官走"现象，即官员出生地和来源地的资金会更多地流入其任职地区。曹春方等（2017）研究表明，地方官员对于其出生地、母校所在地和下乡历经地具有明显的地区偏袒效应，具体表现为官员能够促进这类地区的市场整合。徐现祥和李书娟（2019）则强调了官员对籍贯地偏爱的机制——在市场竞争中会带来资源转移，从而影响籍贯地的经济发展绩效。上述研究结论均表明，官员的地区偏好是影响其任职地经济表现和增进其晋升概率的重要因素。可见,官员的地区偏好也是考察官员异地交流对企业跨区域投资行为异质性影响的重要角度。

基于此,本书进一步从官员出生地角度进行异质性检验。选择出生地是出于以下原因:一是从理论角度讲,出生地对官员而言具有"身份认同"效应(李书娟和徐现祥,2016;钱先航和曹廷求,2017)和信息优势效应(曹春方等,2017),因此官员对出生地偏好的行为具备逻辑基础;二是大多数实证检验均表明官员存在显著的出生地偏好,而对于工作地、来源地、下乡等特殊经历所在地的偏好检验结果并不十分明显;三是基于目前大多数官员的出生地和籍贯地是一致的,同时考察意义不大,且出生地相较于籍贯地具有更好的数据可获取性①。具体而言,根据官员出生地与其任职地是否为同一省份将样本分为两组,检验结果如表6-13所示。

表6-13　　　　　异质性检验3——考虑官员地区偏好

变量	国有企业		非国有企业	
	(1) 同一省份	(2) 不同省份	(3) 同一省份	(4) 不同省份
Rotation_cen	0.606 (0.78)	0.078** (2.52)		
Rotation_pro			0.099 (0.11)	0.070*** (3.77)
Size	0.649*** (14.65)	0.387*** (26.70)	0.383*** (7.17)	0.451*** (38.14)
Lev	-0.523** (-2.30)	-0.047 (-0.58)	0.174 (0.94)	0.495*** (9.29)
ROA	1.809*** (2.59)	-0.978*** (-4.07)	0.496 (0.91)	-0.482*** (-3.26)
MB	0.097*** (3.62)	0.019* (1.89)	-0.015 (-0.82)	0.026*** (4.52)
Age	-0.303** (-2.09)	-0.077** (-2.07)	0.337** (2.18)	0.082*** (3.90)

---

① CNRD数据库和相关网络(如人民网、百度百科等)关于官员的简历资料中统计了官员的出生地。

续表

变量	国有企业		非国有企业	
	(1) 同一省份	(2) 不同省份	(3) 同一省份	(4) 不同省份
Top5	-2.324*** (-7.76)	-0.252*** (-2.62)	0.007 (0.03)	-0.452*** (-7.00)
Dual	-0.190 (-1.49)	-0.080** (-2.26)	-0.106 (-1.32)	-0.022 (-1.32)
LnDir	-0.309 (-1.38)	0.013 (0.14)	-0.759*** (-3.19)	-0.230*** (-3.73)
IndDir	-1.715*** (-2.70)	0.417* (1.68)	-0.915 (-1.37)	-0.498** (-2.46)
LnGDP	-0.790 (-0.41)	-0.449*** (-9.27)	-1.749 (-1.12)	-0.091** (-2.29)
GDP_gro	34.387 (0.17)	12.600* (1.82)	193.481 (0.48)	-21.880*** (-4.01)
Transpt	-1.148 (-1.19)	-0.114 (-0.75)	1.720 (0.90)	-0.468*** (-3.70)
MarInd	-0.139 (-0.46)	0.011 (0.56)	0.390 (0.64)	0.023* (1.68)
AveWage	3.333 (0.68)	0.434*** (4.09)	-1.294 (-0.18)	0.400*** (5.18)
Education	1.428 (0.39)	0.437*** (8.61)	2.205 (0.44)	-0.134*** (-3.16)
Rotation_gov	0.926** (2.18)	0.074*** (2.71)	0.244 (0.28)	0.001 (0.04)
_cons	-54.102 (-0.81)	-12.996*** (-12.10)	-25.467 (-0.27)	-6.439*** (-7.41)
Ind fe	Yes	Yes	Yes	Yes
Year fe	Yes	Yes	Yes	Yes
N	428	5138	498	10330
r2_a	0.695	0.327	0.317	0.335

注：* $p<0.1$，** $p<0.05$，*** $p<0.01$，括号内为 t 值，标准误经过异方差调整。

从中央交流官员对辖区内国有企业跨区域投资影响来看，中央交流官员（Rotation_sec）的回归系数在官员出生地和任职地相同情况下显著为正，而在官员出生地和任职地不同的情况下不显著。对此，一个可能的解释是，当中央交流官员在其出生地任职时，由于牵扯复杂的家乡关系网，人情面子下潜藏着诸多地方势力，相对来讲更难突破这些地方势力的影响，由此在贯彻中央意图——削弱和打破地方保护方面受到限制，因此对辖区国有企业跨区域投资不能起到显著的促进作用。相反，当中央交流官员的任职地与出生地不同时，上述人情牵扯和羁绊更小，由此通过打破地方保护促进辖区国有企业跨区域投资的作用能够得以凸显。

从外省交流官员对辖区非国有企业跨区域投资的影响来看，外省交流官员（Rotation_pro）的回归系数同样在官员出生地和任职地相同情况下显著为正，而在官员出生地和任职地不同的情况下不显著。对此可能的解释是，当外省交流官员在出生地任职时，由于受到家乡人际关系的影响，辖区非国有企业会更多地向官员进行"游说"而获得更多资源和当地的投资机会，从而降低了跨区域投资动机。同时，尽管大量证据表明官员流动会给流入地带来更多资源（钱先航和曹廷求，2017），但这些引资策略给人情网下的非国有企业起到的竞争作用可能并不明显。相反，当外省交流官员任职地并非出生地时，上述人情关系更薄弱，非国有企业的"游说"空间更小，官员交流带来的引资效应对非国有企业能够产生较大的竞争激励，由此促进其跨区域发展。

（4）考虑市场环境。

环境是影响经济主体行为的重要因素。由于市场环境决定了经济行为的基础禀赋条件，由此，地方政府和企业的行为是对所处的市场环境的策略性反映。本书认为，除了官员特征之外，官员异地交流是否对企业异地子公司投资行为具有正向影响还取决于市场整体环境的好坏。据此，本书依据上市公司注册地所在省份的市场化程度（取自王小鲁等《中国分省份市场化指数报告（2018）》中的市场化总指数并推算到2019年）的全样本中位数将样本分为两组，大于中位数的为市场化程度较高组，小于或等于中位数的为市场化程度较低组。分组检验结果如表6-14所示。

表 6-14 异质性检验 4——考虑市场化程度

变量	国有企业		非国有企业	
	（1）市场化程度低	（2）市场化程度高	（3）市场化程度低	（4）市场化程度高
Rotation_cen	0.102*** (2.92)	0.030 (0.48)		
Rotation_pro			0.030 (1.14)	0.138*** (5.27)
Size	0.404*** (23.48)	0.396*** (16.60)	0.460*** (25.26)	0.437*** (28.92)
Lev	-0.389*** (-3.90)	0.512*** (4.20)	0.300*** (3.96)	0.645*** (9.12)
ROA	-0.962*** (-3.34)	-0.269 (-0.70)	-0.109 (-0.53)	-0.647*** (-3.17)
MB	0.038*** (2.85)	0.022 (1.45)	0.040*** (4.50)	0.017** (2.40)
Age	0.141*** (2.90)	-0.226*** (-4.17)	0.003 (0.08)	0.129*** (4.93)
Top5	-0.392*** (-3.27)	-0.292* (-1.82)	-0.374*** (-3.98)	-0.521*** (-6.10)
Dual	-0.185*** (-4.16)	0.039 (0.71)	-0.036 (-1.33)	-0.011 (-0.53)
LnDir	0.061 (0.61)	0.223 (1.39)	-0.394*** (-4.40)	-0.173** (-2.14)
IndDir	-0.052 (-0.18)	1.221*** (2.78)	-0.438 (-1.45)	-0.751*** (-2.95)
LnGDP	-0.424*** (-7.73)	-0.241 (-1.37)	-0.165*** (-3.35)	0.263** (2.08)
GDP_gro	22.926*** (2.90)	30.286 (1.40)	-25.592*** (-3.57)	-33.003** (-2.29)
Transpt	-0.372** (-2.20)	2.406 (1.49)	-0.195 (-1.25)	1.283 (0.82)

续表

变量	国有企业		非国有企业	
	（1）市场化程度低	（2）市场化程度高	（3）市场化程度低	（4）市场化程度高
MarInd	0.017 (0.63)	-0.025 (-0.55)	0.137*** (5.44)	-0.037 (-1.57)
AveWage	0.152 (1.04)	0.631*** (2.97)	-0.094 (-0.73)	0.871*** (6.40)
Education	0.318*** (5.98)	0.411** (2.17)	-0.222*** (-4.42)	-0.463*** (-3.87)
Rotation_gov	0.151*** (4.91)	-0.038 (-0.61)	0.036 (1.27)	0.021 (0.63)
_cons	-10.633*** (-7.64)	-20.429*** (-6.72)	-0.234 (-0.17)	-9.450*** (-3.84)
Ind fe	Yes	Yes	Yes	Yes
Year fe	Yes	Yes	Yes	Yes
N	3601	1965	4545	6283
r2_a	0.296	0.407	0.328	0.360

注：* $p<0.1$，** $p<0.05$，*** $p<0.01$，括号内为 t 值，标准误经过异方差调整。

从中央交流官员对辖区内国有企业跨区域投资影响来看，中央交流官员（Rotation_sec）的回归系数在辖区市场化程度较低组显著为正，在辖区市场化程度较高组不显著，这表明，中央交流官员的"贯彻中央意志效应"对辖区国有企业跨区域投资的促进作用在市场化程度更低的地区更明显。对此可能的解释是，相对市场化程度更高的地区，市场化程度更低地区本身地方保护更严重，因此中央交流官员在贯彻中央政策意图——打破地方保护的作用效果更加明显，由此促使辖区国有企业跨区域投资的作用更为显著。

从外省交流官员对辖区内非国有企业跨区域投资影响来看，外省交流官员（Rotation_pro）的回归系数在辖区市场化程度较低组不显著，而在辖区市场化程度较高组显著为正，这表明，外省交流官员引入竞争机制促进辖区非国有企业跨区域投资的作用主要体现在市场化程度更高的地区。这可能是因为，相对市场化程度更低的地区而言，市场化程度更高的地区往往经济发展更好，市场环境更宽松，经济运行的市场机制强于行政机制，因此外省交流官员通过招商引资或鼓励出口对辖区非国有企业产生的竞争激励作用会更加显著，而在市场化程度较低的地区，相对来讲引资和出口空间有限，这两项功能所带来的竞争效应受阻，进而对非国有企业对外扩张发展的动机和积极性不高。

6.6 拓展研究：官员异地交流与企业跨区域投资经济后果

延续第4章和第5章对企业跨区域投资经济后果的研究，本部分继续探讨以官员异地交流所体现的央地人事关系在企业跨区域投资对创新影响中的调节作用。同样，参考祝继高等（2020）的研究，本部分在模型（5-1）基础上，结合第4章4-4，构建模型（6-5）对上述问题进行检验：

$$Patent = \lambda_0 + \lambda_1 Osubinv + \lambda_2 Rotation + \lambda_3 Osubinv \times Rotation + \sum \lambda \times CVs + \varepsilon \quad (6-5)$$

其中，Osubinv 为企业跨区域投资指标，为节省篇幅且与第4章和第5章指标统一便于对比，本部分主要采用企业异地子公司个数加1后取对数形式（OsubNum）进行衡量。Rotation 为官员交流指标，参考本章模型（6-1），分别取 Rotation_cen 和 Rotation_pro，具体定义见表6-1。Patent 代表企业创新产出，分别取企业专利申请总量（Patent_all，企业专利申请总数加1后取自然对数）和企业发明专利申请总量（Patent_inv，企业发明专利申请总数加1后取自然对数）进行衡量。CVs 为一系列控制变量，包括本章模型（6-1）中的控制变量（见表6-1），同时，在考虑中央交流对国有企业跨区域投资的创新效应时还控制了外省交流官员的作用，在考虑外省交流对非国有企业跨区域投资的创新效应时还控制了中央交流官员的作用。

模型（6-5）用于检验官员异地交流对企业跨区域投资与创新关系的调节作用，OsubNum × Rotation 是本书关心的关键变量。值得说明的是，本部分的回归也是表6-5的回归结果，即具体区分中央交流官员对辖区国有企业跨区域投资的影响，以及外省交流官员对辖区非国有企业跨区域投资的影响的基础上进行的，因此不再对官员异地交流总体效应的调节作用做检验。另外，企业跨区域投资对创新的影响参见第4章表4-16中的列（1）和列（4）。

表 6-15 展示了中央交流官员对流入地国有企业跨区域投资的创新效应检验结果。表 6-15 中的列（1）和列（2）报告了针对国有企业总体创新产出（Patent_all）的影响结果，列（3）和列（4）报告了针对国有企业发明创新（Patent_inv）的影响结果。从中央交流官员对流入地国有企业跨区域投资与创新关系的调节作用来看，首先，列（1）中 OsubNum 对 Patent_all 的回归系数为 0.18，且在 1% 的水平上通过了显著性检验，列（3）中 OsubNum 对 Patent_inv 的回归系数为 0.195，同样也在 1% 的水平上通过了显著性检验，这说明，单独来讲，跨区域投资能够显著促进国有企业创新，跨区域投资所产生的"竞争提升效应"大于"资源挤占效应"，跨区域投资给国有企业带来更多的竞争压力，从而促使国有企业通过提升内在核心竞争力，通过实质性创新实现高质量发展。其次，列（2）中交互项 OsubNum × Rotation_cen 系数为 -0.135，且在 1% 水平上显著，列（4）中交互项 OsubNum × Rotation_cen 系数为 -0.161，也在 1% 水平上显著，这说明，中央交流官员在国有企业跨区域投资与创新的关系中起到了负向调节作用，即中央交流官员会抑制和削弱国有企业跨区域所带来的正向竞争效应。对此可能的解释是，中央交流官员为了贯彻中央战略意图而积极推动国有企业跨区域发展，但是，在促使国有企业参与区域市场一体化或者打破地方对国有企业过度保护的过程中，往往存在一些"软约束"因素而需要给予一些特殊处理，如战略性的跨区投资或者政策性迁移，使国企跨区域投资中受到的市场化竞争不足，从而降低跨区域投资本身可能带来的创新增益效果。

表 6-15　　　　中央交流、国有企业跨区域投资与创新

变量	Patent_all		Patent_inv	
	(1)	(2)	(3)	(4)
OsubNum	0.180*** (9.05)	0.214*** (9.47)	0.195*** (9.19)	0.235*** (9.75)
OsubNum × Rotation_cen		-0.135*** (-3.40)		-0.161*** (-3.63)
Rotation_cen	0.225*** (4.91)	0.406*** (5.72)	0.201*** (3.93)	0.417*** (5.50)
Size	0.551*** (24.63)	0.552*** (24.69)	0.584*** (22.40)	0.586*** (22.48)

续表

变量	Patent_all		Patent_inv	
	(1)	(2)	(3)	(4)
Lev	-0.395***	-0.404***	-0.482***	-0.492***
	(-3.60)	(-3.67)	(-3.94)	(-4.01)
ROA	1.425***	1.391***	1.190***	1.150***
	(4.19)	(4.09)	(3.14)	(3.03)
MB	0.021	0.024*	0.038**	0.041***
	(1.53)	(1.73)	(2.44)	(2.65)
Age	-0.013	-0.001	-0.104*	-0.091
	(-0.24)	(-0.03)	(-1.68)	(-1.46)
Top5	-0.043	-0.048	-0.169	-0.175
	(-0.33)	(-0.37)	(-1.11)	(-1.16)
Dual	0.084*	0.078	0.097*	0.090
	(1.66)	(1.55)	(1.66)	(1.55)
LnDir	0.215*	0.216*	0.355***	0.357***
	(1.78)	(1.79)	(2.60)	(2.62)
IndDir	0.006	-0.026	0.322	0.283
	(0.02)	(-0.07)	(0.82)	(0.72)
LnGDP	0.159**	0.169**	0.183**	0.196**
	(2.13)	(2.28)	(2.29)	(2.46)
GDP_gro	-42.994***	-42.068***	-47.109***	-46.008***
	(-4.10)	(-4.02)	(-4.21)	(-4.12)
Transpt	-1.228***	-1.208***	-0.930***	-0.905***
	(-5.01)	(-4.96)	(-3.60)	(-3.53)
MarInd	-0.044	-0.045	-0.048	-0.049
	(-1.54)	(-1.57)	(-1.58)	(-1.61)
AveWage	0.628***	0.612***	1.054***	1.035***
	(3.85)	(3.76)	(5.83)	(5.74)
Education	-0.039	-0.046	0.049	0.040
	(-0.51)	(-0.61)	(0.60)	(0.49)
Rotation_gov	0.050	0.053	0.042	0.044
	(1.31)	(1.37)	(1.00)	(1.06)

续表

变量	Patent_all		Patent_inv	
	(1)	(2)	(3)	(4)
Rotation_pro	0.086** (2.02)	0.091** (2.14)	-0.026 (-0.53)	-0.019 (-0.40)
_cons	-13.596*** (-8.17)	-13.664*** (-8.26)	-20.161*** (-10.84)	-20.242*** (-10.96)
Ind fe	Yes	Yes	Yes	Yes
Year fe	Yes	Yes	Yes	Yes
N	3967	3967	3967	3967
r2_a	0.544	0.546	0.488	0.490

注：①*p<0.1，**p<0.05，***p<0.01，括号内为t值，标准误经过异方差调整；②实用新型创新和外观设计创新两类策略性创新的回归结果也基本一致，为节省篇幅，此表省略报告。

表6-16展示了外省交流官员对流入地非国有企业跨区域投资的创新效应检验结果。表6-16中的列（1）和列（2）报告了针对非国有企业总体创新产出（Patent_all）的影响结果，列（3）和列（4）报告了针对非国有企业发明创新（Patent_inv）的影响结果。从外省交流官员对辖区非国有企业跨区域投资与创新关系的调节作用来看，首先，列（1）中OsubNum对Patent_all的回归系数为0.155，且在1%的水平上通过了显著性检验，列（3）中OsubNum对Patent_inv的回归系数为0.106，同样也在1%的水平上通过了显著性检验，这说明，单独来讲，跨区域投资能够显著促进非国有企业创新产出。其次，列（2）中交互项OsubNum×Rotation_pro系数为0.072，且在5%水平上显著，列（4）中交互项OsubNum×Rotation_pro系数为0.059，且在10%水平上显著，这说明，外省交流官员在非国有企业跨区域投资与创新的关系中起到了正向调节作用，即外省交流官员会进一步促进和增强非国有企业跨区域所带来的正向竞争效应。对这一结果的解释是，外省交流官员通过招商引资和出口这种开放型竞争机制进一步强化了流入地非国有企业对市场化竞争压力的感知，从而强化了跨区域投资对创新带来的正向作用。

表6-16　外省交流、非国有企业跨区域投资与创新

变量	Patent_all		Patent_inv	
	(1)	(2)	(3)	(4)
OsubNum	0.155 ***	0.140 ***	0.106 ***	0.093 ***
	(9.79)	(7.99)	(6.37)	(5.10)
OsubNum × Rotation_pro		0.072 **		0.059 *
		(2.29)		(1.80)
Rotation_pro	0.114 ***	0.113 ***	0.107 ***	0.106 ***
	(3.42)	(3.38)	(3.03)	(3.00)
Size	0.561 ***	0.562 ***	0.652 ***	0.653 ***
	(27.23)	(27.26)	(28.64)	(28.67)
Lev	0.102	0.103	0.107	0.107
	(1.19)	(1.20)	(1.18)	(1.19)
ROA	2.314 ***	2.315 ***	1.987 ***	1.988 ***
	(7.46)	(7.46)	(6.32)	(6.32)
MB	0.026 ***	0.026 ***	0.067 ***	0.067 ***
	(2.66)	(2.65)	(6.62)	(6.61)
Age	-0.007	-0.005	-0.104 **	-0.102 **
	(-0.18)	(-0.13)	(-2.32)	(-2.29)
Top5	-0.143	-0.142	-0.569 ***	-0.568 ***
	(-1.46)	(-1.44)	(-5.35)	(-5.34)
Dual	-0.105 ***	-0.106 ***	-0.114 ***	-0.114 ***
	(-4.14)	(-4.16)	(-4.16)	(-4.18)
LnDir	0.333 ***	0.333 ***	0.482 ***	0.481 ***
	(3.48)	(3.48)	(4.78)	(4.78)
IndDir	0.609 **	0.607 **	0.918 ***	0.916 ***
	(2.09)	(2.08)	(2.90)	(2.89)
LnGDP	0.050	0.055	-0.066	-0.062
	(0.78)	(0.85)	(-0.98)	(-0.92)
GDP_gro	-48.744 ***	-49.075 ***	-20.488 **	-20.757 **
	(-6.06)	(-6.11)	(-2.35)	(-2.38)
Transpt	-1.331 ***	-1.333 ***	-1.147 ***	-1.148 ***
	(-6.24)	(-6.26)	(-5.39)	(-5.40)

续表

变量	Patent_all		Patent_inv	
	(1)	(2)	(3)	(4)
MarInd	0.062***	0.060***	0.033	0.032
	(2.67)	(2.60)	(1.40)	(1.35)
AveWage	0.170	0.176	0.391***	0.396***
	(1.42)	(1.47)	(3.03)	(3.07)
Education	-0.105	-0.107	0.055	0.054
	(-1.55)	(-1.57)	(0.80)	(0.78)
Rotation_gov	0.024	0.023	0.033	0.031
	(0.80)	(0.74)	(1.04)	(0.99)
Rotation_cen	-0.056	-0.147***	-0.055	-0.129**
	(-1.54)	(-2.82)	(-1.47)	(-2.38)
_cons	-7.492***	-7.534***	-15.627***	-15.660***
	(-5.64)	(-5.68)	(-11.15)	(-11.18)
Ind fe	Yes	Yes	Yes	Yes
Year fe	Yes	Yes	Yes	Yes
N	6856	6856	6856	6856
r2_a	0.367	0.368	0.338	0.339

注：①*$p<0.1$，**$p<0.05$，***$p<0.01$，括号内为 t 值，标准误经过异方差调整；②实用新型创新和外观设计创新两类策略性创新的回归结果也基本一致，为节省篇幅，此表省略报告。

6.7 本章小结

本章从中央对地方的人事安排——官员异地交流的视角探讨了央地关系如何影响辖区企业的跨区域投资行为，以 2007~2019 年 A 股制造业上市公司为样本，探讨官员异地交流对流入地企业跨区域投资的影响及其机制途径，并在此基础上进行了异质性考察，最后从创新视角进一步拓展了官员异地交流与企业跨区域投资的经济后果。

本章得出的主要结论包括：第一，省（直辖市、自治区）委书记的异地交流，无论是中央交流还是外省交流，都对流入地企业的跨区域投资行为具有显著的促进作用。第二，机制渠道检验表明，中央交流官员促进了流入地企业参与区域一体化的程度，缓解了地方保护程度，从而推动了流入地国有企业的跨区域投资；外省交流官员提高了流入地的 FDI 规模和出口规模，在拉动辖区经济增长的同时对非国有企业产生竞争效应，市场和出口竞争带来的外向型经济发展激励强化了辖区内非国有企业的跨区域投资。第三，异质性检验发现，中央交流官员对辖区国有企业跨区域投资的推动作用仅在官员年龄更大、出生地和任职地非同一省份、地区市场化程度更低的情况下成立，但不因官员任期长短而存在差异；外省交流官员对辖区非国有企业跨区域投资的促进作用仅在官员年龄更轻、任期更短、出生地与任职地非同一省份以及地区市场化程度更高的情况下成立。第四，拓展研究发现，中央官员交流负向调节了国有企业跨区域投资对创新的促进作用，而外省官员交流正向调节了非国有企业跨区域投资对创新的促进作用。

此外，本章对于基本结论进行了更换关键变量衡量方式、增加控制变量、变换回归方法、剔除无异地投资样本、提出官员年龄在 65 岁以上的观测样本、剔除西藏和新疆特殊地区样本等方式多角度的稳健性检验，检验结果均表现稳健。

| 第7章 |

研究结论、建议与展望

7.1 主要结论

企业跨区域投资是企业自主地在全国范围跨地区配置资本、劳动力、科技资源和无形资产的过程,是资源实现跨区域配置的重要方式和打破市场分割的重要手段。然而,由于中国地方政府为 GDP 和财税竞争的发展模式,地区之间形成了较严重的地方保护,因此造成了市场分割的局面。这使得企业跨区域投资行为受阻,对于国家经济增长、产业结构升级以及要素自由流通都存在负面影响。长久以来,中国政府一直将全国统一大市场建设作为社会主义市场经济建设的重要内容,在国际政治经济环境不确定性增强以及国内"经济新常态"的大背景下,尤其凸显了这项工作的重要性。2020 年 9 月,中央财经委员会第八次会议明确指出,要"加快完善国内统一大市场,形成供需互促、产销并进的良性循环,塑造市场化、法治化、国际化营商环境,强化竞争政策作用"。显然,加快建设国内统一大市场是完善社会主义市场经济体制的重要内容。从某种程度上,统一的"跨区域公司"是市场一体化是否真正实现的重要标志(刘志彪和孔令池,2021)。因此,如何促进企业跨区域投资和发展对于建设全国统一市场,构建以国内大循环为主体、国内国际双循环相互促进的新发展格局具有基础性的战略意义。

学术界对于企业跨区域投资的动机和影响因素都作了深入的研究,在如何推动企业跨区域投资上提出了丰富见解,如通过建立政治纽带(夏立军等，2011）、加强地区信任建设（曹春方等，2019）、构建社会网络（曹春方和贾凡胜，2020）和增加基础设施（马光荣等，2020）等方式来实现。本书认为，除地理因素外，中国地区环境差异背后的制度性因素起着重要作用，而在诸多制度安排中，央地关系的制度安排是最根本的，它深刻影响着中央与地方政府的行为动机，以及地方政府官员与企业行为逻辑。因此，从央地关系这一根本制度安排的视角分析企业行为极为必要。基于此，本书从央地关系视角出发，以央地关系集权与分权理论、财政分权理论、政治锦标赛理论以及资源基础理论为基础，结合宏观经济政策与微观企业行为的分析框架，研究了央地财政、政策和人事关系如何影响企业跨区域投资行为及其作用机制，得到了三个方面的研究结论。

7.1.1 央地财政关系影响企业跨区域投资的研究结论

结论1：纵向财政不平衡程度的加剧会显著抑制辖区内国有企业的跨区域投资行为，即纵向财政不平衡程度越大，辖区国有企业进行跨区域投资的可能性越小，跨区域投资力度也越低。

上述影响的机制是，纵向财政不平衡的增加会促使地方政府为发展本地经济而引导贷款资源更多地流向本地国有企业，从而降低了辖区国有企业的跨区域投资。

结论2：纵向财政不平衡程度对辖区内国有企业跨区域投资的负向影响主要存在于地方政府干预动机更强（领导人晋升激励更大）、干预条件更好（资源禀赋更多）以及干预能力更大（政府与市场关系评分更低、地方保护程度更高）的情况中。

结论3：国有企业跨区域投资能够促进企业创新，但纵向财政不平衡程度的加剧会抑制跨区域投资对创新的正向积极作用。

7.1.2 央地政策差异影响企业跨区域投资的研究结论

结论1：总体上看，中央特有产业政策显著促进了辖区企业的跨区域投资，地方特有产业政策显著抑制了辖区企业的跨区域投资，中央与地方共有产业政策显著抑制了辖区企业的跨区域投资。

结论2：上述三类产业政策对企业跨区域投资的作用在地方政府动机更强（领导人晋升激励更大）、地区资源禀赋更好、资源竞争更大情况下更加显著；中央特色产业政策、中央与地方共有产业政策对辖区企业跨区域投资的作用在市场化获取资源难度更小（要素市场发展较好）的情况下更显著，地方特色产业政策对企业跨区域投资的作用在市场化获取资源难度更大（要素市场发展较差）的情况下更加显著；中央特有产业政策主要促进了辖区非国有企业的跨区域投资，地方特有产业政策主要抑制了辖区国有企业的跨区域投资，中央与地方共有产业政策主要抑制了辖区非国有企业的跨区域投资。

结论3：企业跨区域投资能显著促进创新产出，中央特有产业政策对上述关系未起到显著的调节作用，地方特有产业政策对上述关系具有负向调节作用，中央与地方共有产业政策对上述关系具有正向调节作用。

7.1.3 官员异地交流影响企业跨区域投资的研究结论

结论1：省委书记异地交流（无论中央交流还是外省交流）对流入地企业的跨区域投资行为具有显著的促进作用。

结论2：中央交流官员侧重于落实中央意图——促进流入地企业参与区域一体化建设、缓解流入地的地方保护，从而推动流入地国有企业的跨区域投资；外省交流官员侧重于大力引资和鼓励出口，在拉动流入地经济增长的同时对非国有企业产生竞争效应，资源、市场以及出口竞争带来的外向型经济发展激励强化了非国有企业的跨区域投资。

结论3：中央交流官员对流入地国有企业跨区域投资的推动作用仅在官员年龄更大、出生地和任职地非同一省份、地区市场化程度更差的情况下成立，但不因官员任期长短而存在差异；外省交流官员对流入地非国有企业跨区域投资的促进作用仅在官员年龄更轻、任期更短、出生地与任职地非同一省份、地区市场化程度更好的情况下成立。

结论4：中央交流官员对国有企业跨区域投资的创新积极效应起负向调节作用，而外省交流官员对非国有企业跨区域投资的创新积极效应起正向作用。

7.2 政策启示与建议

7.2.1 推进央地关系的法治化建设

本书研究发现，央地关系是影响企业跨区域发展的基础性制度安排：首先，中央政府对财权的上收和对事权的下放引发了纵向财政不平衡问题，进而会抑制辖区企业跨区域投资行为；其次，中央政府和地方政府的政策差异性反映了两级政府的目标分歧及其对地方政府配置资源上的不同倾向，分权体制下的以地方政府主导的选择性产业政策对企业跨区域投资产生了负面影响；最后，中央对地方主政官员的人事调整的绝对权力有助于促进企业跨区域投资。从集权与分权角度看，中央政府集中统一领导会严重抑制地方政府的自主性和创造性，但中央政府集中统领和主导作用的缺失或弱化又会滋生地方主义的过度扩张，造成地方治理分割化和碎片化。就我国而言，对央地关系的调整长久以来主要采取政策手段实现，这在一定程度上会导致央地政府之间博弈过程无序化和博弈结果的恶化。因此，通过央地关系法治化建设对于促进中央构建全国统一市场这一宏观目标的有效落地，以及促进微观企业跨区域发展都具有重要意义。具体而言，一方面，可在法律制度层面确定中央与地方关系调整的权力划分、权责对等的范围和标准，尤其针对某些权力溢出和责任划分的问题，要确立一个相对明晰的标准和处理措施；另一方面，建立中央与地方纠纷解决机制，如设立中央与地方关系仲裁委员会、中央与地方关系司法委员会等类似机构，专门协调和解决央地纠纷问题。

7.2.2 促进政府治理机制的转型

本书研究发现，政治锦标赛使得地方政府之间长期以来围绕经济增量而竞争，这使得地方政府目标偏离了现阶段国家经济高质量发展的要求，也使得地方政府之间竞争大于合作，不利于企业资本的跨区域流动和推动企业创新。因此，改变地方政府目标函数和动力机制，推动地方政府治理转型势在必行。具体而言，要完善地方政府官员的政绩目标体系，增加对地方政府经济发展质量和效率的内容（如创新、协调），将高质量发展作为考核地方官员的行动准绳；要深化纵向财税体制的改革，加强各级政府在财权与事权配置上的合理性，着力解决各级政府财权与事权不匹配这一核心问题；要构建横向财政和利益协调机制，实现财政资金在地方政府之间的有效再分配，从而减少地方间的恶性竞争。

7.2.3 加快产业政策的转型

本书研究发现，在我国的产业政策实施过程中，地方政府会策略性地引导资源配置，其动机都是以拉动本地经济增长为目标，削弱了产业政策本可以减小地区发展差异的功能。地方政府应当逐步从过去那种以 GDP 为导向的"数量增长型"产业政策，转向以创新发展为导向的"质量和效率增长型"产业政策，要扭转地方政府实施产业政策的目标和方式，把解决产业发展中的创新突破、"卡脖子"技术问题作为政策制定和实施目标。同时，地方政府在实施产业政策时应当致力于打造和建设更加完善国内产业链和价值链，把协调产业关键要素资源配置作为政策落实的关键，有效整合和利用发展资源，促进产业中的核心企业跨区域发展，从而提升全国范围内的产业链和价值链布局合理性。

7.2.4 营造公平市场竞争环境

本书研究发现，地方政府在纵向财政不平衡加剧时会影响辖区国有企业投资行为，还发现其在实施产业政策和引导资源配置中仍然体现出对国有企业的偏爱，这些现象给市场公平竞争带来阻碍，不利于目前对于构建全国统一市场和促进国内国际经济双循环的现实需求。因此，对于地方政府而言，要减少政府对市场的行政性控制行为，降低市场经济建设和企业发展中的制度成本；要坚持对国有企业和民营企业一视同仁，为企业展开公平竞争提供均等机会，不干预地方国有企业内部具体的投资决策，充分激发民营企业跨区域投资的积极性。

7.3 未来展望

本书从央地关系视角，集中探讨了纵向财政不平衡程度、异质性产业政策与官员异地交流对企业跨区域投资的影响和作用路径。但是，囿于篇幅、时间以及作者研究能力限制，本书仍存在诸多方面存在不足，对于相关理论问题没有展开充分的论证，在实证设计和研究深度上还存在一定的局限性，这都需要在后续的学术研究中进一步拓展完善。

第一，央地关系作为一个较为宏大的概念，本书选取了与学科领域有关的三个视角进行研究，但是可能不足以涵盖所有的央地关系范畴，这一点正如"公司治理"一样，概念包含多个内容范畴而无法用一个指标加以衡量。因此，本书在观测角度和衡量方式上不免显得比较单一，这有待于后期对央地关系的继续深入探索和完善，未来可以尝试采用与"公司治理"指标类似的方法，构建多层次多维度的指标进行综合衡量。

第二，囿于时间、篇幅等限制，本书对于企业跨区域投资的经济后果研究主要基于创新视角，分析和检验跨区域投资对企业创新产出的影响以及央地关系所起的调节作用，然而，对于企业跨区域发展所产生的其他经济后果，如对企业风险、市场势力、企业竞争能力等方面的探讨也同样重要，但本书尚未涉及，这些方面均可以成为后续研究的延伸方向。

第三，对上市公司跨区域投资可做进一步拓展。一是对于省级以下企业跨区域投资行为的研究有待进一步深入，本书的研究主要针对企业"跨省"的异地投资行为，而企业跨市、跨县的异地投资也同样值得关注和研究，这也需要进一步深入分析影响跨市县异地投资行为的具体因素；二是对上市公司跨区域投资的具体区位选择进行细分，以此研究央地财政、人事和政策关系的影响下，企业究竟会选择哪些地区去投资，上述两个方面都有赖于后期对企业子公司地理信息的进一步细化；三是进一步研究企业异地子公司的投资规模、投资模式（如新设还是并购取得）以及增减变动情况，进一步拓展观测维度，以此更加丰富和多角度地研究企业跨区域发展行为。

参 考 文 献

[1] Adam B Ulam, Leff Gordon, The Tyranny of Concepts: A Critique of Marxism. *Merlin Press*, Vol. 203, 1961, pp. 21s.

[2] Aghion P, Dewatripont M, Du L, Harrison A, Legros P., Industrial Policy and Competition. *NBER Working Paper*, *GRASP Working Paper*, No. 8691, 2011.

[3] Aldasoro I, Seiferling M., Vertical Fiscal Imbalances and the Accumulation of Government Debt. *IMF Working Paper*, Vol. 209, 2014.

[4] Bai C, Du Y J, Tao Z, Tong S, Local Protectionism and Regional Specialization: Evidence from China's Industries. *Journal of International Economics*, Vol. 63, No. 2, 2004, pp. 397 – 417.

[5] Barney J., Looking inside for competitive advantage. *The Academy of Management Executive*, Vol. 9, No. 9, 1995, pp. 49 – 61.

[6] Bhardwaj A, Dietz J, Beamish P., Host Country Cultural Influences on Foreign Direct Investment. *Management Internatioal Review*, Vol. 47, No. 1, 2007, pp. 29 – 50.

[7] Blanchard O. Shleifer A. Federalism with and without political centralization: China versus Russia [J]. *IMF Staff Pappers*, Vol. 48, No. 1, 2001, pp. 171 – 179.

[8] Blonigen B., Industrial Policy and Downstream Export Performance. *The Economic Journal*, Vol. 126, No. 595, 2016, pp. 1635 – 1659.

[9] Boisot M, Meyer M W. Which Way through the Open Door? Reflections on the Internationalization of Chinese Firms. *Management and Organization Review*, Vol. 4, No. 3, 2008, pp. 349 – 365.

[10] Boskin M J, Gale W G., *New Results on the Effects of Tax Policy on the International Location of Investment*. Chicago: University of Chicago Press, 1987, pp. 201 – 222.

[11] Boubakri N, Cosset J C, Saffar W., The Role of State and Foreign Owners in Corporate Risk-Taking: Evidence from Privatization. *Journal of Financial Economics*, Vol. 108, No. 3, 2013, pp. 641 – 658.

[12] Bouton L, Gassner M, Verardi V., Redistributing Income under Fiscal Vertical Imbalance. *European Journal of Political Economy*, Vol. 24, No. 2, 2008, pp. 317 – 328.

[13] Boycko M, Shleifer A, Vishny R W., A Theory of Privatisation. *Economic Journal*, Vol. 106, No. 435, 1996, pp. 309 – 319.

[14] Brandt L, Li H., Bank Discrimination in Transition Economies: Ideology, Information, or Incentives?. *Journal of Comparative Economics*, Vol. 31, No. 3, 2003, pp. 387 – 413.

[15] Busse M, Hefeker C., Political Risk, Institutions and Foreign Direct Investment. *European Journal of Political Economy*, Vol. 23, 2007, pp. 397 – 415.

[16] Caves R E. *Multinational Enterprise and Economic Analysis*. Cambridge: Cambridge university press, 1996.

[17] Dunning J H., Location and The Multinational Enterprise: A Neglected Factor?. *Journal of International Business Studies*, Vol. 29, No. 1, 1998, pp. 45 – 66.

[18] Dziobek C, Mangas C G, Kufa P., Measuring Fiscal Decentralization-Exploring the IMF's Databases. *IMF Working Paper*, No. 126, 2011.

[19] Eyraud L, Lusinyan L., Vertical Fiscal Imbalance and Fiscal Performance in Advanced Economies. *Journal of Monetary Economics*, Vol. 60, No. 5, 2013, pp. 571 – 587.

[20] Fan C, Wei X., The Law of One Price: Evidence from The Transitional Economy of China. *The Review of Economics and Statistics*, Vol. 88, No. 4, 2006, pp. 682 – 697.

[21] Fan J, Wong T, Zhang T. , Institutions and organizational structure: The Case of State-Owned Corporate Pyramids. *Journal of Law, economics and organization*, Vol. 29, No. 6, 2013, pp. 1217 – 1252.

[22] Galiani S, Gertler P, Schargrodsky E. , School Decentralization: Helping the Good Get Better, but Leaving the Poor Behind. *Journal of Public Economics*, Vol. 92, No. 10, 2008, pp. 2106 – 2120.

[23] Grewal B. , Vertical Fiscal Imbalance in Australia: A Problem for Tax Structure Not for Revenue Sharing. *CSES Working Paper*, No. 2, 1995.

[24] Guo G. , China's Local Political Budget Cycles. *American Journal of Political Science*, Vol. 53, No. 3, 2009, pp. 621 – 632.

[25] Guo G. , Vertical Imbalance and Local Fiscal Discipline in China. *Journal of East Asian Studies*, Vol. 8, No. 1, 2008, pp. 61 – 88.

[26] Habib M. , Zurawicki L. , Corruption and Foreign Direct Investment. *Journal of International Business Studies*, Vol. 33, No. 2, 2002, pp. 291 – 307.

[27] Hayek F. A. , Use of Knowledge in Society. *The American Economic Review*, Vol. 35, No. 4, 1945, pp. 519 – 530.

[28] Higgins B, Savoie D J. , *Regional Development Theories and Their Application*. New Jersey: Transaction Publishers Press, 1995.

[29] Higgins B, Savoie D J. , *Regional Development: Theories and Their Application*. New Brunswick London: Transaction Publishers, 1997.

[30] Huang Y S. , Managing Chinese bureaucrats: An institutional economics perspective. *Political Studies*, Vol. 50, No. 1, 2002, pp. 61 – 79.

[31] Jensen M, Meckling W. , Theory of the Firm: Managerial Behavior, Agency Costs and Ownership Structure. *Journal of Financial Economics*, Vol. 3, 1976, pp. 305 – 360.

[32] Jia J, Liu Y, Martinez-Vazquez J, Zhang K. , Vertical Fiscal Imbalance and Local Fiscal Discipline: Empirical Evidence from China. *International Center for Public Policy Working Paper*, No. 17, 2017.

[33] Krugman P, Baldwin R. , Agglomeration, Integration and Tax Harmonization. *European Economic Review*, Vol. 48, No. 1, 2004, pp. 1 – 23.

[34] Lee J W., Government Interventions and Productivity Growth in Korean Manufacturing Industries. *Journal of Economic Growth*, Vol. 9, 1996, pp. 391 –414.

[35] Lee J Y, Mansfield E., Intellectual Property Protection and US Foreign Direct Investment. *The Review of Economics and Statistics*, Vol. 78, No. 2, 1996, pp. 181 –186.

[36] Li H, Zhou Li-An., Political Turnover and Economic Performance: The Incentive Role of Personnel Control in China. *Journal of Public Economics*, Vol. 89, 2005, pp. 1743 –1762.

[37] Liao X, Liu Y., Local Fiscal Distress and Investment Efficiency of Local SOEs. *China Journal of Accounting Research*, Vol. 7, 2014, pp. 119 –147.

[38] Lin J Y, Cai F, Li Z., Competition, Policy Burdens and State-Owned Enterprise Reform. *American Economic Review*, Vol. 88, 1998, pp. 422 –427.

[39] Lin J, Chang H., Should Industrial Policy in Developing Countries Conform to Comparative Advantage or Defy It? A Debate between Justin Lin and Ha-Joon Chang. *Development Policy Review*, Vol. 27, No. 5, 2009, pp. 483 –502.

[40] Luo Y, Tung R L., International expansion of emerging market enterprises: A springboard perspective. *Journal of International Business Studies*, Vol. 38, No. 4, 2007, pp. 481 –498.

[41] MacFarquhar R., *The Origins of the Cultural Revolution: Contradictions among the People* 1956 –1957. New York: Columbia University Press, 1974.

[42] MacFarquhar R., *The Origins of the Cultural Revolution: The Great Leap Forward* 1958 –1960. New York: Columbia University Press, 1983.

[43] Megginson W L, Ullah B, Wei Z., State Ownership, Soft-Budget Constraints, and Cash Holdings: Evidence from China's Privatized Firms. *Journal of Banking & Finance*, Vol. 48, No. 11, 2014, pp. 276 –291.

[44] Oates W E., *Fiscal Federalism*. New York: Harcourt Brace Jovanovich Press, 1972.

[45] Oi J., Fiscal Reform and the Economic Foundations of Local State Corporatism in Chin. *World Politics*, Vol. 45, No. 1, 1992, pp. 99 –126.

[46] Oi J., *Rural China Takes off: Incentives for Industrializaiton*. Berkeley. University of California Press, 1996.

[47] Oi J., The Role of the Local State in China's Transition Economy. *The China Quarterly*, Vol. 144, 1995, pp. 1132 – 1149.

[48] Pack H, Saggi K., Is There a Case for Industrial Policy? A Critical Survey. *World Bank Research Observer*, Vol. 21, No. 2, 2006, pp. 267 – 297.

[49] Powell B., State Development Planning: Did It Creat An East Asian Miracle. *Review of Austrian Economics*, Vol. 12, 2005, pp. 305 – 323.

[50] Prat A., The Wrong Kind of Transparency. *American Economic Review*, Vol. 95, 2005, pp. 862 – 877.

[51] Qian Y, Roland G., Federalism and the Soft Budget Constraint. *American Economic Review*, Vol. 88, No. 5, 1998, pp. 1143 – 1162.

[52] Qian Y, Weingast B R., Federalism as A Commitment to Perserving Market Incentives. *The Journal of Economic Perspective*, Vol. 11, No. 4, 1997, pp. 83 – 92.

[53] Qian Y, Xu C., Why China's Economic Reform Differ: the M-Form Hierarchy and Expansion of Non-State Sector. *Economics of Transition*, Vol. 1, 1993, pp. 135 – 170.

[54] Reese W, Michael W., Protection of Minority Shareholder Interests, Cross-listings in the United States, and Subsequent Equity Offerings. *Journal of Financial Economics*, Vol. 66, No. 1, 2002, pp. 65 – 104.

[55] Reinikka R, Svensson J., Local Capture: Evidence from a Central Government Transfer Program in Uganda. *Quarterly Journal of Economics*, Vol. 119, No. 2, 2004, pp. 679 – 705.

[56] Rodrik D., *Normalizing Industrial Policy*. Working Paper, No. 3, 2008.

[57] Rossi S, Volpin P F., Cross-country determinants of mergers and acquisitions. *Journal of Financial Economics*, Vol. 74, No. 2, 2003, pp. 277 – 304.

[58] Schapiro L., Putting the lid on Leninism: Opposition and dissent in the communist one-party states. *Government and Opposition*, Vol. 2, No. 2, 1967,

pp. 181 – 203.

[59] Shi X Y, Bu D L, Zhang C Y., Official Rotation and Corporate Innovation: Evidence from the Governor Rotation. *China Journal of Accounting Research*, Vol. 13, No. 4, 2020, pp. 361 – 385.

[60] Smart M, Strum D., Term Limits and Electoral Accountability. *Journal of Public Economics*, Vol. 107, No. 2, 2013, pp. 93 – 102.

[61] Tallman S, Li J., Effects of International Diversity and Product Diversity on the Performance of Multinational Firms. *The Academy of Management Journal*, Vol. 39, No. 1, 1996, pp. 179 – 196.

[62] Tiebout C. M., A Pure Theory of Local Expenditures. *Journal of Political Economy*, Vol. 64, No. 5, 1956, pp. 416 – 424.

[63] Walder A G., Local Government as Industrial Firms: An Organizational Analysis of China's Transitional Economy. *American Journal of Sociology*, Vol. 101, No. 2, 1995, pp. 263 – 301.

[64] Watts R, Zimmerman J., *Positive Accounting Theory*. Beijing: China Renmin University Press, 1986.

[65] Wernerfelt B., A Resource-based View of The Firm. *Strategic Management Journal*, Vol. 5, 1984, pp. 171 – 180.

[66] Wu J, Deng Y, Huang J, Morck R, Yeung B., *Incentives and Outcomes: China's Environmental Policy*. NBER Working Paper, No. 18754, 2013.

[67] Xin Q, Anze B, Fang H., West Meets East: Understanding Managerial Incentives in Chinese SOEs. *China Journal of Accounting Research*, Vol. 12, No. 2, 2019, pp. 177 – 189.

[68] Xu C., The Fundamental Institutions of China's Reforms and Development. *Journal of Economic Literature*, Vol. 49, No. 4, 2011, pp. 1076 – 1151.

[69] Young A., The Razor's Edge: Distortions and Incremental Reform in the Pepublic of China. *Quarterly Journal of Economics*, Vol. 115, No. 4, 2000, pp. 1901 – 1135.

[70] 巴曙松、刘孝红、牛播坤：《转型时期中国金融体系中的地方治理与银行改革的互动研究》，载于《金融研究》2005年第5期。

[71] 步丹璐、狄灵瑜：《官员交流与地方政府职能转变——以地区招商引资为例》，载于《财经研究》2018年第9期。

[72] 步丹璐、狄灵瑜：《治理环境、股权投资与政府补助》，载于《金融研究》2017年第10期。

[73] 步丹璐、黄杰：《企业寻租与政府的利益输送：基于京东方的案例分析》，载于《中国工业经济》2013年第6期。

[74] 步丹璐、兰宗：《政府和市场的互动与企业战略实现——中国道路自信在京东方案例中的现实依据》，载于《财经研究》2020年第8期。

[75] 步丹璐、屠长文、罗宏：《产业政策能否缓解市场分割？——基于企业异地股权投资视角的实证研究》，载于《产业经济研究》2017年第6期。

[76] 步丹璐、屠长文、石翔燕：《政府竞争、股权投资与政府补助》，载于《会计研究》2018年第4期。

[77] 蔡昉、都阳、王美艳：《经济发展方式转变与节能减排内在动力》，载于《经济研究》2008年第6期。

[78] 曹春方、贾凡胜：《异地商会与企业跨地区发展》，载于《经济研究》2020年第4期。

[79] 曹春方、刘秀梅、贾凡胜：《向家乡投资：信息、熟悉还是代理问题？》，载于《管理世界》2018年第5期。

[80] 曹春方、马连福、沈小秀：《财政压力、晋升压力、官员任期与地方国企过度投资》，载于《经济学（季刊）》2014年第4期。

[81] 曹春方、夏常源、钱先航：《地区间信任与集团异地发展——基于企业边界理论的实证检验》，载于《管理世界》2019年第1期。

[82] 曹春方、张婷婷、范子英：《地区偏袒下的市场整合》，载于《经济研究》2017年第12期。

[83] 曹春方、周大伟、吴澄澄、张婷婷：《市场分割与异地子公司分布》，载于《管理世界》2015年第9期。

[84] 曹正汉：《统治风险与地方分权：关于中国国家治理的三种理论及其比较》，载于《社会》2014年第6期。

[85] 曹正汉：《中国上下分治的治理体制及其稳定机制》，载于《社会学研究》2011年第1期。

[86] 陈冬华、李真、新夫：《产业政策与公司融资——来自中国的经验证据》，2010 中国会计与财务研究国际研讨会论文集，2010 年 12 月。

[87] 陈冬华、姚振晔、新夫：《中国产业政策与微观企业行为研究：框架、综述与展望》，载于《会计与经济研究》2018 年第 1 期。

[88] 陈冬华、姚振晔：《政府行为必然会提高股价同步性吗？——基于我国产业政策的实证研究》，载于《经济研究》2018 年第 12 期。

[89] 陈刚、李树：《官员交流、任期与反腐败》，载于《世界经济》2012 年第 2 期。

[90] 陈刚、李树：《司法独立与市场分割——以法官异地交流为实验的研究》，载于《经济研究》2013 年第 9 期。

[91] 陈绪群、赵立群：《试论实行领导干部交流制度的理论依据》，载于《党建研究》1996 年第 4 期。

[92] 陈运森、崔宸瑜：《官员主政关系、地域偏爱与政府补助》，载于《中国会计评论》2016 年第 4 期。

[93] 代介波、东升：《纵向财政不平衡与政府投资的关系——基于省级面板数据的研究》，载于《公共经济与政策研究》2018 年第 1 期。

[94] 邓秀媛、傅超、傅代国：《企业社会责任对海外并购影响的实证研究》，载于《中国软科学》2018 年第 1 期。

[95] 狄灵瑜、步丹璐、石翔燕：《央地产业政策协同、外资参股与国有企业研发投入水平》，载于《产业经济研究》2021 年第 5 期。

[96] 狄灵瑜、步丹璐：《官员交流与国有企业控制权的合理转让》，载于《当代财经》2019 年第 7 期。

[97] 范子英、张军：《财政分权、转移支付与国内市场整合》，载于《经济研究》2010 年第 3 期。

[98] 范子英：《"征税权"视角下的央地关系》，载于《探索与争鸣》2014 年第 10 期。

[99] 方军雄：《市场分割与资源配置效率的损害——来自企业并购的证据》，载于《财经研究》2009 年第 9 期。

[100] 方军雄：《政府干预、所有权性质与企业并购》，载于《管理世界》2008 年第 9 期。

[101] 耿曙、庞保庆、钟灵娜：《中国地方领导任期与政府行为模式——官员任期的政治经济学》，载于《社会科学文摘》2016 年第 8 期。

[102] 官汝凯：《财政不平衡和房价上涨：中国的证据》，载于《金融研究》2015 年第 4 期。

[103] 龚强、王俊、贾坤：《财政分权视角下的地方政府债务研究：一个综述》，载于《经济研究》2011 年第 7 期。

[104] 韩永辉、黄亮雄、王贤彬：《产业政策推动地方产业结构升级了吗？——基于发展型地方政府的理论解释与实证检验》，载于《经济研究》2017 年第 8 期。

[105] 黄宗智：《集权的简约治理：中国以准官员和纠纷解决为主的半正式基层行政》，载于《中国乡村研究》2007 年第 00 期。

[106] 贾佳、刘小元：《政治关联、异地投资经验与异地子公司进入模式——来自中国上市公司的经验证据》，载于《宏观经济研究》2020 年第 1 期。

[107] 贾俊雪、张超、秦聪、冯静：《纵向财政失衡、政治晋升与土地财政》，载于《中国软科学》2016 年第 9 期。

[108] 江飞涛、李晓萍：《直接干预市场与限制竞争：中国产业政策的取向与根本缺陷》，载于《中国工业经济》2010 年第 9 期。

[109] 江庆：《中央与地方纵向财政不平衡的实证研究：1978－2003》，载于《财贸研究》2006 年第 2 期。

[110] 江艇、孙鲲鹏、聂辉华：《城市级别、全要素生产率和资源错配》，载于《管理世界》2018 年第 3 期。

[111] 江伟、李斌：《制度环境、国有产权与银行差别贷款》，载于《金融研究》2006 年第 11 期。

[112] 姜国华、饶品贵：《宏观经济政策与微观企业行为——拓展会计与财务研究新领域》，载于《会计研究》2011 年第 3 期。

[113] 蒋德权、姜国华、陈冬华：《地方官员晋升与经济效率：基于政绩考核观和官员异质性视角的实证考察》，载于《中国工业经济》2015 年第 10 期。

[114] 金智：《官员异地交流、政绩诉求与公司会计政策选择》，载于《会计研究》2013 年第 11 期。

[115] 孔东民、徐茗丽、孔高文：《企业内部薪酬差距与创新》，载于《经济研究》2017年第10期。

[116] 黎文靖、李耀淘：《产业政策激励了公司投资吗》，载于《中国工业经济》2014年第5期。

[117] 黎文靖、郑曼妮：《实质性创新还是策略性创新？——宏观产业政策对微观企业创新的影响》，载于《经济研究》2016年第4期。

[118] 李丹：《地区文化、企业风格与企业异地投资》，中央财经大学，2019年。

[119] 李广子、刘力：《债务融资成本与民营信贷歧视》，载于《金融研究》2009年第12期。

[120] 李侃如：《应对中国挑战——企业如何在中国获得成功》，中国社会科学出版社2014年版。

[121] 李莉、高洪利、陈靖涵：《中国高科技企业信贷融资的信号博弈分析》，载于《经济研究》2015年第6期。

[122] 李书娟、徐现祥：《身份认同与经济增长》，载于《经济学（季刊）》2016年第3期。

[123] 李永友、张帆：《垂直财政不平衡的形成机制与激励效应》，载于《管理世界》2019年第7期。

[124] 李臻：《官员异地交流能否促进市场一体化？——基于省级官员数据的经验分析》，载于《科学经济社会》2015年第2期。

[125] 林毅夫、蔡昉、李周：《比较优势与发展战略——对"东亚奇迹"的再解释》，载于《中国社会科学》1999年第5期。

[126] 林毅夫、蔡昉、李周著：《充分信息与国有企业改革》，上海人民出版社2014年版。

[127] 林毅夫、李志赟：《政策性负担、道德风险与预算软约束》，载于《经济研究》2004年第2期。

[128] 林毅夫：《产业政策与我国经济的发展：新结构经济学的视角》，载于《复旦学报（社会科学版）》2017年第3期。

[129] 林毅夫：《新结构经济学：反思经济发展与政策的理论框架》，北京大学出版社2012年版。

[130] 刘斌、袁利华：《土地资源获取、股权投资增加与企业投资过度》，载于《南开管理评论》2016年第2期。

[131] 刘克崮、贾康：《中国财税改革三十年：亲历与回顾》，经济科学出版社2008年版。

[132] 刘志彪、孔令池：《从分割走向整合：推进国内统一大市场建设的阻力与对策》，载于《中国工业经济》2021年第8期。

[133] 刘志彪：《我国地方政府公司化倾向与债务风险：形成机制与化解策略》，载于《南京大学学报》2013年第5期。

[134] 楼继伟：《中国政府间财政关系再思考》，中国财政经济出版社2013年版。

[135] 卢盛峰、陈思霞、杨子涵：《"官出数字"：官员晋升激励下的GDP失真》，载于《中国工业经济》2017年第7版。

[136] 卢盛峰、陈思霞：《政策偏袒的经济收益：来自中国工业企业出口的证据》，载于《金融研究》2016年第7期。

[137] 鲁建坤、李永友：《超越财税问题：从国家治理的角度看中国财政体制垂直不平衡》，载于《社会学研究》2018年第2期。

[138] 陆铭、陈钊：《中国区域经济发展中的市场整合与工业集聚》，上海三联书店2006年版。

[139] 路江涌、陶志刚：《我国制造业区域集聚程度决定因素的研究》，载于《经济学（季刊）》2007年第3期。

[140] 罗伟卿：《财政分权及纵向财政不平衡对中国基础教育质量的影响》，载于《清华大学学报（哲学社会科学版）》2009年第1期。

[141] 吕冰洋：《"顾炎武方案"与央地关系构建：寓活力于秩序》，载于《财贸经济》2019年第10期。

[142] 吕冰洋：《从市场扭曲看政府扩张：基于财政的视角》，载于《中国社会科学》2014年第12期。

[143] 吕朝凤、陈霄：《地方官员会影响FDI的区位选择吗——基于倍差法的实证研究》，载于《国际贸易问题》2015年第5期。

[144] 马光荣、程小萌、杨恩艳：《交通基础设施如何促进资本流动——基于高铁开通和上市公司异地投资的研究》，载于《中国工业经济》

2020年第6期。

［145］毛泽东：《论十大关系》，北京：人民出版社1976年版。

［146］牛婧、魏修建：《官员流动、地区间关联与省际贸易往来》，载于《财贸经济》2020年第6版。

［147］潘红波、余明桂：《支持之手、掠夺之手与异地并购》，载于《经济研究》2011年第9期。

［148］钱先航、曹廷求、李维安：《晋升压力、官员任期与城市商业银行的贷款行为》，载于《经济研究》2011年第12期。

［149］钱先航、曹廷求：《钱随官走：地方官员与地区间的资金流动》，载于《经济研究》2017年第2版。

［150］钱学锋、王胜、陈勇兵：《中国的多产品出口企业及其产品范围：事实与解释》，载于《管理世界》2013年第1期。

［151］渠敬东：《项目制：一种新的国家治理体制》，载于《中国社会科学》2012年第5期。

［152］荣敬本等：《从压力型体制向民主合作制的转变：县乡两级政治体制改革》，中央编译出版社1998年版。

［153］芮明杰、詹文静、陈杰：《跨区域发展战略对房地产企业绩效的影响：基于房地产上市公司的实证研究》，载于《中国工业经济》2008年第8期。

［154］盛来运、郑鑫、周平、李拓：《我国经济发展南北差距扩大的原因分析》，载于《管理世界》2018年第9期。

［155］史卫、杨海生：《官员交流与FDI区位选择——基于省际区域FDI的空间计量分析》，载于《社会科学战线》2010年第11期。

［156］宋凌云、王贤彬：《重点产业政策、资源重置与产业生产率》，载于《管理世界》2013年第12期。

［157］宋渊洋、黄礼伟：《为什么中国企业难以国内跨地区经营?》，载于《管理世界》2014年第12期。

［158］孙秀林、周飞舟：《土地财政与分税制：一个实证解释》，载于《中国社会科学》2013年第4期。

［159］孙早、席建成：《中国式产业政策的实施效果：产业升级还是短期经济增长》，载于《中国工业经济》2015年第7期。

[160] 唐建新、陈冬：《地区投资者保护、企业性质与异地并购的协同效应》，载于《管理世界》2010年第8期。

[161] 唐为：《分权、外部性与边界效应》，载于《经济研究》2019年第3期。

[162] 陶然、苏福兵、陆曦、朱昱铭：《经济增长能够带来晋升吗？——对晋升锦标竞赛理论的逻辑挑战与省级实证重估》，载于《管理世界》2010年第12期。

[163] 田彬彬、范子英：《纪委独立性对反腐败力度的影响——来自省纪委书记异地交流的证据》，载于《经济社会体制比较》2016年第5期。

[164] 王凤荣、苗妙：《税收竞争、区域环境与资本跨区流动：基于企业异地并购视角的实证研究》，载于《经济研究》2015年第2期。

[165] 王克敏、刘静、李晓溪：《产业政策、政府支持与公司投资效率研究》，载于《管理世界》2017年第3期。

[166] 王贤彬、徐现祥：《地方官员来源、去向、任期与经济增长——来自中国省长省委书记的证据》，载于《管理世界》2008年第3期。

[167] 王贤彬、徐现祥：《官员交流驱动外商投资》，载于《中国经济问题》2017年第3期。

[168] 魏建、王安：《中国的市场一体化进程：官员交流的作用》，载于《经济与管理研究》2016年第6期。

[169] 温忠麟、叶宝娟：《中介效应分析：方法和模型发展》，载于《心理科学进展》2014年第5期。

[170] 文雁兵：《新官上任三把火：存在中国式政治经济周期吗》，载于《财贸经济》2014年第11期。

[171] 吴敏、周黎安：《晋升激励与城市建设：公共品可视性的视角》，载于《经济研究》2018年第12期。

[172] 夏立军、陆铭、余为政：《政企纽带与跨省投资：来自中国上市公司的经验证据》，载于《管理世界》2011年第7期。

[173] 肖土盛、李丹、袁淳：《企业风格与政府环境匹配：基于异地并购的证据》，载于《管理世界》2018年第3期。

[174] 谢贞发、范子英：《中国式分税制、中央税收征管权集中与税收

竞争》，载于《经济研究》2015年第4期。

[175] 徐现祥、李书娟：《官员偏爱籍贯地的机制研究——基于资源转移的视角》，载于《经济研究》2019年第7期。

[176] 徐现祥、王贤彬、舒元：《地方官员与经济增长——来自中国省长、省委书记交流的证据》，载于《经济研究》2007年第9期。

[177] 徐现祥、王贤彬：《晋升激励与经济增长：来自中国省级官员的证据》，载于《世界经济》2010年第2期。

[178] 许成钢：《政治集权下的地方分权与中国改革》，载于《经济社会体制比较》2009年第36期。

[179] 宣晓伟：《治理现代化视角下的中国中央和地方关系——从泛化治理到分化治理》，载于《管理世界》2018年第11期。

[180] 阳镇、陈劲、凌鸿程：《相信协同的力量：央-地产业政策协同性与企业创新》，载于《经济评论》2021年第2期。

[181] 杨海生、罗党论、陈少凌：《资源禀赋、官员交流与经济增长》，载于《管理世界》2010年第5期。

[182] 杨继东、罗路宝：《产业政策、地区竞争与资源空间配置扭曲》，载于《中国工业经济》2018年第12期。

[183] 杨其静、聂辉华：《保护市场的联邦主义及其批判》，载于《经济研究》2008年第3期。

[184] 杨兴全、尹兴强、孟庆玺：《谁更趋多元化经营：产业政策扶持企业抑或非扶持企业?》，载于《经济研究》2018年第9期。

[185] 姚洋：《中国经济成就的政治经济学原因》，载于《经济与管理研究》2018年第1期。

[186] 姚益龙、刘巨松、刘冬妍：《要素市场发展差异、产权性质与异地并购绩效》，载于《南开管理评论》2014年第5期。

[187] 叶宁华、张伯伟：《地方保护、所有制差异与企业市场扩张选择》，载于《世界经济》2017年第6期。

[188] 银温泉、才婉茹：《我国地方市场分割的成因和治理》，载于《经济研究》2001年第6期。

[189] 余明桂、范蕊、钟慧洁：《中国产业政策与企业技术创新》，载

于《中国工业经济》2016年第12期。

［190］余明桂、潘红波：《金融发展、商业信用与产品市场竞争》，载于《管理世界》2010年第8期。

［191］余壮雄、陈婕、董洁妙：《通往低碳经济之路：产业规划的视角》，载于《经济研究》2020年第5期。

［192］张纯、潘亮：《转型经济中产业政策的有效性研究——基于我国各级政府利益博弈视角》，载于《财经研究》2012年第12期。

［193］张帆、吴俊培、龚旻：《财政不平衡与城乡公共服务均等化：理论分析与实证检验》，载于《经济理论与经济管理》2020年第12期。

［194］张军、范子英：《再论中国经济改革》，载于《经济学动态》2018年第8期。

［195］张军、高远：《官员任期、异地交流与经济增长——来自省级经验的证据》，载于《经济研究》2007年第11期。

［196］张军：《分权与增长：中国的故事》，载于《经济学（季刊）》2008年第1期。

［197］张莉、徐现祥、王贤彬：《地方官员合谋与土地违法》，载于《世界经济》2011年第3期。

［198］张莉、朱光顺、李夏洋、王贤彬：《重点产业政策与地方政府的资源配置》，载于《中国工业经济》2017年第8期。

［199］张千帆等：《中央与地方关系法治化》，译林出版社2009年版。

［200］张五常：《中国的经济制度》，中信出版社2004年版。

［201］张新民、张婷婷、陈德球：《产业政策、融资约束与企业投资效率》，载于《会计研究》2017年第4期。

［202］赵婷、陈钊：《比较优势与中央、地方的产业政策》，载于《世界经济》2019年第10期。

［203］赵文哲、杨其静、周业安：《不平等厌恶性、财政竞争和地方政府财政赤字膨胀关系研究》，载于《管理世界》2010年第1期。

［204］郑永年：《中国的"行为联邦制"：中央—地方关系的变革与动力》，东方出版社2013年版。

［205］郑毓盛、李崇高：《中国地方分割的效率损失》，载于《中国社

会科学》2003年第1期。

［206］钟宁桦、温日光、刘学悦：《"五年规划"与中国企业跨境并购》，载于《经济研究》2019年第4期。

［207］周飞舟：《分税制十年：制度及其影响》，载于《中国社会科学》2006年第6期。

［208］周黎安：《"官场+市场"与中国增长故事》，载于《社会》2018年第2期。

［209］周黎安：《晋升博弈中政府官员的激励与合作：兼论我国地方保护主义和重复建设长期存在的原因》，载于《经济研究》2004年第6期。

［210］周黎安：《中国地方官员的晋升锦标赛模式研究》，载于《经济研究》2007年第7期。

［211］周黎安：《转型中的地方政府：官员激励与治理（第二版）》，格致出版社2017年版。

［212］周黎安：《转型中的地方政府：官员激励与治理》，格致出版社2008年版。

［213］周雪光：《中国国家治理的制度逻辑——一个组织学研究》，载于《读书》2017年第2期。

［214］周振鹤：《中国地方行政制度史》，上海人民出版社2005年版。

［215］朱凯、潘怡麟、张舒怡、陈信元：《管制下的市场分割与租值耗散——基于企业集团跨地区经营的视角》，载于《财经研究》2019年第4期。

［216］朱希伟、金祥荣、罗德明：《国内市场分割与中国的出口贸易扩张》，载于《经济研究》2005年第12期。

［217］祝继高、韩非池、陆正飞：《产业政策、银行关联与企业债务融资——基于A股上市公司的实证研究》，载于《金融研究》2015年第3期。

［218］祝继高、岳衡、饶品贵：《地方政府财政压力与银行信贷资源配置效率——基于我国城市商业银行的研究证据》，载于《金融研究》2020年第1期。